保健科教育の基礎

吉田瑩一郎　編

教育出版

編者・執筆者一覧

■ **編 者**

吉田 瑩一郎　日本体育大学名誉教授

■ **執筆者**（執筆順）

吉田 瑩一郎　上掲　　　　　　（1章, 2章, 6章, 7章）

永井 大樹　東京大学大学院教育学研究科身体教育学コース（2章, 4章 共同執筆）

井筒 次郎　桐蔭横浜大学教授　（3章）

本間 啓二　日本体育大学教授　（4章, 5章, 実力確認問題）

まえがき

　保健科教育法は，中学校及び高等学校の保健または保健体育の教員免許状の取得を目指す学生諸君にとっては，教職に関する科目の必修科目として履修し，その単位を修得しなければならないこととされている。

　保健科教育は，健康，安全で幸福な生活のために必要な習慣を養うとともに，運動を通じて体力を養い，心身の調和的発達を図るという学校教育の目標に沿って，小学校では体育科の保健領域，中学校では保健体育科の保健分野，高等学校では保健体育科の科目保健として，それぞれ必修教科の位置づけをもって行われるようになっている。保健科教育法は，このような保健の教科に関する教育学であり，教科の目標や内容，指導計画と学習指導法，そして評価といった一連の教育方法を学ぶ学問である。

　本書は，こうした保健科教育を学び，中学校，高等学校の保健体育科教師や小学校の教師を目指す学生諸君のために，平成20年・21年に改訂された学習指導要領に対応して，これまでの「新しい保健科教育」を改版し，「保健科教育の基礎」として刊行することにしたものである。このため，内容も小学校，中学校，高等学校の教科の保健を中心に，学級担任に求められる保健指導，安全教育で構成することとし，全体として次のような7章で構成することとした。

　すなわち，1章は総説とし，保健科教育を学ぶ前提として保健科教育の成立過程や，学校保健と保健科教育，教育課程における保健教育の位置づけなど，保健科教育の全体像とその本質について理解できるようにしている。2章は，保健学習の目標・内容とし，学習指導要領に示されている教科や分野などの目標・内容と取り扱いの要点などについて，小学校，中学校及び高等学校の別に述べている。3章は，指導計画とし，年間指導計画，単元計画及び単位時間計画の考え方と作成方法，4章は学習指導の方法，5章は保健科教育の評価とし，一連の教育方法について要説している。また，6章と7章は教科の保健と密接に関連する保健指導と安全教育の目標や内容，指導の進め方について述べるとともに，学校保健安全法に基づく学校保健計画と学校安全計画についても，その受け止め方や作成の方法などを取り上げている。さらに，学修状況の自己評価に役立てていただくために，本間啓二教授のご厚意により演習問題（実力確認問題）を収録することにした。

　本書は，吉田のほか，日本体育大学で同僚であった桐蔭横浜大学井筒次郎教授，日本体育大学本間啓二教授，東京大学大学院教育学研究科博士課程在籍の永井大樹氏の分担執筆により上梓の運びに至ったものであり，学生諸君の学習はもとより，現場での実践に役立てていただけるなら望外の幸せである。

　終わりに，本書の刊行に終始ご尽力くださった教育出版書籍教材本部の秦部長，青木佳之氏をはじめ関係の皆々様に深甚の謝意を表する次第である。

　　平成22年3月

吉田瑩一郎

目　次

まえがき

1章　総　説

1節　保健科教育法の意義　*1*
　1　保健科教育の重要性　*1*
　2　保健科教師に求められるもの　*2*

2節　保健科教育の歴史　*2*
　1　戦前の保健教育　*3*
　2　戦後の保健教育　*5*

3節　学校保健と保健科教育　*17*
　1　学校保健の概念　*17*
　2　学校保健の領域　*18*
　3　学校における保健教育　*19*
　4　学習指導要領総則「健康に関する指導」と保健教育　*22*

2章　保健学習の目標と内容

1節　小学校の保健学習　*24*
　1　目　標　*24*
　2　内　容　*25*
　3　指導の要点　*27*
　4　授業時数の配当等　*34*

2節　中学校の保健学習　*35*
　1　目　標　*35*
　2　内　容　*36*
　3　指導の要点　*39*
　4　授業時数の配当等　*45*

3節　高等学校の保健学習　*45*
　1　目　標　*45*
　2　内　容　*47*
　3　指導の要点　*49*
　4　保健学習の標準単位数と履修学年　*55*

3章　指導計画

1節　指導計画の意義　57
 1　指導計画とは　57
 2　指導計画の種類　57

2節　年間指導計画　58
 1　年間指導計画作成の意義　58
 2　年間指導計画作成の要点　58
 3　年間指導計画の具体例　60

3節　単元計画　63
 1　単元計画作成の意義　63
 2　単元計画作成の手順と留意点　63
 3　単元計画の具体例　64
 4　評価の観点　65

4節　単位時間計画　66
 1　単位時間計画作成の意義　66
 2　単位時間計画の様式及び内容　66
 3　単位時間計画作成の要点　67
 4　単位時間計画の参考例　68

4章　学習指導

1節　保健科学習指導の課題　72
 1　現状と問題点　72
 2　保健科教育の特質　72
 3　保健学習指導の役割　73
 4　保健学習指導の課題　74

2節　学習指導の形態　74
 1　問答法　75
 2　講義法　75
 3　討議法　76
 4　体験学習法　78
 5　問題解決法　80
 6　視聴覚教材の活用　81

3節　学習指導の過程　82
 1　学習過程の比較　82
 2　課題学習の過程　83

4節　授業づくりの工夫　84
 1　授業の形態　84

    2　授業展開の工夫——ワークシートの活用　*95*
    3　授業における指導力向上の視点——ボイストレーニングと話すことの工夫　*100*

5章　保健科教育の評価

1節　教育における評価の意義　*103*
    1　評価の機能　*103*
    2　評価の役割　*104*
2節　保健科教育の評価の方法　*105*
    1　評価の観点　*105*
    2　評価の場面　*106*
    3　評価の方法　*108*
3節　評価・評定の記録　*110*
    1　指導要録　*110*
    2　通知表　*110*
    3　評価と評定　*111*

6章　学校における保健指導

1節　保健指導の考え方と進め方　*112*
    1　保健指導の考え方　*112*
    2　保健指導の機会と指導の着眼点　*115*
2節　学級活動・ホームルーム活動における保健指導　*116*
    1　小学校　*116*
    2　中学校　*118*
    3　高等学校　*120*
3節　学校行事における保健指導　*123*
    1　学校行事における保健指導の特質　*123*
    2　健康安全・体育的行事等における保健指導　*123*
4節　児童会活動・生徒会活動における保健指導　*124*
    1　児童会活動・生徒会活動における保健指導の特質　*124*
    2　児童会活動・生徒会活動における保健指導　*125*
5節　学校保健計画　*126*
    1　学校保健計画の制度　*126*
    2　全体計画　*127*
    3　年間計画　*128*
    4　活動ごとの計画　*130*

7章　学校における安全教育

1節　概　説　*138*
- 1　戦前の安全教育　*138*
- 2　学校安全の成立　*139*
- 3　安全の概念　*139*
- 4　学校安全の概念とその内容　*140*
- 5　安全教育における「態度」と「能力」　*142*

2節　安全教育の目標・内容　*145*
- 1　安全教育の目標　*145*
- 2　安全教育の内容　*147*

3節　教育課程における安全教育の位置づけ　*148*
- 1　小学校　*148*
- 2　中学校　*149*
- 3　高等学校　*152*

4節　安全教育の進め方　*153*
- 1　学級活動・ホームルーム活動における安全指導　*153*
- 2　学校行事における安全指導　*156*

5節　安全教育の評価　*158*
- 1　評価の実施　*158*
- 2　評価の観点　*158*
- 3　評価の方法　*159*

6節　学校安全計画　*160*
- 1　学校安全計画の制度　*160*
- 2　全体計画　*161*
- 3　年間計画　*162*
- 4　活動ごとの計画　*165*

実力確認問題　*172*

- 中学校学習指導要領　学習指導要領の改訂　*172*
- 高等学校学習指導要領　学習指導要領の改訂　*194*

資料1　小学校，中学校，高等学校の保健学習の変遷（戦後）　*198*
資料2　学校教育法施行規則（抄）　*201*
資料3　学習指導要領（抄）　*204*
資料4　学校保健安全法　*217*

1章
総　説

1節　保健科教育法の意義

　保健科教育法は，保健または保健体育の教員免許状の取得を希望する者にとっては，教職に関する科目の必修科目として履修し，その単位を修得しなければならないこととなっている。

　保健科教育は，教育基本法に定める教育の目的・目標及び学校教育法に定める義務教育や高等学校等の目標にそって，小学校では体育科の保健領域，中学校では保健体育科の保健分野，高等学校では保健体育科の科目保健として，それぞれ必修教科の位置づけをもって展開されている。

　保健科教育法は，このような保健の教科に関する教育学であり，教科の目標や内容，指導計画や指導方法などの教育方法に関する学問である。しかし，学校には教科における保健と深くかかわる教育活動として，特別活動を中心に展開される保健指導，安全指導があり，広義にはこれらを含めての教育内容や教育方法に関する学問であるということになる。したがって，本書ではこのような広い意味での保健科教育法について述べていくことにする。

1．保健科教育の重要性

　我が国の保健科教育が，教科教育として登場するようになったのは，第二次世界大戦後のことである（後述）。このことは，戦後の教育が，人間尊重の理念を基調として「〜人格の完成を目指し，〜心身ともに健康な国民の育成」（教育基本法第1条）を教育目的にかかげ，また，「健康，安全で幸福な生活のために必要な習慣を養うとともに，運動を通じて体力を養い，心身の調和的発達を図ること。」（学校教育法第21条）を学校教育の重要な目標としていることと深くかかわるものである。戦後とはいっても，すでに半世紀以上の歴史が刻まれているのである。

　しかし，近年における都市化，少子高齢化，情報化，国際化等の社会環境の変化は，児童生徒を取り巻く生活環境や生活様式を大きく変化させ，新たな健康問題をもたらしている。

　また，歯科領域においても，むし歯は減少しているものの軟食品の普

及による歯列不正や咬合異常，顎関節の異常をもたらしているといった問題がある。

さらに，広く地球に目を転じれば，地球の温暖化，オゾン層の破壊，また，ごみの増加と処理の問題，水質汚濁や大気汚染等の健康に及ぼす環境の問題も多く指摘されている。

これらの問題の中には，児童生徒の生活行動に深くかかわることもあり，児童生徒自らが的確な行動をとることによって，改善や解決できる問題も少なくない。

したがって，こうした生活環境や生活様式の変化に児童生徒自らが適切に対応し，生涯を通じて積極的に健康を保持増進できるようにする生き方を学びとらせる保健科教育の意義はますます重要になっている。

小学校，中学校及び高等学校の保健科教育は，必ずしもその位置づけや時間数が十分でないとの指摘もあるが，それだけに，指導の充実を図ることが必要であり，すぐれた指導者が待望されているのである。

2．保健科教師に求められるもの

保健科教育法は，保健という教科の指導方法を学んでいく科目である。主に小学校，中学校及び高等学校の目標，内容，指導計画，学習指導法及び評価を学ぶことになる。しかし，こうした指導方法を学ぶことはもちろん重要なことであるが，保健の学習内容についての関連諸科学の知識を豊富に学びとっていることが必要である。いってみれば，生理学や解剖学，衛生学や公衆衛生学，栄養学，精神保健学，学校安全や学校保健などの教科に関する科目での学習に真剣に取り組んでいただきたいということである。

こうした基礎の上に保健科教育法があり，確かな学習指導が可能になるということを忘れてはならないのである。

2節　保健科教育の歴史

わが国の保健科教育が教育課程のうえで固有の位置を占めるようになったのは，第二次世界大戦後からである。しかし，それまで学校教育の中で保健に関する教育が全く行われなかったわけではなく，学制発布以来理科や修身などの教科で生理・衛生や健康な生活に関する教材が取り扱われていた。したがって，戦前までの歴史は，保健科教育としてというよりは広く保健教育の歴史として述べていくことにする。

1．戦前の保健教育
(1) 学制における保健教育

　我が国の近代公教育は，明治5（1872）年の学制によって発足した。文部省は，学制発布後小学教則を公布し，小学校で実施すべき学科目，授業時間数，教科書の取り扱い方法などを示した。この中で，保健教育に関するものとして『養生口授』（下等小学），『生理学大意』（上等小学）の口述が定められ，明治12（1879）年の「教育令」公布に至るまでこれらの授業が行われるところとなった。

　授業時数は，下等小学校第5級，第4級，第3級において1週2時を課することとされている（明治6年の小学教則改正で，第5級だけが1週1時に改められた）。また，上等小学においては，第1級において1週1時を課することとされている。

　内容としては，小学教則で下等小学が「養生法健全学等ヲ用テ教師縷々口述ス」とし，上等小学で「教師自ラ人身ノ養生スル所以ノ理ヲ口述ス」と示していた。

　下等小学で教師が用いた『養生法』は，松本良順が元治元（1864）年に著述したものであり，『健全学』は，杉田玄端が文久3（1863）年に，英国人の著したもののオランダ訳を邦文に記述したもので全6巻からなっている。この『健全学』の目次は，次のとおりである。

第1篇	天地間万物の生活を論ず	第8篇	分泌及び排泄の論
第2篇	機性体諸元質の論	第9篇	健全及び疾病の論
第3篇	合物及び消食機の論	第10篇	食料の論
第4篇	血液の論	第11篇	飲食の論
第5篇	血行及び呼吸の論	第12篇	大気浴場及び運動を論ず
第6篇	人身体の論	第13篇	気候身体に関係あるを論ず
第7篇	筋，神経，脳髄の論	第14篇	前篇諸条の応用を論ず

　学制によるこのような保健教育の普及・徹底は別としても，教育課程における位置づけとしては我が国の近代教育史上特筆すべきものであったといえよう。

　明治12（1879）年には，太政官布告による教育令が公布され，学制が廃止されるところとなり，小学校の「生理」「博物」などは地域の状況に従って設ける随意科目とされた。教育令は，翌明治13（1880）年に一部改正され，修身の位置づけが重視されるところとなった。

　この修身については，文部省が明治13年に発行した『小学修身訓（上・下）』の中の修徳・養智・家倫等の章で，保健に関する内容がかなり取り扱われていた。すなわち，「修徳」においては，禁酒，労働，衣服，清潔，運動等が，「養智」においては酒食の節約が，「家倫」におい

ては，結婚適齢期について述べられている。

明治14（1881）年には，『小学校教則綱領』が公布され，小学校高等科の教科の中に「生理」を設けることとし，その内容を次のように示している。

> 生理ハ高等科ニ至テ之ヲ課シ骨格，筋肉，皮膚，消化，血液ノ循環，呼吸，感覚ノ説等児童ノ理会シ易キモノヲ撰テ之ヲ授ケ務テ実際ノ観察或ハ模型等ニ依テ其理ヲ了解セシムベシ又兼テ緊切ノ養生法ヲ授ケンコトヲ要ス（小学校教則綱領第20条）

しかし，初等科，中等科については，何ら規定されなかった。

(2) 小学校令における保健教育

明治19（1886）年には，『小学校令』が公布され，高等小学校には，これまでの博物・物理・化学・生理の4教科を統合する教科として理科が設けられた。明治24年には，『小学校教則大綱』が出されたが，理科については次のように示されており，生理・衛生に関する事項は消極的な扱いになっている。

> 理科ハ通常ノ天然物及現象ノ観察ヲ精密ニシ其相互及人生ニ対スル関係ノ大要ヲ理会セシメ兼ネテ天然物ヲ愛スルノ心ヲ養フヲ以テ要旨トス　最初ハ主トシテ学校所在ノ他方ニ於ケル植物動物鉱物及自然ノ対象ニ就キテ児童ノ目撃シ得ル事実ヲ授ケ就中重要ナル植物動物ノ形状構造及生活発育ノ状態ヲ観察セシメテ其大要ヲ理会セシメ又学校ノ修業年限ニ応シ更ニ植物動物ノ相互及人生ニ対スル関係，通常ノ物理上化学上ノ現象，通常児童ノ目撃シ得ル器械ノ構造作用等ヲ理会セシメ兼ネテ人身ノ生理及衛生ノ大要ヲ授クベシ（傍点は筆者）

小学校令によって，理科が設けられたことにより，保健に関する独自の科目は小学校からは全く消えることとなった。

その後，明治33（1900）年には，『小学校令』と『同令施行規則（教則）』，昭和16（1941）年には『国民学校令』及び『同令施行規則』によって，教育課程の大改正が行われているが，理科の一部として生理・衛生に関する事項を扱うという保健教育の位置はほとんど変わっていない。しかし，大正時代に入り，理科教育自体は実験の重視などしだいに充実されていくが，生理・衛生に関しては，生理作用の原理が重視され，保健に関する実践的態度の育成や日常の習慣形成への配慮は軽視されるようになった。

(3) 修身科における保健教育

このような傾向を補完するものとして注目されるのは，明治36（1903）年10月から国定となった修身科教科書の内容である。修身科教科書は，明治36年から昭和20年に至るまで5回の改訂が行われている。

その第1期は，明治36年から明治42（1909）年であり，保健に関する題目としては，尋常小学校1年で「シセイ」「カラダ」「ゲンキヨク」，同2年で「タベモノ」「セイケツ」，同3年で「けんこう」，同4年で「しんたいについてのこころえ」などがあげられている。また，高等小学校の第2学年には「公衆衛生」という題目が設けられている。

第2期は，明治43（1910）年から大正6（1917）年までであるが，尋常小学校1年では「ゲンキヨクアレ」「カラダヲタイセツニセヨ」，2年では「タベモノニキヲツケヨ」，3年では「けんこう」，4年では「身体」，6年では「衛生」の題目があげられている。

第3期は，大正7（1918）年から昭和7（1932）年，第4期は，昭和8（1933）年から昭和15（1940）年，第5期は，終戦までである。保健に関する内容は項目的にはさほど前述のものと差異はないが，はじめの儒教的徳目がしだいに国家主義的道徳観を背景にした記述に傾斜していった。

全般的に修身科の保健教育は，教科書にあらわれた限りにおいて，日常生活での習慣形成を重視し，低学年においては特にその傾向が見受けられる。そして，教材には伝染病や感冒などが取り上げられ，また，人物には貝原益軒，ジェンナー，ナイチンゲールなどが見られる。

(4) 体錬科における保健教育

昭和16（1941）年の国民学校令の公布によって，衛生は新設の体錬科に移され，衛生については「衛生上ノ基礎的訓練ヲ重ンジ漸次其ノ程度ヲ進メ救急看護等ヲモ加フベシ」（国民学校令施行規則第11条）とされ，内容としては，体錬科教授要項に「身体の清潔」「皮膚の鍛錬」「救急看護」が示されている。また，中等学校についても，昭和18（1943）年に中学校令の公布によって，体錬科体操の一部に衛生訓練が，さらに，女子には看護訓練が課せられた。

要するに，戦前の保健教育は，保健の理解に関する指導が理科を中心に関連教科で部分的に行われ，また，健康な生活の実践に関する指導は修身，体錬科で行われると同時に，全ての教師がしつけないしは訓練的に行う機会教育として存在していたということがいえよう。

2．戦後の保健教育
(1) 学校体育指導要綱における保健教育

戦後の保健教育は，昭和21（1946）年4月，マッカーサーによって発表された『第一次米国教育使節団報告書』を契機に，一段と重視されることとなった。

『学校体育指導要綱』は，昭和22（1947）年6月に占領軍司令部のCIE（民間情報教育局）の指導のもとに出されたが，小学校から大学まで

「運動」と「衛生」が課せられ，「衛生」の内容はかなり充実したものであったが，授業時間数が示されなかったこともあって，十分な効果をあげることはできなかった。

(2) 保健計画実施要領における保健教育

昭和24（1949）年11月，CIE指導のもとに中学校，高等学校を対象とした『中等学校保健計画実施要領（試案）』が公にされた。この実施要領には，第5章として健康教育の項が設けられ，健康教育の必要性，健康教育の目標，健康教育の方法，健康教育者の心得，健康教育の内容が述べられている。

健康教育の目標としては次の5項目があげられている。

① 健康実践の根拠として，適当な解剖及び生理学上の知識の修得。
② 生命的危険をもたらすもの及びその予防法の理解，予防接種などの価値の認識とその利用。
③ 完全な家庭及び社会生活をするために必要なよい習慣及び態度の育成。
④ 自己の健康の理解。
⑤ 保健衛生的事業施設の認識と利用。

また，内容としては，次の13項目があげられている。

① 健康とその重要性	⑧ 食物と健康
② 生活体	⑨ 容姿と健康
③ 特殊感覚器官とその衛生	⑩ 成熟期への到達
④ 骨格とその衛生	⑪ 救急処置と安全
⑤ 筋肉とその衛生	⑫ 健康と社会
⑥ 呼吸，循環，内分泌とその衛生	⑬ 健康と職業
⑦ 神経系統と精神衛生	

これらの内容は，同年中学校及び高等学校に教科として登場した，いわゆる保健科教育（3か年を通じて70時間）の内容となるのである。

すなわち，昭和24年には5月に中学校学習指導要領一般編が一部改訂され，中学校の体育科が保健体育科に改められ，保健学習は，3年間に70時間行うこととされた。そして，その内容は，「近く示される中学校保健指導要項に準拠せられたい。」旨が通達された。また，高等学校については，同年6月に高等学校教育課程の一部改正が行われ，保健体育が必修教科となり，履修単位数は2単位とされ，内容は前掲実施要領によることとされた。

このような改革に伴い，昭和24年11月には，中学校，高等学校の教科書検定基準が定められ，教科書の制度も確立されるところとなった。そして，中学校，高等学校ともに昭和26（1951）年4月から使用されるこ

ととなった。

一方，小学校については，昭和26年2月に『小学校保健計画実施要領（試案）』が公にされ，これによって小学校の健康教育の内容が示された。この内容も13項目であるが，これらは小学校学習指導要領一般編によって昭和26年度から，教育活動の全体で行うこととされた。

昭和31（1956）年には，高等学校学習指導要領保健体育科編が作成され，保健が「科目保健」となり，学習指導要領にその目標及び内容が示され，連続する2個学年で各1単位を履修させることとされた。

内容は次の9項目で構成されている。

① 高等学校生徒の生活と健康	⑥ 公衆衛生
② 高等学校生徒の健康障害	⑦ 労働と健康
③ 精神とその衛生	⑧ 労働と疾病
④ 疾病・傷害・中毒とその治療及び予防	⑨ 健康の本質
⑤ 健康と生活活動	

このことに伴い，それまで『中等学校保健計画実施要領（試案）』によって中・高一本の目標・内容で実施することとされていた中学校の目標及び内容等を示す必要があり，同年3月初等中等教育局長通達でそれが示されるところとなった。

内容は，次の8項目であった。

① 中学生の生活と健康	⑤ 病気とその予防
② 中学校生徒の保健活動	⑥ 健康と学習や仕事
③ 心身の発達	⑦ 健康な身体や精神と生活
④ 安全な生活	⑧ 国民の健康

以上のような昭和31年の中学校，高等学校の内容は，かなり生活単元学習的色彩が濃いものであったといえよう。

(3) **昭和33年・35年の学習指導要領改訂における保健科教育**

昭和33（1958）年には，昭和26年に続いて戦後として2回目の小学校，中学校の学習指導要領の改訂が行われた。小学校については，体育に「体育や保健に関する知識」の領域が新設され，第5学年と第6学年で，年間それぞれ10〜11時間の保健学習が行われるようになった。内容項目は，次のとおりである。

<第5学年>	<第6学年>
① 健康な生活	① 病気の予防
② 身体の発達状態や健康状態	② 傷害の防止
	③ 各種の運動の特徴と運動競技会

小学校の保健学習がこのように学習指導要領で明確な位置づけがなされたことは，画期的なことであった。しかし，授業時間数に比較して内容が多く，しかも，副読本は発行されていたものの検定教科書の制度がないこともあって必ずしも十分な効果をあげることができなかった。

　中学校については，「体育分野」と「保健分野」に大別され，目標も教科目標のほかに分野目標を設定し，内容が示されることになった。このとき，保健の履修学年は，第2学年と第3学年とされ，毎週1単位時間の指導が可能となった。また，教科書には体育に関する知識も加えられることとなった。

　このときの内容は，次の7項目で構成されているが，昭和31年の初等中等教育局長通達による内容と比較すると，生活経験重視型から保健の科学的知識の系統性が重視されたものになった。また，当時は，学校管理下における事故の防止や救済制度の確立が問題となっていたこともあって，安全の内容に注目した構成でもあった。

＜第2学年＞	＜第3学年＞
①　傷害の防止	①　病気の予防
②　環境の衛生	②　精神衛生
③　心身の発達と栄養	③　国民の健康
④　疲労と作業の能率	

　高等学校については，昭和35（1960）年に戦後第2回目の学習指導要領の改訂が行われた。保健については，保健の科学的認識を発達させるという観点から内容項目を従前の9項目から次の5項目に精選・再構成された。

①　人体の生理	④　労働と安全
②　人体の病理	⑤　公衆衛生
③　精神衛生	

　また，履修学年が，これまでの「連続する2個学年において各1単位を履修させる」から，「第2学年，第3学年で各1単位を履修させる」に改められた。

(4) 昭和43年～45年の学習指導要領改訂における保健科教育

　昭和43（1968）年から昭和45（1970）年にわたって，第3回目の学習指導要領の改訂が行われた。ちなみに筆者は昭和42年9月から平成元年8月まで文部省（当時）に在職し，改訂作業等に深くかかわることとなった。

　小学校は，昭和43年7月に行われた。このときの改訂では，学習指導要領総則に，「教育課程一般」「道徳」と並んで「体育」の項が設けられ，

「健康で安全な生活を営むのに必要な習慣や態度を養い，心身の調和的発達を図るため，体育に関する指導は，学校の教育活動全体を通じて適切に行うものとする。～」とされた。この場合の「体育」は，運動のみならず保健・安全を含む広い意味の体育であり，従前の学習指導要領にも存在していた「保健に関する事項は，教育活動全体を通じて行う」という趣旨は，広い意味の「体育」に統合されて示されることとなった。

このことに伴って，文字どおり指導の実をあげるため，新設された「特別活動」の「学級指導」の内容に「保健指導」「安全指導」が位置づけられ，また，学校行事に「安全指導的行事」が加えられた。

一方，教科においては，体育科の領域名が「体育や保健に関する知識」から「保健」に改められ，内容は次の6項目が示された。

＜第5学年＞	＜第6学年＞
① 身体や心の発達と健康	① 病気の予防
② 健康な生活の基礎と組み立て	② 安全な生活
③ 目，耳，歯などの障害と予防	③ 集団生活と健康

前述のように，このときの改訂で，領域名が「保健」に改められているが，それは，第1学年から第4学年までの特別活動における保健・安全に関する指導を，第5学年，第6学年の児童にふさわしい知識として深化し，統合し，補充するという観点から改善が図られたものであり，この意味において小学校の保健学習の特性が一層明確にされたものといえる。

また，中項目が各学年11項目ずつ示されたが，それは保健の授業時数が年間10時間程度とされていたこととの関連を考慮し，指導の徹底が図られることに配慮して構成されたものであった。

なお，特別活動に保健指導，安全指導が位置づけられたこともあって，文部省は『小学校安全指導の手びき』（昭和47年3月）と『小学校保健指導の手びき』（昭和48年2月）を作成し，それらについての指針を示した。

中学校は，昭和44（1969）年4月に改訂が行われた。

総則に，小学校と同様の趣旨で「体育」の項が設けられ，中学校においても保健に関する指導は学校における教育活動の全体を通じて行うこととされた。このことに伴って，中学校において新設された「特別活動」の「学級指導」の内容に「健康・安全に関すること」が位置づけられ，また，学校行事の内容として「保健・安全的行事」が示された。文部省においては，昭和50（1975）年8月に『中学校安全指導の手引』を作成し，安全指導のための指針を示した。

教科の保健体育においては，病気の予防の内容が，器官系統別に構成

されていたこともあってその種類が多岐にわたっていたので，それを身近で代表的なものに精選するとともに，社会の進展に即応するため，公害と健康，交通事故の防止，嗜好品と健康などの内容の充実が図られた。また，「保健分野」の履修学年を，小学校との一貫性を図るうえから第1学年から第3学年まで，各学年を通じて行うこととされた。この場合の各学年の時間配当は，第1学年20時間，第2学年，第3学年は各25時間とされた。

　高等学校は，昭和45（1970）年10月に改訂が行われた。

　総則については，小学校及び中学校の場合と同様の趣旨から「体育」の項が新設され，高等学校においても，保健に関する指導は教育活動の全体で行うこととされた。このことに伴って，各教科以外の教育活動のホームルームの「個人としての生き方に関する問題」の中で「自他の生命の安全や健康の増進」に関する事項を扱うこととされ，また，学校行事の内容に「保健・安全的行事」が示された。

　科目保健については，従前の内容が基礎医学や臨床医学の体系を重視していたこともあって，高校生には難解な内容が多く，学習に興味を示さない生徒が多いという指摘もあり，内容を現在及び将来の生活に即応できるようにするという観点から次の6項目に精選・統合された。

①	健康と身体の機能	④	事故災害とその防止
②	精神の機能	⑤	生活と健康
③	疾病とその予防	⑥	国民の健康

　そして，交通事故の防止，消費者保健の立場からの医薬品や食品添加物の取り扱い，公害と健康に関する内容が新たに加えられ，さらに性に関する内容の充実が図られた。

　また，履修学年についても，中学校との一貫性を図るうえからと学習の適時性の観点から，第1学年と第2学年で各1単位を履修させることに改められた。

　このようにして，第3回目の改訂において保健教育と安全教育の地歩の確立がようやく緒についたものとして評価できよう。

(5)　昭和52年・53年の学習指導要領改訂における保健科教育

　昭和52（1977）年から昭和53（1978）年にわたって，第4回目の小学校，中学校，高等学校の学習指導要領の改訂が行われた。改訂のねらいは，次の3点であった。

① 　人間性豊かな児童生徒を育てる。
② 　児童生徒がゆとりのあるしかも充実した学校生活を送れるようにする。
③ 　内容は，国民として必要な，基礎的，基本的なものに精選する。

このため，各教科の授業時間数がおよそ10％程度削減され，削減によって生じた時間は，児童生徒の体力の向上や健康の増進，教育相談的活動など，学校が創意を生かした教育活動を計画し，展開できるようにされた。

小学校，中学校及び高等学校学習指導要領の総則では，共通して「体育に関する指導」の項に新たに「健康・安全の保持増進」が加えられ，保健教育，安全教育の充実が一段と強調された。すなわち，「体力の向上及び健康・安全の保持増進については，体育科（保健体育科，「体育」及び「保健」の科目）の時間はもちろん，特別活動などにおいても十分指導するように努めるとともに，それらの指導を通して，日常生活における適切な体育的活動の実践が促されるよう配慮しなければならない。」（括弧内は筆者注）とされた。

小学校の体育科保健は，教科目標で「〜，身近な生活における健康・安全について理解させ，〜」とし，保健学習は「理解」に目標をおくことが明確にされた。このため，内容項目は次の4項目に精選・統合された。

＜第5学年＞	＜第6学年＞
① 体の発育	① 病気の予防
② けがの防止	② 健康な生活

そして，内容は保健の一般的で基本的な概念で示され，何を学びとらせるかが明確にされた。

（例）第5学年
① 体の発育について理解させる。
　ア　体は，年齢に伴って変化すること。また，思春期になると，体つきが変わり，初潮，変声などが起こって次第に大人の体に近づくこと。
　イ　体は，調和のとれた食事及び適切な運動によってよりよく発育・発達すること。

指導計画は，以上のような内容構成の考え方から，一つの内容項目を一定の時期に集中して毎週継続して取り扱うことができるようにすることとされた。

特別活動における保健指導，安全指導の位置づけは，従前とほとんど変わらなかったが，学校行事の保健と安全に関する行事の例示が中学校，高等学校との一貫性を図るうえから「保健・安全的行事」に改められた。

中学校は，保健体育科の授業時数が削減されたことに伴い，「保健分野」の授業時数は55時間とされた。一方，第3学年の選択教科に「保健体育」が新たに加えられることになり，「保健分野」については，応急

処置などの技能を高めるための指導を行うこととされている。
　保健分野の内容は，小学校，高等学校との一貫性を図り，「健康は，日常生活における行動や環境と深くかかわっていること」を理解させることをねらいとして，次の4つの内容項目で構成されている。

> ① 心身の発達
> ② 健康と環境
> ③ 傷害の防止と疾病の予防
> ④ 健康と生活

　内容の示し方は，小学校の例と同様の趣旨で記述されている。
　また，授業時数の学年への配当は，第1学年，第2学年各10時間，第3学年35時間とすることとされた。
　高等学校は，昭和53年8月に学習指導要領の改訂が行われた。
　「科目保健」の履修単位数や履修学年は従前どおりであるが，内容は，集団の健康に関する知識を習得させ，健康に関する総合的な認識を高めることに重点をおいて，次の4つの項目で構成されている。

> ① 心身の機能
> ② 健康と環境
> ③ 職業と健康
> ④ 集団の健康

　内容の示し方は，他教科とのかかわりから従前のような指導項目の記述にとどめている。しかし，『高等学校学習指導要領解説　保健体育編・体育編』（昭和54年5月）において，各内容項目ごとに理解させるべき事項を叙述概念によって記述し，その要点が解説されている。
　高等学校の「各教科以外の教育活動」は，小学校，中学校と同様「特別活動」に改められることとなった。この特別活動の「ホームルーム」の内容に「健康で安全な生活に関すること」が新たに加えられ，保健指導と安全指導の位置づけが一層明確にされた。

(6) 平成元年の学習指導要領改訂における保健科教育

　5回目の学習指導要領改訂は，平成元年3月小学校，中学校及び高等学校が同時に行われた。また，幼稚園教育要領も昭和39年以来25年ぶりに改訂された。
　改訂のねらいは，次の4点であった。

> ① 心豊かな人間の育成
> ② 基礎・基本の重視と個性教育の推進
> ③ 自己教育力の育成
> ④ 文化と伝統の尊重と国際理解の推進

＜学習指導要領総則「体育に関する指導」＞

「教育課程編成の一般方針」の「体育に関する指導」の項では，生涯を通じる健康・安全の側面と健康教育の観点が強調され，次のように改められた。

> 学校における体育に関する指導は，学校の教育活動全体を通じて適切に行うものとする。特に，体力の向上及び健康の保持増進に関する指導については，体育科（中・高は保健体育科）の時間はもとより，特別活動などにおいても十分行うよう努めることとし，それらの指導を通して，日常生活における適切な体育的活動の実践が促されるとともに，生涯を通じて健康で安全な生活を送るための基礎が培われるよう配慮しなければならない。（（　）及び――線筆者）

ここでいう健康教育とは，「健康の保持増進に関する指導」をいうものであり，保健教育，安全教育及び学校給食指導が含まれることとされた。

＜小学校＞

小学校については，従前と同様身近な生活における健康・安全について理解させることとし，新たに心の発達が加えられ，「体の発育と心の発達」「けがの防止」「病気の予防」及び「健康な生活」の4項目で構成されることとなった。

小学校の保健で特筆すべきことは，平成4年度から検定教科書が供給されるようになったことである。すなわち，平成元年に告示された「義務教育諸学校教科用図書検定基準」（平成元年4月4日　文部省告示第43号）に「体育科及び保健体育科」（――線筆者）が明記され，『(1)　小学校においては，小学校学習指導要領第2章第9節の第2「各学年の目標及び内容」の〔第5学年及び第6学年〕の2「内容」の「G保健」を取り上げていること』とされたのである。この場合第5学年及び第6学年を通じて1冊とされ，B5判の場合で32～40ページ程度のものとされている。

＜中学校＞

中学校については，従前と同様個人生活における健康・安全について理解させることとし，心の健康の充実を図るとともに傷害の防止と疾病の予防を独立させ，「心身の機能の発達と心の健康」「健康と環境」「傷害の防止」「疾病の防止」及び「健康と生活」の5項目で構成されることとなった。また，内容については，思春期の発達過程における心身の発達と心の健康，交通安全，喫煙，飲酒，薬物乱用などと健康等について充実が図られている。

さらに，選択教科としての保健体育は，生徒の個性を生かし，自ら学ぶ意欲を育てる観点から，第2学年及び第3学年で設けることができる

ようになった。保健分野では，個人生活における健康・安全に関する課題学習を行うなど，生徒の特性に応じて多様な学習活動（実験・実習・調査見学など）が展開できるよう工夫して取り扱うこととされている。

＜高等学校＞

高等学校については，疾病構造や社会の変化に対応して個人及び集団の生活における健康・安全について理解を深めさせる観点から，「現代社会と健康」「環境と健康」「生涯を通じる健康」及び「集団の健康」の4項目で構成している。

「現代社会と健康」では，健康の考え方，生活行動と健康（食事，運動，休養，喫煙や飲酒，薬物乱用と健康，医薬品の使い方），精神の健康，交通安全，応急処置といった個人の生活行動に関する内容が取り扱われるようになった。また，「生涯を通じる健康」は，従前の「職業と健康」及び「集団の健康」のうちの「健康な家庭生活」の内容を，生涯の各段階における健康についての課題とそれへの対応について理解させる観点から再構成されている。

「家庭生活と健康」では，思春期と性をはじめ老人保健などが取り扱われるようになっている。

＜特別活動における保健指導・安全指導＞

特別活動は，保健指導・安全指導の指導の場として深いかかわりをもっている。5回目の改訂では，小学校及び中学校の「学級指導」と「学級会活動」が統合され，「学級活動」が新設された。これは，「学級生活における諸問題の解決，基本的な生活習慣の形成，健康な生活などにかかわる内容が，学校や児童・生徒の実態に応じて弾力的に取り上げられるようにすることを意図したものである。」(小学校及び中学校指導書特別活動編)。また，学校行事では「体育的行事」と「保健・安全的行事」が統合され，「健康安全・体育的行事」とされた。「保健」が「健康」に改められたのは，学校給食に関する行事の充実に配慮したためと考えられる。

学級活動の新設に伴ってホームルームも「ホームルーム活動」に改められた。児童生徒の自主的で，実践的な活動を支援する指導が特に望まれていたからである。

(7) 平成10年・11年の学習指導要領改訂における保健科教育

6回目の改訂は，平成10年12月（小学校，中学校）及び平成11年3月（高等学校），「ゆとり」の中で「生きる力」をはぐくむことを目指し，次のようなねらいのもとに行われた。

① 豊かな人間性や社会性，国際社会に生きる日本人としての自覚を育成すること。
② 自ら学び，自ら考える力を育成すること。

③　ゆとりのある教育活動を展開する中で，基礎・基本の確実な定着を図り，個性を生かす教育を充実すること。
④　各学校が創意工夫を生かし特色ある教育，特色ある学校づくりを進めること。

＜学習指導要領総則「体育・健康に関する指導」＞
「教育課程編成の一般方針」の「体育に関する指導」の項では，「体育・健康に関する指導」に改められ，ヘルスプロモーションの理念に基づく健康教育の観点が強調された。

> 3　学校における体育・<u>健康に関する指導</u>は，学校の教育活動全体を通じて適切に行うものとする。特に，体力の向上及び<u>心身の健康の保持増進に関する指導</u>については，体育科（保健体育科）の時間はもとより，特別活動などにおいてもそれぞれの特質に応じて適切に行うよう努めることとする。また，それらの指導を通して，<u>家庭や地域社会との連携を図りながら</u>，<u>日常生活において適切な体育・健康に関する活動の実践を促し</u>，生涯を通じて健康・安全で活力ある生活を送るための基礎が培われるよう配慮しなければならない。
> （（　）及び──は筆者）

＜小学校＞
小学校については，健康教育重視の観点から，体育科の第3学年，第4学年に「保健」が新設され，小学校の保健学習は第3学年から行われるようになった。

　　第3学年　毎日の生活と健康
　　第4学年　育ちゆく体とわたし
　　第5学年　けがの防止
　　　　　　　心の健康
　　第6学年　病気の予防

なお，授業時数は，第3学年・第4学年は2学年間で8単位時間程度，また，第5学年・第6学年は2学年間で16単位時間程度とされた。

＜中学校＞
個人生活における健康・安全に関する事項に重点を置いて，次の4項目に再構成された。

(1)　心身の機能の発達と心の健康
(2)　健康と環境
(3)　傷害の防止
(4)　健康な生活と疾病の予防

保健分野の授業時数は，3年間で48単位時間程度とされ7単位時間の削減となった。

また，内容の指導学年については，(1)を第1学年，(2)及び(3)を第2学

年，(4)を第3学年で取り扱うこととされた。

さらに，選択教科としての「保健体育」は第1学年から各学年において設けることができることとされた。

<高等学校>

個人及び社会生活における健康・安全について理解を深めさせ，生涯を通じて自らの健康を管理し，改善していく資質や能力を育てる観点から，内容を次の3項目に再構成された。

(1) 現代社会と健康
(2) 生涯を通じる健康
(3) 社会生活と健康

履修単位数は，従前通り2単位とされ，履修学年も原則として第1学年及び第2学年の2か年にわたって履修させることとされた。

(8) 平成20年・21年の学習指導要領改訂と保健科教育

第7回目の改訂は，平成20年3月（小学校，中学校）及び平成21年3月（高等学校），中央教育審議会の答申（①改正教育基本法等を踏まえた学習指導要領の改訂）②「生きる力」という理念の共有③基礎的・基本的な知識・技能の習得④思考力・判断力・表現力の育成⑤確かな学力を確立するために必要な授業時数の確保⑥学習意欲の向上や学習習慣の確立⑦豊かな心や健やかな体の育成のための指導の充実）の趣旨に基づき，次のようなねらいのもとに行われた。

① 教育基本法改正等で明確になった教育の理念を踏まえ「生きる力」を育成すること。
② 知識・技能の習得と思考力・判断力・表現力等の育成のバランスを重視すること。
③ 道徳教育や体育などの充実により，豊かな心や健やかな体を育成すること。

<学習指導要領総則「体育・健康に関する指導」>

「教育課程編成の一般方針」の「体育・健康に関する指導」の項では，新たに学校における食育の推進及び安全に関する指導が加えられ，発達の段階を考慮して，食育の推進，体力の向上に関する指導，安全に関する指導及び心身の健康の保持増進に関する指導を，体育科（保健体育科）の時間はもとより，家庭科（技術・家庭科），特別活動などにおいてもそれぞれの特質に応じて適切に行うよう努めることとされた。(22ページ参照)

<小学校>

身近な生活における健康・安全に関する基礎的な内容を重視する観点から指導内容の改善が図られたが，指導項目は従前同様である。

第3学年　毎日の生活と健康

第4学年　育ちゆく体とわたし（体の発育・発達）
第5学年　心の健康
　　　　　けがの防止
第6学年　病気の予防

　授業時数は，従前同様第3学年・第4学年は2学年間で8単位時間程度，第5学年・第6学年は2学年間で16単位時間程度とされた。

　また，指導に当たっては，小・中・高等学校を通じて知識を活用する学習活動を取り入れるなどの指導方法の工夫を行うものとされた。

＜中学校＞

　学校段階の接続及び発達の段階に応じた指導内容の体系化の観点から，引き続き主として個人生活における健康・安全に関する事項を，自らの健康を適切に管理し改善していく思考力・判断力などの資質や能力の育成を重視し，従前の内容を踏まえて次の4項目で内容が構成された。

(1) 心身の機能の発達と心の健康
(2) 健康と環境
(3) 傷害の防止
(4) 健康な生活と疾病の予防

　体育分野の標準授業時数は，各学年とも90単位時間とされていたが，105単位時間に改められ，3年間で267単位時間程度，保健分野は従前同様48単位時間程度とされた。

　また，内容の指導学年についても，従前同様(1)は第1学年，(2)及び(3)は第2学年，(4)は第3学年で取り扱うこととされた。

＜高等学校＞

　個人生活及び社会生活における健康・安全に関する内容を，総合的に理解できるようにし，生涯を通じて自らの健康を適切に管理し改善していく資質や能力を育てることを重視し，従前同様内容を次の3項目で構成することとされた。

(1) 現代社会と健康
(2) 生涯を通じる健康
(3) 社会生活と健康

　履修単位数は，従前同様2単位とされ，履修学年も原則として第1学年及び第2学年の2か年にわたって履修させることとされた。

3節　学校保健と保健科教育

1．学校保健の概念

　学校保健とは何か，という定義の主なものとしては，「学校保健とは，

学校という教育の施設で職員や生徒等の健康を保持・増進するための一切の活動をいう。」(植村肇),「学校保健は,学徒および教職員の心身の健康の保持増進と,国民として必要な健康生活の実践力を養うために必要な指導と管理をいう。」(荷見秋次郎)などがあげられる。また,法的なものとしては,文部科学省の所掌事務を規定した文部科学省設置法第4条第12号の「学校保健(学校における保健教育と保健管理をいう。)」という規定をあげることができる。

植村の定義からは,「学校保健」という場合は児童生徒等の健康を保持増進するための「活動(practice)」としてとらえるべきであるということが理解できるし,荷見にみられる定義や文部科学省設置法の規定は,健康の保持増進には保健教育と保健管理をもって行うべきであるという方法を示したものとして理解できる。

とすれば,学校保健とは何かをよく理解するためには,保健教育と保健管理について考察することが必要になってくる。

児童生徒の健康を保持増進するためには,まず,児童生徒が健康な生活に必要な知識や技能を習得するとともに,それらを日常生活に適用して,身近な健康の問題を自分で判断し,処理できるような自律的能力を養う保健教育が必要である。しかし,児童生徒の健康を保持増進し,教育の成果を確かなものにしていくためには,児童生徒の自律的能力の育成と同時に,発育,疾病,身体機能などの健康状態を把握し,健康の回復や保持増進のための具体的方途を処方したり,環境の衛生状態の検査と整備改善を行うなどの保健管理,つまり,専門的,技術的立場からの,児童生徒にとっては他律的な営みも必要になってくる。

このような両者の機能が統合され,児童生徒に対して一体的に作用してこそ,健康の保持増進が可能となり学校教育の成果が確かなものとなるのである。

2. 学校保健の領域

学校保健は,保健教育と保健管理によって児童生徒,職員の健康を保持増進し,教育の成果を確かなものにしていくということであるから,図1-1のようにその構造も保健教育と保健管理の2つの領域でとらえていくことになる。そして,さらに両者を円滑にしかも効果的に運営していくための機能として学校保健の組織活動が不可欠なものになってくる。

このような学校保健の領域の考え方は,WHOの「ヘルスプロモーションに関するオタワ憲章(OTTAWA CHARTER HEALTH PROMOTION)」(1986年11月)の理念に照らしても妥当なものと考えるのである。

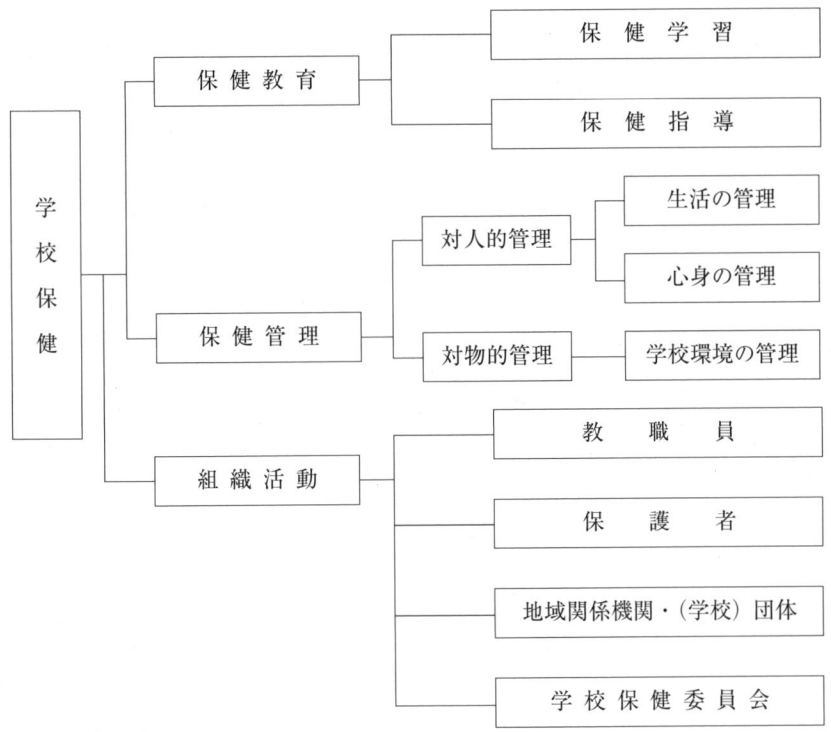

図1-1　学校保健の領域

　すなわち,「ヘルスプロモーションとは,人々が自らの健康をコントロールし,改善できるようにするプロセスである。」と定義され,それは「個人が自分の健康レベルを上げるように努力するとともに,個人の努力が効果的であるような条件を設定するための公的・組織的な活動を総合した過程」(江口篤寿「健康の意義」小児科臨床 vol.49増刊号 学校保健,1996,p.79)ということだからである。

　したがって,自らの健康な行動を選択し,決定し,実践していくことのできる主体の形成を目指す保健教育だけでなく,学校医,学校歯科医,学校薬剤師による健康診断・健康相談や学校環境衛生検査,養護教諭による健康相談活動や個別的な保健指導などの専門的な健康支援,教員の研修や保護者の啓発,地域社会との連携などといった保健管理や学校保健組織活動が不可欠なものとなってくるのである。

　このような学校保健活動には,全教職員がかかわることになるが,その企画・調整に当たる保健主事と学校保健について専門性を有する養護教諭の役割に大きな期待が寄せられている。

3. 学校における保健教育

　保健教育については,自らの行動を選択し,決定し,実践していくことのできる主体の形成を目指すものであると述べたところであるが,古

くは1960年代の「健康に関する基本的な概念を習得させ，健康問題を科学的に判断し，問題解決のために行動する能力を発達させることを中心的な目標とすべきである」とした，小倉学（『保健体育科教育法』p.149 学文社　昭和44年）の所説は今なお注目に値するものと考えるのである。

　すなわち，平成8（1996）年（財）日本学校保健会が作成した「保健主事の手引」において，「保健教育は，教育活動全体を通して，健康に関する一般的で基本的な概念を習得させ，それらを日常生活に適用し，環境の変化に即応して，的確な判断のもとに健康な生活を創造できるようにすることを目指して行われるものである。」（p.24）とする概念規定と軌を一つにするものといえよう。

　したがって，このような考え方の前段を保健学習（health instruction）として，後段を保健指導（health guidance）としてとらえ，両者の機能をよりよく発揮させることによって保健教育の目標を達成しようとしているのである（図1－2）。

　そして，このようなとらえ方は，教育課程の構成からいっても極めて妥当なものと考えるのである。それは，保健学習のそれほど多くない時間の中でどんなにすばらしい授業を行ったとしても，健康生活のための法則や概念を学びとることはできても，個別的な健康の問題や日常生活への適用化，実践化は不可能に等しいのである。したがって，特別活動を中心に集団や個人を対象とした保健指導の充実を図ることは不可欠となってくるのである。

(1)　**保健学習**

　保健学習は，生涯を通じて健康な生活を営むのに必要な理解の発達を目指している。この理解の発達ということは，前述のような「健康に関する概念の習得」ということであり，健康な行動に必要な原理や法則を理解し，思考力，判断力を高め，これらの能力を働かせることによって，

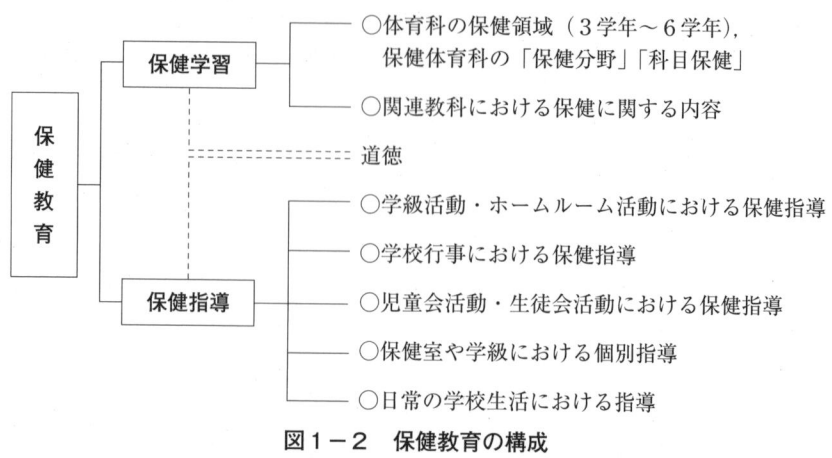

図1－2　保健教育の構成

望ましい行動を選択し，決定できるようにする知的過程のことをいうものである。

このような保健学習は，小学校では第3学年からの体育科「保健領域」で，中学校では保健体育科の「保健分野」で，高等学校では保健体育科「科目保健」でおおむね表1-1のように行われるようになっている。

表1-1　小学校・中学校・高等学校の保健学習

区分	小学校		中学校		高等学校	
位置づけ	体育科　保健領域		保健体育科　保健分野		保健体育科　科目保健	
指導の時間	第3・4学年は各4単位時間，第5・6学年は各8単位時間		3学年間で48単位時間		2単位（第1学年，第2学年で各1単位）	
指導学年および学習内容	第3学年	(1) 毎日の生活と健康	第1学年	(1) 心身の機能の発達と心の健康	第1学年	(1) 現代社会と健康 (2) 生涯を通じる健康 (3) 社会生活と健康
	第4学年	(2) 育ちゆく体とわたし	第2学年	(2) 健康と環境 (3) 傷害の防止	第2学年	
	第5学年	(1) 心の健康 (2) けがの防止				
	第6学年	(3) 病気の予防	第3学年	(4) 健康な生活と疾病の予防	第3学年なし	

また，理科，生活，家庭，技術・家庭等の教科においても保健に関する知識の指導が行われるようになっており，それらとの密接な関連を図ることが必要である。

さらに，「総合的な学習の時間」においても，学習活動として「国際理解，情報，環境，福祉・健康などの横断的・総合的な課題」「児童・生徒の興味・関心に基づく課題」「地域や学校の特色に応じた課題」が例示されており，心身の健康や安全に関する課題が積極的に取り上げられていくことが期待されている。

(2) 保健指導

保健指導は，児童生徒一人一人が健康に関する原理や法則を日常生活に適用し，健康な生活を実践できるようにすることを目指している。つまり，前述のようにhealth guidanceとして特別活動を中心に教育活動の全体を通じて，計画的，継続的にすべての教職員によって行われるようになっている。したがって，指導のねらいや内容は「児童生徒が現在当面しているか，ごく近い将来当面するであろう健康の問題」ということになってくる。

保健指導においては，一人一人の健康問題の解決に機能することが求められる。それだけに特別活動の「学級活動」や「ホームルーム活動」における学級を単位とした指導（授業としての保健指導）と，個別的な健康問題に対応した指導が重要となってくる。

保健学習は，教科であるだけに教科書もあり授業時数の規定もあるが，保健指導は各学校の裁量に委ねられているだけに学校間格差が生じやすいとの指摘も少なくない。

4．学習指導要領総則「健康に関する指導」と保健教育

平成10年・11年の学習指導要領の改訂で，小学校，中学校，高等学校を通じてその総則教育課程編成の一般方針「3　体育に関する指導」の項が「3　体育・健康に関する指導」に改められ，健康重視の観点を明確にし，教育課程の編成と学校における健康教育の方針が明示されることとなった。

> 3　学校における体育・保健に関する指導は，児童（中・高は生徒）の発達の段階を考慮して，学校の教育活動全体を通じて適切に行うものとする。特に，学校における食育の推進並びに体力の向上に関する指導，安全に関する指導及び心身の健康の保持増進に関する指導については，体育科（中・高は保健体育科）の時間はもとより，家庭科（中は技術・家庭科），特別活動などにおいてもそれぞれの特質に応じて適切に行うよう努めることとする。また，それらの指導を通して，家庭や地域社会との連携を図りながら，日常生活において適切な体育・健康に関する活動の実践を促し，生涯を通じて健康・安全で活力ある生活を送るために基礎が培われるよう配慮しなければならない。

この「健康に関する指導」が，まぎれもなく学習指導要領上の「健康教育」なのである。そして，その範囲は，「初等中等教育においては，教科『体育』及び『保健体育』の保健で心身の健康・安全全般について知識を習得させるとともに，『家庭』等の他の教科や『道徳』等でも健康に関する内容を扱っており，また保健指導，安全指導など，特別活動や日常指導を通して健康な生活に関する態度を習得させることとしているが，学校における健康教育とはこれらを指すものであること。」（昭和63年7月文部省体育局長通知「健康教育の推進と学校健康教育課の設置について」）という趣旨から，保健教育，安全教育及び学校給食指導を含む食に関する指導ということになるのである。

```
                    ┌─ 保健教育（保健学習・保健指導）
      学校健康教育 ──┼─ 安全教育（安全学習・安全指導）
                    └─ 食に関する指導
```

したがって，学習指導要領では同じ health education でも健康教育

（健康に関する指導）は，保健教育の上位概念としての位置づけがなされているということである。

(吉田瑩一郎)

<参考文献>
(1) 国立教育研究所編『日本近代教育百年史３　学校教育(1)』国立教育研究所，1974
(2) 文部省編『学制百年史』帝国地方行政学会，1972
(3) 唐澤富太郎『教育博物館』ぎょうせい，1977
(4) 岡津守彦編『教育課程・各論』（戦後日本の教育改革７）東京大学出版会，1969
(5) 日本学校保健会編『学校保健百年史』第一法規，1973
(6) 文部省編『中等学校保健計画実施要領（試案）』大日本図書，1949
(7) 植村肇『学校保健と保健科教育法』東山書房，1970
(8) 吉田瑩一郎「学校保健の意義と役割」，江口篤寿，高石昌弘，吉田瑩一郎編著『現代学校保健全集第１巻　教育と保健』ぎょうせい，1983，p. 267～348
(9) 佐守信男「学校における保健教育の移りかわり」，江口篤寿，高石昌弘，吉田瑩一郎編著『現代学校保健全集第２巻　保健教育と保健管理』ぎょうせい，1981，p. 1～54
(10) 小倉学，浜田靖一編著『保健体育科教育法』学文社，1969，p. 148～151
(11) 吉田瑩一郎「教育に果たす養護教諭の役割」，三木とみ子編『四訂養護概説』ぎょうせい，2009，p. 36～42
(12) 文部省「21世紀を展望した我が国の教育の在り方について」（第15期中央教育審議会第一次答申）1996. 7月
(13) 文部省「生涯にわたる心身の健康の保持増進のための今後の健康に関する教育及びスポーツの振興の在り方について」（保健体育審議会答申）1997. 9月
(14) 文部科学省「幼稚園，小学校，中学校，高等学校及び特別支援学校の学習指導要領等の改善について」（教育審議会答申）2008. 1月
(15) 文部科学省『小学校学習指導要領解説　総則編』東洋館出版，2008
(16) 文部科学省『中学校学習指導要領解説　総則編』ぎょうせい，2008
(17) 文部科学省『小学校学習指導要領解説　体育編』東洋館出版，2008
(18) 文部科学省『中学校学習指導要領解説　保健体育編』東山書房，2008
(19) 文部科学省『高等学校学習指導要領解説　総則編』東山書房，2009
(20) 文部科学省『高等学校学習指導要領解説　保健体育編・体育編』東山書房，2009
(21) WHO Regional Office for Europe（島内憲夫訳）「ヘルスプロモーション―WHOオタワ憲章―」，『21世紀の健康戦略』垣内出版，1990

2 章
保健学習の目標と内容

1節　小学校の保健学習

　小学校の保健学習は，体育科の領域「保健」として平成10年の学習指導要領改訂以来第3学年から行われるようになっている。それは，児童の発育・発達の早期化や生活習慣の乱れなどに適切に対応する必要性があったからである。

　したがって，平成20年3月の学習指導要領においては，身近な生活における健康・安全に関する基礎的な内容を重視する観点から，第3学年・第4学年で「毎日の生活と健康」及び「育ちゆく体とわたし」，第5学年・第6学年で「心の健康」「けがの防止」及び「病気の予防」の内容を取り扱うこととされている。

1. 目　標

　目標は，教科の目標と学年の目標によって示されている。

［教科の目標］

　心と体を一体としてとらえ，適切な運動の経験と健康・安全についての理解を通して，生涯にわたって運動に親しむ資質や能力の基礎を育てるとともに健康の保持増進と体力の向上を図り，楽しく明るい生活を営む態度を育てる。

［学年の目標］

〈第3学年及び第4学年〉

(3) 健康な生活及び体の発育・発達について理解できるようにし，身近な生活において健康で安全な生活を営む資質や能力を育てる。

〈第5学年及び第6学年〉

(3) 心の健康，けがの防止及び病気の予防について理解できるようにし，健康で安全な生活を営む資質や能力を育てる。

　教科の目標は，小学校教育における体育科が担うべき役割や体育科の学習指導の方向を示すもので，学年の目標は，各学年における体育科の学習指導の方向を具体的に示すものである。

とりわけ保健学習の観点から注目しなければならないところは，教科の目標の「健康・安全についての理解」と「健康の保持増進」についてである。このことについて，小学校学習指導要領解説体育編 P.10（文部科学省　平成20年8月，以下「解説書」）で次のように説明している。

「健康・安全についての理解」とは，主として第3学年・第4学年及び第5学年・第6学年の保健領域に関連したねらいを示すものである。具体的には，健康な生活，体の発育・発達，心の健康，けがの防止及び病気の予防についての基礎的・基本的な内容を実践的に理解することである。このことは，グループ活動や実習などを通して単に知識や記憶としてとどめるだけではなく，児童が，身近な生活における学習課題を発見し，解決する過程を通して，健康・安全の大切さに気付くことなどを含んでいる。(中略)
「健康の保持増進」を図るとは，身近な生活における健康・安全に関する内容を実践的に理解することを通して，自らの生活行動や身近な生活環境における学習課題を把握し，改善することができる資質や能力の基礎を培うことを示したものである。

以上のことから，小学校における保健学習は，身近な生活における健康・安全に関する内容の実践的な理解を通して，自らの生活行動や身近な生活環境を改善することができる資質や能力の基礎を培うことを目指して展開されるものでなければならない。

2．内容

内容は，学年の目標に沿って，第3学年及び第4学年で「健康な生活」と「体の発育・発達」，第5学年及び第6学年で「心の健康」，「けがの防止」及び「病気の予防」で構成されている。学習指導要領及び同解説に即して内容をまとめてみると次の表のようになる。

表2－1　小学校の保健学習の内容

	大項目	中項目	小項目・学習材
1	健康の保持増進には，毎日の生活の仕方や身近な生活環境が深くかかわっていること。	(1)健康な生活とわたし 　心や体の調子がよいなどの健康の状態は，主体の要因や周囲の環境の要因がかかわっていること。	・主体の要因 ・周囲の環境の要因
毎日の生活と健康		(2)1日の生活の仕方 　毎日を健康に過ごすには，食事，運動，休養及び睡眠の調和のとれた生活を続けること，また，体の清潔を保つことなどが必要であること。	・食事，運動，休養及び睡眠の調和のとれた生活

		(3)身の回りの環境 　　毎日を健康に過ごすには，明るさの調節，換気などの生活環境を整えることなどが必要であること。	・明るさの調節 ・換気
2 育ちゆく体とわたし	体は年齢に伴って発育・発達し，変化すること。	(1)体の発育・発達 　　体は，年齢に伴って変化すること。また，体の発育・発達には，個人差があること。	・年齢に伴う変化 ・体の変化の個人差
		(2)思春期の体の変化 　　体は，思春期になると次第に大人の体に近づき，体つきが変わったり，初経，精通などが起こったりすること。また，異性への関心が芽生えること。	・男女の特徴 ・初経，精通など ・異性への関心
		(3)体をよりよく発育・発達させるための生活 　　体をよりよく発育・発達させるには，調和のとれた食事，適切な運動，休養及び睡眠が必要であること。	・調和のとれた食事 ・適切な運動 ・休養・睡眠
3 心の健康	心は，年齢に伴って発達し，心と体は相互に影響し合うこと。また，不安や悩みには対処の仕方があること。	(1)心の発達 　　心は，いろいろな生活経験を通して年齢に伴って発達すること。	・感情，社会性，思考力の発達 ・人とのかかわり
		(2)心と体の相互の影響 　　心と体は，相互に影響し合うこと。	・不安や緊張時の体の変化 ・体調が悪いとき，よいときの心の変化
		(3)不安や悩みへの対処 　　不安や悩みへの対処には，いろいろな方法があること。	・身近な人に相談する ・気分転換する ・友達の相談相手になる ・前向きに自分から解決の努力をする
4 けがの防止	けがの多くは，発生要因に対する適切な対応によって防止できること。	(1)交通事故や身の回りの生活で起こるけがの防止 　　交通事故や身の回りの生活の危険が原因となって起こるけがの防止には，周囲の危険に気付くこと，的確な判断の下に安全に行動すること，環境を安全に整えることが必要であること。	・交通事故や水の事故，学校生活での事故，犯罪被害の発生と要因 ・学校生活でのけがの防止 ・交通事故の防止 ・犯罪被害の防止
		(2)けがの手当 　　けがの簡単な手当は，速やかに行う必要があること。	・状況の速やかな把握と処置，近くの大人に知らせること ・傷口を清潔にする，圧迫して出血を止める，患部を冷やすなどの方法

5　病気の予防	病気の多くは，発生要因に対する適切な対応によって予防できること。	(1)病気の起こり方 　病気は，病原体，体の抵抗力，生活行動，環境がかかわり合って起こること。	・日常経験している病気（かぜ） ・病原体，体の抵抗力，生活行動，環境など
		(2)病原体がもとになって起こる病気の予防 　病原体が主な要因となって起こる病気の予防には，病原体が体に入るのを防ぐことや，病原体に対する体の抵抗力を高めることが必要であること。	・病原体が体に入るのを防ぐこと（発生源をなくす，感染経路の遮断）
		(3)生活行動がかかわって起こる病気の予防 　生活習慣病など生活行動が主な要因となって起こる病気の予防には，栄養の偏りのない食事をとること，口腔の衛生を保つことなど，望ましい生活習慣を身に付ける必要があること。	・心臓や脳の血管が硬くなったりつまったりする病気と生活習慣 ・むし歯や歯ぐきの病気と生活習慣 ・健康によい生活習慣の確立
		(4)喫煙，飲酒，薬物乱用と健康 　喫煙，飲酒，薬物乱用などの行為は，健康を損なう原因となること。	・喫煙の害 ・飲酒の害 ・薬物乱用の害（シンナーなどの有機溶剤を中心に扱う）
		(5)地域の様々な保健活動の取組 　地域では，保健にかかわる様々な活動が行われていること。	・保健所や保健センターの活動 ・健康な生活習慣にかかわる情報提供 ・予防接種や健康相談 ・健康教室や講習会の開催など

3．指導の要点
〔第3学年・第4学年〕
＜1＞毎日の生活と健康

(1)　健康の大切さを認識するとともに，健康によい生活について理解できるようにする。
ア　心や体の調子がよいなどの健康の状態は，主体の要因や周囲の環境の要因がかかわっていること。
イ　毎日を健康に過ごすには，食事，運動，休養及び睡眠の調和のとれた生活を続けること，また，体の清潔を保つことなどが必要であること。
ウ　毎日を健康に過ごすには，明るさの調節，換気などの生活環境を整えることなどが必要であること。

　児童自らが主体的に健康によい生活を実践できるようになるための基礎として，健康でいることの大切さ，すばらしさを認識し，毎日の生活

に関心をもち，健康によい生活の仕方を理解できるようにする。

平成20年の学習指導要領においても，「生きる力」の重要性が引き継がれているが，その実践のためには「主体＝自分自身」の意識のもち方が大切であり，また周りの人々との関係によってそれを構築していくことが重要であることから，(1)のアとして強調されたことをおさえておく。

(1) **ねらい**
ア　健康であることには，1日の生活の仕方など主体の要因や身の回りの環境がかかわっていることを理解できるようにする。
イ　毎日を元気に過ごすためには，食事，運動，休養及び睡眠の調和のとれた生活を続ける必要があることを理解できるようにする。
ウ　毎日を元気に過ごすためには，体の清潔を保つことや明るさ，換気などの生活環境を整えることが必要であることを理解できるようにする。

(2) **指導の要点**
ア　健康な生活とわたし
○健康な状態とは，気持ちが意欲的であるという心の調子がよい状態，元気であるという体の調子がよい状態であること。
○健康な状態には，主体の要因や身の回りの環境の要因がかかわっていること。
イ　1日の生活の仕方
○1日の生活のリズムに合わせて，食事，運動，休養及び睡眠をバランスよくとることが必要であること。
○手や足を洗うことなどにより体を常に清潔に保ち，ハンカチや衣服など清潔なものを身に付けることが大切であること。
○自分の生活を見直して，健康によい生活を毎日実践する意欲。
ウ　身の回りの環境
○部屋の明るさの調節や換気などの生活環境を整えることによって，自分の健康を保つことができること。
○自分の生活を見直すことにより，生活環境を自分で整える意欲。

(3) **指導上の留意点**
健康を保持増進するためには，自分で何ができるかを常に考えさせるとともに実践できるようにすることが必要である。また，自分だけではなく学校や地域社会においても様々な保健活動が行われていることを理解できるようにし，積極的に参加する態度が育つように指導する。

＜2＞育ちゆく体とわたし

> (2) 体の発育・発達について理解できるようにする。

ア　体は，年齢に伴って変化すること。また，体の発育・発達には，個人差があること。
　イ　体は，思春期になると次第に大人の体に近づき，体つきが変わったり，初経，精通などが起こったりすること。また，異性への関心が芽生えること。
　ウ　体をよりよく発育・発達させるには，調和のとれた食事，適切な運動，休養及び睡眠が必要であること。

　児童の体の発育・発達については，一般的に見られる現象や，特に思春期の体の変化などを認識するとともに，体をよりよく発育・発達させるための生活の仕方についても理解し，進んで実践できるようにする。
　平成20年の学習指導要領改訂により，「年齢による変化」に「体の発育・発達には，個人差があること」が加えられた。これは体の発育・発達についての正しい理解を通して，自分の体の変化だけではなく他の児童との違いを肯定的に受け止め，思春期に向けての体の変化について理解を深めることをねらいとしていると考えられる。

(1)　**ねらい**
　ア　体の発育・発達には，男女差，個人差があることを理解できるようにする。
　イ　思春期になると大人の体に近づくことにより，初経，精通などが起きたり，異性への関心が芽生えたりすることを理解できるようにする。
　ウ　体は，年齢に伴って変化すること。体をよりよく発育・発達させるためには，調和のとれた食事，適切な運動，休養，睡眠が必要であることを理解できるようにする。

(2)　**指導の要点**
　ア　体の発育・発達
　身長や体重などの体の発育・発達には，男女の間に差があるだけではなく，個人によっても違いがあること。
　イ　思春期の体の変化
○体つきに変化が起こりはじめ，男女の特徴が現れてくること。
○個人差があるものの，誰にでも起こる現象であり，初経，精通，変声，発毛が起こり，異性への関心が芽生えることで，大人になる準備が始まること。
　ウ　体をよりよく発育・発達させるための生活
　体をよりよく発育・発達させるためには，適度な運動や睡眠をとるなど毎日の生活の仕方が大切であることを理解できるようにする。また，体をつくるもととなるたん白質，カルシウム，ビタミンなどをバランスよく摂取し，調和のとれた食生活をすることの重要性についても理解できるようにする。

(3) 指導上の留意点

　自分たちの明日に向けて，自分の体の変化を肯定的に受け止めさせる。また，体の変化には個人差があるものの，思春期において様々な変化が起きることは他の人も同じだという意識をもたせる。画一的な指導になることのないよう，発達の段階を踏まえること，学校全体の共通理解を図ること，保護者の理解を得ることなどに留意する。

〔第5学年・第6学年〕
＜1＞心の健康

> (1) 心の発達及び不安，悩みへの対処について理解できるようにする。
> ア　心は，いろいろな生活経験を通して，年齢に伴って発達すること。
> イ　心と体は，相互に影響し合うこと。
> ウ　不安や悩みへの対処には，大人や友達に相談する，仲間と遊ぶ，運動をするなどいろいろな方法があること。

　心の健康については，心も体と同じように年齢に伴って生活環境の影響を受けながら発達すること，そして心と体は互いに影響し合うことを理解できるようにする必要がある。また，不安や悩みをもったときには，適切な対処の方法があることを理解できるようにしておく必要がある。

　学習指導要領の改訂により，項目の順序を（2）から（1）へ移行して，第4学年の体の発育・発達に連続して取り扱うことができるようになった。また，不登校や引きこもりなどの社会的な問題もあり，心の健康問題が重視されることになった。不安や悩みが誰にでもあることの理解だけで終わるのではなく，今後成長していくうえで，心も発達していくことを理解させ，「生きる力」をしっかりと身に付けさせることを目指している。

(1) ねらい

ア　心は，様々な生活経験を通して，年齢に伴って発達することを理解できるようにする。

イ　心と体は，密接な関係にあり，相互に影響し合うことを理解できるようにする。

ウ　不安や悩みを抱えたときの対処の仕方には，誰かに相談すること，仲間と遊ぶ，運動をするなどの方法があることを理解できるようにする。

(2) 指導の要点

ア　心の発達

　心は，様々な生活経験や学習を通して年齢とともに発達するものであり，そのことで自分の感情をコントロールすることや，相手の気持ちを

理解することができるようになる。心とは，感情，社会性，思考力などのはたらきの総体としてとらえるようにする。

イ　心と体の相互の影響
○不安を感じているときや緊張しているときには，体調に変化が現れること。
○体調の善し悪しは，気持ちのもち方や集中力などに影響を及ぼすこと。

ウ　不安や悩みへの対処
○不安や悩みは誰でも経験することであり，身近な人に相談することや，気分転換をすることなど，自分に合った方法で対処できること。
○体ほぐしの運動は，不安や悩みへの有効な対処方法の一つであること。

(3) 指導上の留意点

　心が発達することにより，自分の感情をコントロールしたり，相手の気持ちを理解したりすることができるようになることの大切さを理解できるようにする。そして，そのことが他者とのよりよいコミュニケーションを獲得できるようになることに留意する。

　不安や緊張時には，様々な体調の変化が起こるが，それは誰にでも起こりうることであり，自分だけではないことに気付かせるようにする。

　誰でも不安や悩みをもつことがあることを知り，身近な人に相談をしたり，気分転換を図ったりすることで，その不安や悩みに対処できる方法が見つかることを理解できるようにする。

＜２＞けがの防止

> (2) けがの防止について理解するとともに，けがなどの簡単な手当ができるようにする。
> ア　交通事故や身の回りの生活の危険が原因となって起こるけがの防止には，周囲の危険に気付くこと，的確な判断の下に安全に行動すること，環境を安全に整えることが必要であること。
> イ　けがの簡単な手当は，速やかに行う必要があること。

　けがの発生要因を理解させ，普段から身の回りの安全に気を配るようにさせるとともに，けがをしてしまったときの手当の仕方を，実習を通して身に付けることができるようにする。

　従前の学習指導要領では「学校生活の事故などによるけが」とされていた記述が，「身の回りの生活の危険が原因となって起こるけが」とされ，けがが起こる原因を広くとらえさせることになった。そして，学校の回りや家の回りなどで事故や犯罪につながりそうな場所などの理解を通して，けがや事故，犯罪を未然に防ぐことの重要性が強調されることになった。児童を巻き込む凶悪な事件が増えていることから，指導の充

実が求められている。
(1) ねらい
ア　交通事故や，身の回りの生活が原因となって起こるけがを防止するためには，周囲の危険に対する意識，的確な判断の下での安全な行動，環境を安全に整えることが必要であることを理解できるようにする。

イ　けがが発生した際には，速やかに手当を行う必要があることを理解できるようにし，簡単な応急処置ができるようにする。

(2) 指導の要点
ア　交通事故や身の回りの生活の危険が原因となって起こるけがとその防止

○毎年多くの交通事故や水の事故，学校生活での事故などが発生していること，及びそれらが原因となるけがなどは，人の行動や環境がかかわって発生していること。

○交通事故の防止には，道路横断の際の一時停止や右左の安全確認，学校生活の事故によるけがの防止には運動場の安全な使い方や廊下・階段の歩行の仕方，犯罪被害の防止には犯罪が起こりやすい場所を避けることなどが重要であること。

○事故防止には，危険な場所の点検をすることを通して，施設や設備を安全に整えるなど，安全な環境をつくることが必要であること。

イ　けがの手当

○けがの悪化を防ぐためには，けがの種類や程度を把握して処置することと，近くの大人に知らせること。

○自分でできる簡単なけがの手当の方法を理解できるようにし，すり傷，鼻出血，やけど，打撲などの実習を通して簡単な手当ができるようにすること。

(3) 指導上の留意点
　　事故の防止には，周囲の状況をよく見極め，危険に早く気付いて，的確な判断の下に行動するとともに，心や体を健康な状態に保つことの重要性を理解できるようにする。また，けがをした際には簡単な手当をすることが重要であり，実習を通して簡単な手当ができるようにする。

＜３＞病気の予防

> (3) 病気の予防について理解できるようにする。
> ア　病気は，病原体，体の抵抗力，生活行動，環境がかかわり合って起こること。
> イ　病原体が主な要因となって起こる病気の予防には，病原体が体に入るのを防ぐことや病原体に対する体の抵抗力を高めることが必要であること。

> ウ　生活習慣病など生活行動が主な要因となって起こる病気の予防には，栄養の偏りのない食事をとること，口腔（くう）の衛生を保つことなど，望ましい生活習慣を身に付ける必要があること。
> エ　喫煙，飲酒，薬物乱用などの行為は，健康を損なう原因となること。
> オ　地域では，保健にかかわる様々な活動が行われていること。

　病気を予防するためには，病気の発生要因や予防の方法について理解できるようにし，予防のための適切な行動をとることの重要性を認識できるようにする。自分の健康は自分で守るという意識を高めるようにし，普段から健康を考えた生活を送ることができるようにする。

　学習指導要領の改訂により，新たに「地域では，保健にかかわる様々な活動が行われていること」が加わることで，病気の予防の重要性や地域，国・市区町村の施策を知る契機になることを目指している。

(1)　**ねらい**

ア　病気は，病原体，体の抵抗力，生活行動，環境などがかかわり合って起こることを理解できるようにする。

イ　病原体がもとになって起こる病気の予防には，病原体の発生源をなくすこと，病原体が体に入るのを防ぐこと，また，体の抵抗力を高めておくことの必要性を理解できるようにする。

ウ　生活行動がかかわる病気については，偏った食事や間食を避けるなど，健康によい生活習慣を身に付ける必要があることを理解できるようにする。

エ　喫煙，飲酒，薬物乱用などの行為は，健康を損なう原因となるおそれがあることを理解できるようにする。

オ　地域では，健康な生活習慣にかかわる情報提供や予防接種などの活動が行われていることを理解できるようにする。

(2)　**指導の要点**

ア　病気の起こり方

　日常経験している病気として「かぜ」などを取り上げ，病気は病原体，体の抵抗力，生活行動，環境などがかかわり合って起こることを理解できるようにする。

イ　病原体がもとになって起こる病気の予防

○インフルエンザなど病原体がもとになって起こる病気を取り上げ，病気は，病原体の発生源をなくしたり，そのうつる道筋を断ち切ったりして病原体を体の中に入れないこと。

○予防接種などによって免疫をつくること，調和のとれた食事，適切な運動，休養及び睡眠をとることによって体の抵抗力を高めておくこと。

ウ　生活行動がかかわって起こる病気の予防

心臓や脳の血管の病気の予防には，糖分，脂肪分，塩分などを摂りすぎる偏った食事や間食を控えること，また，むし歯や歯ぐきの病気の予防には，口腔(こう)を衛生に保つなど健康によい生活習慣を身に付ける必要があること。

エ　喫煙，飲酒，薬物乱用と健康

○喫煙，飲酒は，長く続けると健康を損なう危険が大きいこと。未成年者の喫煙，飲酒は法律によって禁止されていること。

○シンナーなどの薬物は，一回の乱用でも死に至ることがあり，乱用を続けるとやめられなくなり，健康に重大な影響を及ぼすこと。薬物の乱用は法律で厳しく規制されていること。

オ　地域の様々な保健活動の取組

地域では，健康な生活習慣にかかわる情報提供や予防接種などの活動が行われていること。

(3) 指導上の留意点

自分の健康は，自分で守るという意識をもたせることに留意する。そのためには，健康によい日々の生活を通して体の抵抗力を高めることの重要性の理解や，喫煙，飲酒，薬物の乱用の危険を理解できるようにする。また，地域では，健康を支援する環境づくりとしてWHO（世界保健機関）が提唱している，ヘルスプロモーションの考え方を基本にした様々な活動を行っていることについても触れるようにする。

4．授業時数の配当等

保健学習（保健領域）に充てる授業時数や指導の時期については，小学校学習指導要領の「指導計画の作成と内容の取扱い」に次のように示されている。

〈指導計画の作成と内容の取扱い〉

(3)　第2の第3学年及び第4学年の内容の「G保健」に配当する授業時数は，2学年間で8単位時間程度，また，第2の第5学年及び第6学年の内容の「G保健」に配当する授業時数は，2学年間で16単位時間程度とする。

(4)　第2の第3学年及び第4学年の内容の「G保健」並びに第5学年及び第6学年の内容の「G保健」（以下「保健」という。）については，効果的な学習が行われるよう適切な時期に，ある程度まとまった時間を配当すること。

以上のように，保健学習に配当する授業時数は，従前の場合と同様第3学年・第4学年で8単位時間程度，第5学年・第6学年で16単位時間程度とされている。また，指導の時期については，単元のまとまりを重視するとともに児童の興味・関心や意欲を高めながら効果的な学習を進める観点から，学習時間を継続して集中的に設定することが望ましいと

されている。（表2-2）

表2-2　授業時数と指導の時期

学　　年	単　元　名	配当時数	指導の時期
第3学年	毎日の生活と健康	4	4月～5月
第4学年	育ちゆく体とわたし	4	4月～5月
第5学年	心の健康 けがの防止	3～4 4～5	4月～5月 9月～10月
第6学年	病気の予防	8	5月～6月

　なお，保健領域に配当する授業時数を「程度」と弾力的に示していることについて，教科の目標にある心と体を一体としてとらえる観点を重視し，運動領域と保健領域との密接な関連をもたせた指導，例えば，体ほぐしの運動と心の健康・けがの防止と運動の実践などのように教科として一体感のある指導の充実が期待されていると考えられるので留意する必要がある。

2節　中学校の保健学習

　中学校の保健学習は，小学校での学習を一層発展させ，個人生活における健康・安全に関する理解を通して，自らの健康を適切に管理し，改善していく思考力・判断力などの資質や能力を育成することを目指している。このため，内容を「心身の機能の発達と心の健康」「健康と環境」「傷害の防止」及び「健康な生活と疾病の予防」の4つの内容で構成し，各学年を通じて取り扱うこととされている。

1．目　標
　目標は，教科の目標と分野の目標によって示されている。

［教科の目標］
　心と体を一体としてとらえ，運動や健康・安全についての理解と運動の合理的な実践を通して，生涯にわたって運動に親しむ資質や能力を育てるとともに健康の保持増進のための実践力の育成と体力の向上を図り，明るく豊かな生活を営む態度を育てる。

［分野の目標］
　個人生活における健康・安全に関する理解を通して，生涯を通じて自らの健康を適切に管理し，改善していく資質や能力を育てる。

教科の目標は中学校教育における保健体育科の特性を総括的に示しているものであり，中学校としての重点や基本的な方向を示すものである。

　保健学習の観点から注目しなければならない点は，「健康・安全についての理解」と「健康の保持増進のための実践力の育成」についてである。このことについて，中学校学習指導要領解説 P.16（文部科学省 平成20年9月，以下「解説書」）で次のように述べている。

　「健康・安全の理解」とは，心身の機能の発達と心の健康，健康と環境，傷害の防止及び健康な生活と疾病予防など，健康の保持増進について科学的な原理や原則に基づいて理解できるようにすることである。

　また，「健康の保持増進のための実践力」とは，健康・安全について科学的に理解することを通して，心身の健康の保持増進に関する内容を単に知識として，また，記憶としてとどめることではなく，生徒が現在及び将来の生活において健康・安全の課題に直面した場合に，科学的な思考と正しい判断の下に意志決定や行動選択を行い，適切に実践していくための思考力・判断力などの資質や能力の基礎を育成することを示したものである。

　以上のことから，中学校の保健学習は，個人生活における健康・安全に関する内容の理解を通して，自らの健康を適切に管理し，改善していく思考力・判断力の育成を目指しているものといえる。

　そして，このような教科の目標は，保健分野の学習指導によって達成されるものであり，保健の分野の目標が「個人生活における健康・安全に関する理解を通して，生涯を通じて自らの健康を適切に管理し，改善していく資質や能力を育てる。」とされている所以は，以上のような考え方によるものと受け止めることができるのである。

2．内　容

　内容は，「心身の機能の発達と心の健康」，「健康と環境」，「傷害の防止」及び「健康な生活と疾病の予防」で構成されている。中学校学習指導要領及び同解説書に則して内容をまとめてみると次のようになる。

表2－3　中学校の保健学習の内容

大項目	中項目	小項目・学習材
1　心身の機能の発達と心の健康	心身の機能は，年齢とともに発達すること。また，心の健康は欲求やストレス	(1)身体機能の発達 　身体には，多くの器官が発育し，それに伴い，様々な機能が発達する時期があること。また，発育・発達の時期やその程度には，個人差があること。	1　器官が発育し機能が発達する時期 ・骨や筋肉，肺や心臓の発育 ・呼吸器系，循環器系の発達 2　発育・発達の個人差

1 心身の機能の発達と心の健康	に適切に対処することによって維持できること。	(2)生殖にかかわる機能の成熟 　思春期には，内分泌の働きによって生殖にかかわる機能が成熟すること。また，成熟に伴う変化に対応した適切な行動が必要となること。	1　内分泌の働きによる生殖にかかわる機能の成熟 ・射精 ・月経と妊娠 2　成熟に伴う変化に対応した適切な行動
		(3)精神機能の発達と自己形成 　知的機能，情意機能，社会性などの精神機能は，生活経験などの影響を受けて発達すること。また，思春期においては，自己の認識が深まり，自己形成がなされること。	1　精神機能の発達 ・知的機能 ・情意機能 ・社会性 2　自己形成
		(4)欲求やストレスへの対処と心の健康 　精神と身体は，相互に影響を与え，かかわっていること。 　欲求やストレスは，心身に影響を与えることがあること。また，心の健康を保つには，欲求やストレスに適切に対処する必要があること。	1　精神と身体の相互影響 2　欲求やストレスの心身への影響 3　欲求やストレスへの適切な対処
2 健康と環境	環境には，人間の生存と環境にとって不可欠な条件と快適な条件があること。	(1)身体の環境に対する適応能力・至適範囲 　身体には，環境に対してある程度まで適応能力があること。また，健康にとって至適な範囲があること。	1　気温の変化と適応能力 2　室内の温熱条件（温度，湿度，気流）と明るさの至適範囲
		(2)飲料水や空気の衛生的管理 　飲料水や空気は，生命の維持や健康と密接なかかわりがあること。また，飲料水や空気を衛生的に保つには，基準に適合するよう管理する必要があること。	1　飲料水の衛生的管理 2　空気の衛生的管理
		(3)生活に伴う廃棄物の衛生的管理 　人間の生活によって生じた廃棄物は，環境の保全に十分配慮し，環境を汚染しないように衛生的に処理する必要があること。	1　し尿やごみなどの廃棄物の種類に応じた衛生的処理 2　公害が見られる地域にあっては，(2)と(3)の内容と関連させて，公害と健康との関係を取り扱う。
3 傷害の防止	傷害の多くは，発生要因に対する適切な対策によって防止できること。また，適切な応急手当は，傷害の悪化を防止できる	(1)交通事故や自然災害などによる傷害の発生要因 　交通事故や自然災害などによる傷害は，人的要因や環境要因などがかかわって発生すること。	1　人的要因 2　環境要因 3　人的要因と環境要因の相互関係
		(2)交通事故などによる傷害の防止 　交通事故などによる傷害の多くは，安全な行動，環境の改善によって防止できること。	1　安全な行動 ・予測，判断 ・交通ルールの遵守 ・基本的生活習慣 2　道路など交通環境の整備・改善

3 傷害の防止	こと。		3 中学生期に多い自転車乗車中の事故防止や,犯罪被害の防止などについても適宜取り扱う
	(3)自然災害による傷害の防止 　自然災害による傷害は,災害発生時だけでなく,二次災害によっても生じること。また,自然災害による傷害の多くは,災害に備えておくこと,安全に避難することによって防止できること。	1 自然災害発生による傷害と二次災害による傷害 2 自然災害への備えと傷害の防止 3 地域の実情に応じて,気象災害などを適宜取り上げる	
	(4)応急手当 　応急手当を適切に行うことによって,傷害の悪化を防止できること。また,応急手当には,心肺蘇生法等があること。	1 応急手当の意義 2 応急手当の方法 ・患部の保護や固定 ・包帯法,止血法としての直接圧迫法 ・心肺蘇生法 ・必要に応じてAED(自動体外式除細動器)にも触れる	
4 健康な生活と疾病の予防	人間の健康は,主体と環境がかかわり合って成り立つこと。健康を保持増進し,疾病を予防するためには,それにかかわる要因に対する適切な対策があること。	(1)健康の成り立ちと疾病の発生要因 　健康は,主体と環境の相互作用の下に成り立っていること。また,疾病は,主体の要因と環境の要因がかかわり合って発生すること。	1 健康の成り立ち 2 主体の要因(素因,習慣や行動など)と環境の要因(物理・化学的環境・社会的環境など)
		(2)生活行動・生活習慣と健康 　健康の保持増進には,年齢,生活環境等に応じた食事,運動,休養及び睡眠の調和のとれた生活を続ける必要があること。また,食事の量や質の偏り,運動不足,休養や睡眠の不足などの生活習慣の乱れは,生活習慣病などの要因となること。	1 食生活と健康 2 運動と健康 3 休養及び睡眠と健康 4 調和のとれた生活と生活習慣病
		(3)喫煙,飲酒,薬物乱用と健康 　喫煙,飲酒,薬物乱用などの行為は,心身に様々な影響を与え,健康を損なう原因となること。また,これらの行為には,個人の心理状態や人間関係,社会環境が影響することから,それぞれの要因に適切に対処する必要があること。	1 喫煙と健康 2 飲酒と健康 3 薬物乱用と健康
		(4)感染症の予防 　感染症は,病原体が主な要因となって発生すること。また,感染症の多くは,発生源をなくすこと,感染経路を遮断すること,主体の抵抗力を高めることによって予防できること。	1 感染症の原因と予防 2 エイズ及び性感染症の予防

4 健康な生活と疾病の予防		(5)保健・医療機関や医薬品の有効利用 　健康の保持増進や疾病の予防には，保健・医療機関を有効に利用することがあること。また，医薬品は，正しく使用すること。	1　健康の保持増進や疾病予防の役割を担っている保健・医療機関とその利用 2　医薬品の正しい使用
		(6)個人の健康を守る社会の取組 　個人の健康は，健康を保持増進するための社会の取組と密接なかかわりがあること。	1　個人の健康を守る社会的な取組 2　地域の健康増進活動

3．指導の要点
＜1＞心身の機能の発達と心の健康

> (1)　心身の機能の発達と心の健康について理解できるようにする。
> ア　身体には，多くの器官が発育し，それに伴い，様々な機能が発達する時期があること。また，発育・発達の時期やその程度には，個人差があること。
> イ　思春期には，内分泌の働きによって生殖にかかわる機能が成熟すること。また，成熟に伴う変化に対応した適切な行動が必要となること。
> ウ　知的機能，情意機能，社会性などの精神機能は，生活経験などの影響を受けて発達すること。また，思春期においては，自己の認識が深まり，自己形成がなされること。
> エ　精神と身体は，相互に影響を与え，かかわっていること。
> 　　欲求やストレスは，心身に影響を与えることがあること。また，心の健康を保つには，欲求やストレスに適切に対処する必要があること。

(1)　**単元のねらい**

　年齢に伴って身体の器官や機能が発育・発達するが，その時期や程度には個人差があること。また，思春期には，身体的には生殖にかかわる機能の成熟，精神的には自己形成の時期であることを理解できるようにする。さらに，精神と身体が影響し合うことを理解し，心の健康を保つために，欲求やストレスの適切な対処が必要であることを理解できるようにする。

(2)　**指導の要点**

ア　身体機能の発達
○身体の発育・発達には，骨や筋肉，肺や心臓などの器官が急速に発育し，呼吸器系などの機能が発達する時期があること。
○各器官の発達の時期や程度には個人差があること。

イ　生殖にかかわる機能の成熟
○思春期には，生殖機能が発達し，男子では射精，女子では月経が見られ，妊娠が可能になること。
○異性の尊重，性情報への対処など性に関する適切な態度や行動の選択

が必要になること。
　ウ　精神機能の発達と自己形成
○心は，知的機能，情意機能，社会性等の精神機能の総体としてとらえられ，それらは生活経験や学習の影響を受けながら，大脳の発達とともに発達すること。
○思春期になると，次第に自己を認識し，自分なりの価値観をもつことで自己形成がなされること。
　エ　欲求やストレスへの対処と心の健康
○精神と身体には，密接な関係があり，互いに影響を与え合っていること。また，心の状態が体にあらわれたり，体の状態が心にあらわれたりするのは神経などの働きによるものであること。
○心の健康を保つには，欲求やストレスを適切に処理することが必要であること。個人にとって適度なストレスは，精神発達上必要なものであること。

(3)　指導上の留意点
　思春期にかかわる機能の成熟の指導にあたっては，発達の段階を踏まえて行うとともに，学校全体で共通理解を図ること，また保護者の理解を得ることなどに配慮することが大切である。
　ストレスを感じることは自然なことであり，自分に合った対処法を身に付けることの大切さを理解できるようにする。

＜２＞健康と環境

> (2)　健康と環境について理解できるようにする。
> 　ア　身体には，環境に対してある程度まで適応能力があること。身体の適応能力を超えた環境は，健康に影響を及ぼすことがあること。また，快適で能率のよい生活を送るための温度，湿度や明るさには一定の範囲があること。
> 　イ　飲料水や空気は，健康と密接なかかわりがあること。また，飲料水や空気を衛生的に保つには，基準に適合するよう管理する必要があること。
> 　ウ　人間の生活によって生じた廃棄物は，環境の保全に十分配慮し，環境を汚染しないように衛生的に処理する必要があること。

(1)　単元のねらい
　人間の健康は，環境と深くかかわって成立しており，人間の身体は環境の変化に対してある程度まで適応する生理的な機能をもっていること。また，環境条件には人間の生存と健康にとって不可欠なものと有害なものがあること。身体の適応能力を超えた環境は健康に影響を及ぼすため，飲料水や空気などの環境を衛生的に管理し，廃棄物は衛生的に処理する必要があることを理解できるようにする。

(2) 指導の要点
ア　身体の環境に対する適応能力・至適範囲
○気温の変化に対する体温調節をもとにして，身体には一定の範囲内で環境の変化に適応する能力があること。また，熱中症や山・海での遭難をもとにして，体温を一定に保つ身体の適応能力には限界があること。
○温度，湿度，気流など温熱条件には，人間が活動しやすい，かつ体温調節がしやすい至適範囲があること。明るさについては，目が疲労しにくい至適範囲があり，それは学習や作業の種類により異なること。
イ　飲料水や空気の衛生的管理
○飲料水の水質は，一定の基準によって衛生的に管理されていること。
○室内の二酸化炭素濃度は，定期的な換気により衛生的に管理できること。また，空気中の一酸化炭素は人体に有害であり，基準が設けられていること。
ウ　生活に伴う廃棄物の衛生的管理
　人間の生活に伴って生じたし尿やごみなどの廃棄物は，その種類に応じて衛生的に処理しなければならないこと。

(3) 指導上の留意点
　学習指導要領の改訂により，「身体の適応能力を超えた環境は，健康に影響を及ぼすことがあること」という文言が新たに加えられた。これは，昨今問題になっている熱中症など，身体の適応能力を超えてしまう環境の中で自らの健康を維持するために，どのようなことをすべきかを考えさせる必要が生じているからであり，発達の段階に個人差があることからも，環境に適応できる能力にも個人差があることを考慮した指導が必要になる。
　なお，実際に公害が見られる地域においては，飲料水や空気の衛生的管理，生活に伴う廃棄物の衛生的処理の内容と関連させ，生命や健康に対する環境の影響について，具体的に取り扱うことにも配慮が必要である。

＜３＞傷害の防止

(3) 傷害の防止について理解を深めることができるようにする。
ア　交通事故や自然災害などによる傷害は，人的要因や環境要因などがかかわって発生すること。
イ　交通事故などによる傷害の多くは，安全な行動，環境の改善によって防止できること。
ウ　自然災害による傷害は，災害発生時だけでなく，二次災害によっても生じ

> ること。また，自然災害による傷害の多くは，災害に備えておくこと，安全に避難することによって防止できること。
> エ　応急手当を適切に行うことによって，傷害の悪化を防止することができること。また，応急手当には，心肺蘇生等があること。

(1) **単元のねらい**

　交通事故や自然災害による傷害の発生には，様々な要因があり，それらに対する適切な対策によって傷害の多くは防止できること。また，応急手当は傷害の悪化を防止できることを理解できるようにするとともに，二次災害による危険と安全な行動について理解できるようにする。

　さらに，傷害が発生した場合には，応急手当を行うことで傷害の悪化を防止することができることから，実習を通して適切な行動がとれるようにする。

(2) **指導の要点**

　ア　交通事故や自然災害などによる傷害の発生要因

　交通事故や自然災害などによる傷害は，人間の心身の状態や行動の仕方，生活環境における施設・設備の状態や気象条件など人的要因，環境要因及びそれらの相互のかかわりにより発生すること。

　イ　交通事故などによる傷害の防止

　交通事故について具体的な事例を適宜取り上げ，中学生期には自転車乗車中の事故が多く発生していること。

　交通事故の防止には，自転車や自動車の特性を知り，交通法規を守り，車両，道路，気象条件など周囲の状況に応じ，安全に行動することが必要であること。

　ウ　自然災害による傷害の防止

○自然災害による傷害は，地震などの具体的な事例から家屋の倒壊や家具の落下などの危険が原因となって発生すること。

○自然災害による傷害は，二次災害によっても起こること。また，災害が発生した際には周囲の状況を的確に判断し行動するとともに，災害情報の把握が重要であること。

　エ　応急手当

○傷害が発生した際に，その場に居合わせた人が行う応急手当として，傷害を受けた人の反応の確認等状況の把握，周囲の人への連絡，傷害の状態に応じた手当により傷害の悪化を防止できること。

○応急手当には，患部の保護や固定，止血を行うこと，包帯法，止血法としての直接圧迫法について実習を通しての理解。また，心肺停止の場合の手当である気道確保，人工呼吸，胸骨圧迫などの心肺蘇生法について，実習を通して理解できるようにすること。

(3) 指導上の留意点

　指導にあたっては，犯罪被害をはじめとして，身の回りの生活の危険が原因となって起こる傷害を適宜取り上げて，危険予測や危険回避の仕方を具体的に学ばせることで，実際的な能力として身に付けさせることができる。

　自然災害については，地域の状況に応じて，気象災害についても具体的な例を適宜取り上げることで，普段からの災害対策の重要性を理解できるようにする必要がある。

　応急手当については，必要に応じてAED（自動体外式除細動器）にも触れるようにして，普段から応急手当の仕方を学ぼうとする態度の育成に努める。

＜4＞健康な生活と疾病の予防

> (4) 健康な生活と疾病の予防について理解を深めることができるようにする。
> ア　健康は，主体と環境の相互作用の下に成り立っていること。また，疾病は，主体の要因と環境の要因がかかわり合って発生すること。
> イ　健康の保持増進には，年齢，生活環境等に応じた食事，運動，休養及び睡眠の調和のとれた生活を続ける必要があること。また，食事の量や質の偏り，運動不足，休養や睡眠の不足などの生活習慣の乱れは，生活習慣病などの要因となること。
> ウ　喫煙，飲酒，薬物乱用などの行為は，心身に様々な影響を与え，健康を損なう原因となること。また，これらの行為には，個人の心理状態や人間関係，社会環境が影響することから，それぞれの要因に適切に対処する必要があること。
> エ　感染症は，病原体が主な要因となって発生すること。また，感染症の多くは，発生源をなくすこと，感染経路を遮断すること，主体の抵抗力を高めることによって予防できること。
> オ　健康の保持増進や疾病の予防には，保健・医療機関を有効に利用することがあること。また，医薬品は，正しく使用すること。
> カ　個人の健康は，健康を保持増進するための社会の取組と密接なかかわりがあること。

(1) 単元のねらい

　人間の健康は，主体と環境を良好な状態に保つことによって成り立つものであること。健康を保持増進し，疾病を予防するためには，その発生要因に対して，適切な対策をとることが必要であることを理解できるようにする。また，喫煙，飲酒，薬物乱用などの行為は健康を損なう原因になることを理解できるようにする。さらに感染症は，病原体が主な

要因となって発生し，その多くは感染経路を遮断すること，主体の抵抗力を高めることによって予防できることを理解できるようにする。

(2) **指導の要点**

ア 健康の成り立ちと疾病の発生要因

　健康は，主体と環境を良好な状態に保つことにより成り立っていること。また，健康が阻害された状態の一つが疾病であること。さらに，疾病は，主体の要因と環境の要因が相互にかかわりながら発生すること。

イ 生活行動・生活習慣と健康

　人間の健康は，生活行動と深くかかわっていることから，健康の保持増進のためには年齢，生活環境に応じた食生活，適切な運動，心身の疲労を回復するための休養や睡眠を心がけ，調和のとれた生活を続けることが大切であること。

ウ 喫煙，飲酒，薬物乱用と健康

　喫煙，飲酒，薬物乱用などの行為は，一時の好奇心，なげやりな気持ちの時，過度のストレスを感じている時などの心理状態，あるいは周囲の人々の影響や人間関係の中で生じる断りにくい心理状態，宣伝・広告や入手のし易さなどの社会環境などによって助長されること，そしてそれらに適切に対処する必要があること。

エ 感染症の予防

○感染症を予防するためには，消毒や殺菌などにより感染症の発生源をなくすこと，身の回りの環境を衛生的に保つことにより感染経路を遮断すること，栄養状態を良好にすることや予防接種を受けることで免疫を付けることなど身体の抵抗力を高めることが有効であること。

○エイズ及び性感染症の疾病概念や感染経路や予防の方法を理解できるようにすること。特にエイズの感染予防には性的接触をしないこと，コンドームを使うことなどが有効であること。

オ 保健・医療機関や医薬品の有効利用

○健康の保持増進のためには，地域の各医療機関がもつ機能を有効に利用する必要があること。また，集団の健康の保持増進と疾病予防には，地域の保健所や健康センター，医療機関がその役割を果たしていること。

○医薬品には，主作用と副作用があり，正しく使用する必要があること。

カ 個人の健康を守る社会の取組

　健康の保持増進や疾病の予防のためには，人々の健康を支える社会的な取組が有効であること。

(3) **指導上の留意点**

　感染症の予防，特にエイズや性感染症の指導に当たっては，発達の段階を踏まえること，学校全体で共通理解を図ること，保護者の理解を得ることなどに配慮する必要がある。

新しい学習指導要領では，平成10年学習指導要領のオの記載を２つに分けて「健康の保持増進」と「社会の取組との密接なかかわり」をそれぞれ指導することが強調された。このことは，社会全体での健康の保持増進についての理解を深めることを意味しており，例えばヘルスプロモーションなどに目を向けさせる指導が必要になってくる。

4．授業時数の配当等

　保健分野に配当する授業時数は，従前同様３学年間で48単位時間程度とされている。また，単元の指導学年も「(1)心身の機能の発達と心の健康」を第１学年で，「(2)健康と環境」及び「(3)傷害の防止」を第２学年で，「(4)健康な生活と疾病の予防」を第３学年で扱うこととされている。このような主旨をまとめたのが次の表である。

表２－４　単元と配当授業時数（例）

学年	単元名	配当時間数
1	(1)心身の機能と心の健康	12単位時間程度
2	(2)健康と環境	8単位時間程度
	(3)傷害の防止	8単位時間程度
3	(4)健康な生活と疾病の予防	20単位時間程度

3節　高等学校の保健学習

　高等学校の保健学習は，小学校，中学校における学習との接続及び発達の段階に応じた指導内容の体系化の観点から，個人生活及び社会生活における健康・安全に関する内容を総合的に理解することを通して，ヘルスプロモーションの考え方を生かし，生涯を通じて自らの健康を適切に管理し改善していくための思考力と判断力などの資質や能力の育成を目指している。内容は，従前同様「現代社会と健康」，「生涯を通じる健康」，及び「社会生活と健康」の３大項目で構成され，標準単位数も引き続き２単位とされている。

1．目　標

［教科の目標］
　心と体を一体としてとらえ，健康・安全や運動についての理解と運動の合理的，計画的な実践を通して，生涯にわたって豊かなスポーツライフを継続する資質や能力を育てるとともに健康の保持増進のための実践力の育成と体力の向

> 上を図り，明るく豊かで活力ある生活を営む態度を育てる。

○心と体を一体としてとらえること
　心身ともに健全な発達を促すためには，心と体を一体としてとらえた指導が必要であること。そして，運動による心と体への効果，とりわけ心の健康が運動と密接なかかわりをもつこと。
○健康・安全や運動についての理解
　個人生活だけではなく社会生活とのかかわりを含めた健康・安全や運動に関する内容を総合的に理解すること。
○運動の合理的，計画的な実践
　発達の段階や運動の特性や魅力に応じて，運動の一般原則や技術，運動に伴う事故の防止などを科学的に理解したうえで，計画の立て方，実践，評価などの課題解決の過程などを活用して運動を実践すること。
○生涯にわたって豊かなスポーツライフを継続する資質や能力
　学習に対する主体的な取組を促すことで，実生活や実社会の中でも卒業においても継続的なスポーツライフを営むことができること。
○健康の保持増進のための実践力の育成
　健康・安全について総合的に理解することを通して，健康・安全の課題に直面した際に，科学的な思考と正しい判断に基づく意志決定や行動選択を行い，適切に実践していくための思考力や判断力などの資質や能力の基礎を培うこと。
○明るく豊かで活力ある生活を営む態度を育てる
　生涯にわたる健康の保持増進の実践力や健やかな心身を育てることによって，生きがいをもち，現在と将来の生活を健康で活力に満ちた明るく豊かなものにすること。
　以上のように，教科の目標は，「生涯にわたって，豊かなスポーツライフを継続する資質や能力の育成」「健康の保持増進のための実践力の育成」そして「体力の向上」という3つの具体的な目標が相互に密接に関連していることを示すとともに，心と体を一体としてとらえ，心身の調和的発達を図ることが保健体育科の重要なねらいであることを示すものである。

> [科目保健の目標]
> 　個人及び社会生活における健康・安全について理解を深めるようにし，生涯を通じて自らの健康を適切に管理し，改善していく資質や能力を育てる。

　科目保健の目標は，教科の目標を受けて，保健の立場から具体化し，学習指導によって到達すべき方向を示すものである。

○個人及び社会生活における健康・安全についての理解

　ヘルスプロモーションの考え方を生かし，健康に関する個人の適切な意志決定や行動選択，健康的な社会環境づくりなどを行うことの重要性を理解すること。また思春期から高齢者までの各段階での社会生活における健康の保持増進について理解すること。

○生涯を通じて自らの健康を適切に管理し，改善していく資質や能力を培う

　現在及び将来の生活において健康や安全の様々な課題に直面した場合に，的確な思考・判断に基づいて適切な意志決定を行い，自らの健康の管理や健康的な生活行動の選択及び健康的な社会環境づくりなどを実践できるようになるための基礎としての資質や能力の育成。

２．内　容

　内容は，従前同様科目の目標に沿って，「現代社会と健康」，「生涯を通じる健康」及び「社会生活と健康」の３つの大項目で構成されている。高等学校学習指導要領及び同解説に基づいて内容を一覧表にまとめてみると次のようになる。

表２－５　高等学校の保健学習の内容

大項目	中項目	小項目
1　現代社会と健康　健康の保持増進には，ヘルスプロモーションの考え方を生かし，人々が自らの健康を適切に管理すること及び環境を改善していくことが重要であること。	(1)健康の考え方 　健康の考え方は，国民の健康水準の向上や疾病構造の変化に伴って変わってきていること。また，健康は様々な要因の影響を受けながら，主体と環境の相互作用の下に成り立っていること。 　健康の保持増進には，健康に関する個人の意志決定や行動選択及び環境づくりがかかわること。	1　国民の健康水準と疾病構造の変化 2　健康の考え方と成り立ち 3　健康に関する意志決定や行動選択 4　健康に関する環境づくり
	(2)健康の保持増進と疾病の予防 　健康の保持増進と生活習慣病の予防には，食事，運動，休養及び睡眠の調和のとれた生活を実践する必要があること。 　喫煙と飲酒は，生活習慣病の要因になること。また，薬物乱用は，心身の健康や社会に深刻な影響を与えることから行ってはならないこと。それらの対策には，個人や社会環境への対策が必要であること。 　感染症の発生や流行には，時代や地域によって違いがみられるので，その予防には，個人的及び社会的な対策を行う必要があること。	1　生活習慣病と日常の生活行動 2　喫煙，飲酒と健康 3　薬物乱用と健康 4　感染症とその予防

1 現代社会と健康		(3)精神の健康　人間の欲求と適応機制には，様々な種類があること。精神と身体には，密接な関係があること。また，精神の健康を保持増進するには，欲求やストレスに適切に対処するとともに，自己実現を図るよう努力していく必要があること。	1 2 3 4	欲求と適応機制 心身の相関 ストレスへの対処 自己実現
		(4)交通安全　交通事故を防止するには，車両の特性の理解，安全な運転や歩行など適切な行動，自他の生命を尊重する態度，交通環境の整備などがかかわること。また，交通事故には責任や補償問題が生じること。	1 2 3	交通事故の現状 交通社会で必要な資質と責任 安全な社会づくり
		(5)応急手当　適切な応急手当は，傷害や疾病の悪化を軽減できること。応急手当には正しい手順や方法があること。また，心肺蘇生等の応急手当は，傷害や疾病によって身体が時間の経過とともに損なわれていく場合があることから，速やかに行う必要があること。	1 2 3	応急手当の意義 日常的な応急手当 心肺蘇生法
2 生涯を通じる健康	生涯の各段階において健康についての課題があり，自らこれに適切に対応する必要があること及び我が国の保健・医療制度や機関を適切に活用することが重要であること。	(1)生涯の各段階における健康　生涯にわたって健康を保持増進するには，生涯の各段階の健康課題に応じた自己の健康管理及び環境づくりがかかわっていること。	1 2 3	思春期と健康 結婚生活と健康 加齢と健康
		(2)保健・医療制度及び地域の保健・医療機関　生涯を通じて健康の保持増進をするには，保健・医療制度や地域の保健所，保健センター，医療機関などを適切に活用することが重要であること。	1 2	我が国の保健・医療制度 地域の保健・医療機関の活用
		(3)様々な保健活動や対策　我が国や世界では，健康課題に対応して様々な保健活動や対策が行われていること。	1 2	日本赤十字社など民間の機関の活動 世界保健機関などの国際機関の活動
3 社会生活と健康	社会生活における健康の保持増進には，環境や食品，労働などが深くかかわっていることから，環境と健康，環境と食品の保健，労	(1)環境と健康　人間の生活や産業活動は，自然環境を汚染し健康に影響を及ぼすこともあること。それらを防ぐには，汚染の防止及び改善の対策をとる必要があること。	1 2	環境の汚染と健康 環境と健康にかかわる対策
		(2)環境と食品の保健　環境衛生活動は，学校や地域の環境を健康に適したものとするよう基準が設定され，それに基づき行われていること。また，食品衛生活動は，食品の安全性を確保するよう基準が設定され，それに基づき行われていること。	1 2 3	環境保健にかかわる活動 食品保健にかかわる活動 健康の保持増進のための環境と食品の保健

3 社会生活と健康	働と健康にかかわる活動や対策が重要であることについて理解できるようにすること。	(3)労働と健康 　労働災害の防止には，作業形態や作業環境の変化に起因する傷害や職業病などを踏まえた適切な健康管理及び安全管理をする必要があること。	1　労働災害と健康 2　働く人の健康の保持増進

3．指導の要点
＜1＞現代社会と健康

　この単元については，便宜上「ア　健康の考え方」，「イ　健康の保持増進と疾病の予防」及び「ウ　精神の健康」，そして「エ　交通安全」及び「オ　応急手当」に三分割して述べていくことにする。

> 　我が国の疾病構造や社会の変化に対応して，健康を保持増進するためには，個人の行動選択やそれを支える社会環境づくりなどが大切であるというヘルスプロモーションの考え方を生かし，人々が自らの健康を適切に管理すること及び環境を改善していくことが重要であることを理解できるようにする。
>
> 　ア　健康の考え方
> 　健康の考え方は，国民の健康水準の向上や疾病構造の変化に伴って変わってきていること。また，健康は，様々な要因の影響を受けながら，主体と環境の相互作用の下に成り立っていること。
> 　健康の保持増進には，健康に関する個人の適切な意志決定や行動選択及び環境づくりがかかわること。

(1)　ねらい

　我が国の疾病構造や社会の変化に対応して，健康の考え方も変化し，様々な健康への対策，健康増進の在り方が求められていることを理解できるようにする。また，健康増進のためには個人一人一人が健康に関する深い認識をもち，自らの健康を適切に管理することや環境を改善していくことが重要であることを理解できるようにする。

(2)　指導の要点

ア　健康の考え方

○科学技術の発達や社会経済の発展に伴って我が国の健康水準が向上してきたことの理解。
○健康水準の向上や疾病構造の変化に伴う，個人や集団の健康についての考え方が変化していること。
○健康を保持増進するためには，適切な意志決定や行動選択が必要であること。それには，各個人の知識，価値観，心理状態，人間関係など

を含めた社会環境が関連していること。
○ヘルスプロモーションの考えに基づき，健康の保持増進のためには，環境づくりが重要であること。

(3) **指導上の留意点**

　ヘルスプロモーションの考え方は，しっかりとおさえる必要がある。
　ヘルスプロモーションの考え方には，健康づくりの方策として，個人の取り組みと，それを支えるシステムの重要性があげられている。
　そのシステムとは以下の通りである。
①健康的な政策づくり
②健康を支援する環境づくり
③地域活動の強化
④個人技術の開発
⑤ヘルスサービスの方向転換

イ　健康の保持増進と疾病の予防

　健康の保持増進と生活習慣病の予防には，食事，運動，休養及び睡眠の調和のとれた生活を実践する必要があること。

　喫煙と飲酒は，生活習慣病の要因になること。また，薬物乱用は，心身の健康や社会に深刻な影響を与えることから行ってはならないこと。それらの対策には，個人や社会環境への対策が必要であること。

　感染症の発生や流行には，時代や地域によって違いがみられること。その予防には，個人的及び社会的な対策を行う必要があること。

ウ　精神の健康

　人間の欲求と適応機制には，様々な種類があること。精神と身体には，密接な関連があること。また，精神の健康を保持増進するには，欲求やストレスに適切に対処するとともに，自己実現を図るよう努力していくことが重要であること。

---

(1) **単元のねらい**

　生活習慣病や喫煙，飲酒，薬物乱用などの問題に対応する必要があること，適切な意志決定と行動選択が重要になること，ストレスに適切に対処することや自己実現を図る努力が重要であることを理解できるようにする。

(2) **指導の要点**

イ　健康の保持増進と疾病の予防
○生活習慣病を予防し，健康を保持増進するためには，調和のとれた健康的な生活を実践する必要があること。
○喫煙，飲酒は，生活習慣病の要因となり健康に影響があること。

○コカイン，MDMAなどの麻薬，覚せい剤，大麻など薬物の乱用は，心身の健康，社会の安全などに様々な影響を及ぼすので決して行ってはならないこと。
○感染症の予防には，社会的な方策とともに個人の取組みが重要であること。

ウ　精神の健康
○精神機能は，主として大脳によって統一的・調和的に営まれていること。また，人間には欲求があり，欲求が満たされない場合には様々な適応機制が働くこと。
○人間の精神と身体は，密接な関連をもっていること。
○人間が生きていくうえで，ストレスを感じることは自然なことであるが，過度のストレスは心身に悪い影響を及ぼすこと。また，自分なりのストレスの対処法を身に付けることが精神の健康のために重要であること。
○自己実現の充足は，精神の健康と深く関わっていること。

(3)　**指導上の留意点**
　精神の健康における大脳の機能や神経系及び内分泌系の機能については，必要に応じて扱う程度とする。また，ストレスへの対処については，事故災害後にはストレスにより障害が発生することがあることにも触れるようにする。さらに，自己実現については，自己実現によって達成感や生きがいが生まれ，自分らしさの形成や個性が培われることで，精神の健康が増進されることに触れるようにする。

エ　交通安全
　交通事故を防止するには，車両の特性の理解，安全な運転や歩行など適切な行動，自他の生命を尊重する態度，交通環境の整備などがかかわること。また，交通事故には責任や補償問題が生じること。

オ　応急手当
　適切な応急手当は，傷害や疾病の悪化を軽減できること。応急手当には，正しい手順や方法があること。また，心肺蘇生等の応急手当は傷害や疾病によって身体が時間の経過とともに損なわれていく場合があることから，速やかに行う必要があること。

---

(1)　**ねらい**
　交通事故防止には，個人の適切な行動や交通環境の整備が必要であること，そして傷害や疾病に対して応急手当を適切に行うことの重要性を理解できるようにするとともに，実習を通して日常的な応急手当や心肺蘇生法の手順や方法について理解できるようにする。

(2) 指導の要点

エ 交通安全

○我が国における道路交通事故の状況，及び事故の発生要因について，理解できるようにすること。また，交通事故には責任や補償の問題が生じること。

○交通事故防止のためには，自他の生命尊重，自己の心身の状態や車両の特性などの把握，個人の適切な行動が必要であること。

○安全な社会づくりには，環境の整備が重要であること。特に交通事故を防止するには，法的な整備，施設設備の充実，車両の安全性向上などの対策が必要であること。

オ 応急手当

○適切な応急手当の意味を理解できるようにするとともに，各自が実習を通して応急手当の手順や方法を身に付け，進んで行う態度を養うことの必要性を理解できるようにすること。

○心肺蘇生法については，実習を通して理解できるようにする。

(3) 指導上の留意点

　交通事故の防止の指導に当たっては，二輪車及び自動車を中心に取り上げ，交通法規の詳細など範囲を広げすぎないようにする。応急手当の指導では，呼吸器及び循環器系の機能については，必要に応じて関連付けて扱う程度とする。また，「体育」における水泳などの指導と関連させ，指導の効果を高める配慮が必要である。

＜２＞生涯を通じる健康

　生涯の各段階において健康についての課題があり，自らこれに適切に対応する必要があること及び我が国の保健・医療制度や機関を適切に活用することが重要であることについて理解できるようにする。

ア　生涯の各段階における健康

　生涯にわたって健康を保持増進するには，生涯の各段階の健康課題に応じた自己の健康管理及び環境づくりがかかわっていること。

イ　保健・医療制度及び地域の保健・医療機関

　生涯を通じて健康の保持増進をするには，保健・医療制度や地域の保健所，保健センター，医療機関などを適切に活用することが重要であること。

　また，医薬品は，有効性や安全性が審査されており，販売には制限があること。疾病からの回復や悪化の防止には，医薬品を正しく使用することが有効であること。

ウ　様々な保健活動や対策

　我が国や世界では，健康課題に対応して様々な保健活動や対策などが行われ

ていること。

(1) ねらい

　生涯の各段階における健康課題に応じた自己の健康管理及び環境づくりを行う必要があることが理解できるようにするとともに，保健・医療の制度及び地域の保健・医療機関の適切な活用の仕方，医薬品を正しく使用することの意味，我が国や世界では様々な保健活動や対策が行われていることを理解できるようにする。

(2) 指導の要点

ア　生涯の各段階における健康
○思春期における性的成熟に伴い，心理面や行動面が変化することの理解。これらの変化に対応して自らの行動への責任感や異性を尊重する態度及び性情報への適切な対処が必要であること。
○健康な結婚生活について，心身の発達や健康状態など保健の立場から理解できるようにすること。また，結婚生活を健康に過ごすためには，自他の健康への責任感，良好な人間関係や家族や周りの人からの支援，保健・医療サービスの活用などが必要であること。
○加齢に伴う心身の変化について，形態面及び機能面から理解できるようにすること。

イ　保健・医療制度及び地域の保健・医療機関
○我が国には，人々の健康を守るための保健・医療制度があり，様々な保健・医療サービスが提供されていること。
○生涯を通じて健康を保持増進するためには，自己の健康上の課題を的確に把握し，医療機関及び保健・医療サービスを適切に活用していくことが必要であること。

ウ　様々な保健活動や対策
　健康の保持増進を図るため，我が国や世界では健康課題に対応して様々な保健活動や対策が行われていること。様々な活動については，特にヘルスプロモーションの考え方に基づくものも含めて理解できるようにすること。

(3) 指導上の留意点

　特に「生涯の各段階における健康」の「思春期と健康」についての指導にあたっては，発達の段階を踏まえること，学校全体で共通理解を図ること，保護者の理解を得ることなどに配慮することが大切である。また，「結婚生活と健康」において，男女それぞれの生殖にかかわる機能については，必要に応じて関連付けて扱う程度とする。「加齢と健康」においては，機能障害及び社会復帰を図るためのリハビリテーションについても触れるように配慮する。

ヘルスプロモーションを実現するためには，健康を支援する環境づくりとしての地域の保健・医療機関の活用があげられる。そしてそのためには，地域の保健所・保健センター，病院や診療所などの医療機関の活用及び保健，医療サービスなどの適切な活用が重視されていることにも留意する。

＜3＞社会生活と健康

> 社会生活における健康の保持増進には，環境や食品，労働などが深くかかわっていることから，環境と健康，環境と食品の保健，労働と健康にかかわる活動や対策が重要であることについて理解できるようにする。
> ア　環境と健康
> 　人間の生活や産業活動は，自然環境を汚染し健康に影響を及ぼすこともあること。それらを防ぐには，汚染の防止及び改善の対策をとる必要があること。
> イ　環境と食品の保健
> 　環境衛生活動は，学校や地域の環境を健康に適したものとするよう基準が設定され，それに基づき行われていること。また，食品衛生活動は，食品の安全性を確保するよう基準が設定され，それに基づき行われていること。
> ウ　労働と健康
> 　労働災害の防止には，作業形態や作業環境の変化に起因する傷害や職業病などを踏まえた適切な健康管理及び安全管理をする必要があること。

(1)　ねらい

　自然環境の汚染が社会生活における健康に影響を及ぼし，その防止のための対策が講じられていること。また，環境と食品を健康に適したものにすることや安全が確保できるように環境衛生活動や食品衛生活動が行われていること。さらに，労働における作業環境などの変化を踏まえた健康管理及び安全管理を行うことが重要であることを理解できるようにする。

(2)　指導の要点

ア　環境と健康

○人間の生活や産業活動に伴う様々な汚染などは，人々の健康に大きな影響を及ぼしたり被害をもたらしたりすることがあること。
○健康への影響や被害を防止するためには，汚染物質の大量発生の抑制や処理が重要であり，そのために環境基本法などの法律等が制定されて，総合的・計画的な対策が講じられていること。

イ　環境と食品の保健

○環境衛生活動は，社会生活における環境と健康を守るために行われていること。

○食品衛生法等に基づき食品の安全の確保が行われていること。食品の製造・加工・保存・流通などで適切な管理が必要であること。
○環境と食品の保健にかかわる健康被害の防止及び健康の保持増進のためには，情報の公開，活用など行政・生産者・製造者・消費者が関係を保つことが重要であること。

ウ　労働と健康
○労働災害は，作業形態や作業環境の変化に伴い質・量が変化してきたこと。労働災害防止のためには適切な健康管理や安全管理が必要であること。
○働く人々の健康の保持増進は，職場の健康管理や安全管理とともに，心身両面にわたる総合的・積極的な対策の推進が必要であること。働く人々の日常生活においては，生活の質の向上を図ることが大切であること。

(3)　指導上の留意点
　健康と環境のかかわりにおいては，廃棄物の処理と健康とのかかわりについても触れるようにする。
　環境と食品の健康においては，危害分析に基づく重要管理点（HACCP（ハサップ））方式が導入されていることについても触れるようにする。なお，ア，イ，ウの内容について法律等を取り上げる場合には，法律の個々の名称よりも，このような法律等が制定された背景や趣旨を中心に学習できるように配慮する。

4．保健学習の標準単位数と履修学年

> (3)　「保健」は，原則として入学年次及びその次の年次の2か年にわたり履修させるものとすること。

　科目「保健」，つまり高等学校の保健学習の標準単位数は，従前と同様2単位とされている。
　「保健」の年間指導計画については，課程の種別にかかわらず，原則として入学年次及びその次の年次の2か年にわたって履修させるようにしなければならないということである。
　このことは，保健学習は，小学校第3学年から中学校の第3学年まで毎学年学習することになっており，高等学校においても，小学校，中学校に続いて，できるだけ長い期間継続して学習できるように配慮されたものと考えられる。
　なお，参考までに単元と配当授業時数を例示すると次のとおりである。

表2-6 単元と配当授業時数（例）

学 年	単 元 名	配当時数
1	(1)現代社会と健康	35
2	(2)生涯を通じる健康 (3)社会生活と健康	18 17

（永井大樹　吉田瑩一郎）

＜参考文献＞
(1) 　文部科学省『小学校学習指導要領解説　体育編』東洋館出版，2008
(2) 　文部科学省『中学校学習指導要領解説　保健体育編』東山書房，2008
(3) 　文部科学省『高等学校学習指導要領解説保健体育編・体育編』東山書房，2009
(4) 　吉田瑩一郎編『新しい保健科教育』教育出版，2000

3章
指導計画

1節　指導計画の意義

1．指導計画とは

　各学校においては，それぞれの学校の教育目標を達成するために適切な教育計画が作成されなければならない。各学校において編成される教育課程は，学校が組織的，継続的に教育活動を展開するために必要な教育計画の基本となるものである。この学校の教育計画を具体化したものが指導計画である。つまり指導計画とは，各教科，道徳，特別活動，総合的な学習の時間のそれぞれについて，学年ごとあるいは学級ごとに，学習目標，学習内容，学習の順序，指導方法，教材，学習時間の配当，指導上の留意事項などを定めた具体的な見通しであり，学習指導を方向づけるものである。したがって，保健領域（小学校），保健分野（中学校），科目保健（高等学校）の目標を達成する上でも，意図的，計画的，効率的な学習を展開するための指導計画が必要になる。

　授業は，目標達成の過程である。指導計画は，授業を効果的に展開するために作成される合理的な手順であるから，授業のよしあしは指導計画の良否によって決定されるともいえる。指導計画は，目標を達成するために最適の方法を表したものであるが，決して固定的なものではなく，実施の過程において児童生徒の学習状況に応じ新しい計画をつけ加えたり，修正したりできるような弾力的なものとして立案されるべきである。

　なお，指導計画は，目標達成の程度，学習内容や単元の規模の妥当性，施設や用具・器具などの授業を支える諸条件のあり方を評価したり，授業改善の方向を検証する機能も有している。

2．指導計画の種類

　指導計画には，「年間指導計画」あるいは「期間指導計画」といった長期計画と，「月間指導計画」「週案」「日案」等の短期計画がある。

　小学校の保健領域，中学校の保健分野，高等学校の科目保健では，学習内容のまとまり（単元）がそれぞれ学習指導要領に示されていることから，それを重視して指導計画は，年間指導計画⇒単元計画⇒単位時間

計画（指導案あるいは時案）と具体化するのが一般的である。

2節　年間指導計画

1．年間指導計画作成の意義

　年間指導計画は，教科や科目（学年，分野）の目標を達成するために，年間の学習内容を各学年ごとに時系列に沿って配当したものであり，年間にわたる学習指導を方向づける基本計画である。

　保健の年間指導計画の作成は，一般に
①各学校における教科・科目（学年，分野）の目標の確認
②年間授業時数の決定
③単元の構成と単元規模の決定
④単元の配列に関する方針の決定
⑤年間指導計画表の作成
という手順で行われる。なお，年間指導計画が備えておくべき条件として，

a. 教科（体育，保健体育）及び保健領域，保健分野，科目保健の目標との関連が明確であること
b. 各学年の単元の配列がわかりやすく示されていること
c. 地域や学校の実態，児童生徒の特性を踏まえ，創意工夫が生かされていること
d. 他の教育活動との関連が図られていること

などがあげられる。

2．年間指導計画作成の要点

　年間指導計画を作成するに当たっての基本的な考え方は，各学校段階の学習指導要領に示されているので，各学校においてはそれらを踏まえ，創意工夫を生かし全体として調和の取れた計画を作成し，充実した学習活動が展開できるように配慮することが重要である。

　年間指導計画の作成に当たっては，およそ次のような点に留意することが大切である。

(1) 総則に示された体育・健康に関する指導の趣旨を生かすこと

　小学校，中学校及び高等学校学習指導要領は，いずれも総則の「第1 教育課程編成の一般方針」の3において以下のように述べている。

> 学校における体育・健康に関する指導は，児童（生徒）の発達の段階を考慮して，学校の教育活動全体を通じて適切に行うものとする。特に，学校における食育の推進並びに体力の向上に関する指導，安全に関する指導及び心身の健康

> の保持増進に関する指導については，体育科（保健体育科）の時間はもとより，家庭科（技術・家庭科），特別活動などにおいてもそれぞれの特質に応じて適切に行うよう努めることとする。また，それらの指導を通して，家庭や地域社会との連携を図りながら，日常生活において適切な体育・健康に関する活動の実践を促し，生涯を通じて健康・安全で活力ある生活を送るための基礎が培われるよう配慮しなければならない。

　つまり，体育科，保健体育科及び保健領域，保健分野，科目保健の目標は，教育活動全体を通じて達成されなければならないものであること。したがって，年間指導計画の作成に当たっては，他教科，道徳，特別活動，総合的な学習の時間及び運動部活動などとの関連を図りながら，日常生活における体育・健康に関する活動が適切かつ継続的に実践できるよう配慮することが求められる。

　特に，心の健康，薬物乱用，生活習慣病，感染症など深刻化している児童生徒の健康課題に適切に対応するためにも，各学校においては食育の推進や安全に関する指導，心身の保持増進に関する全体計画（学校保健計画や学校安全計画など）が作成されているので，それら計画との関連が十分図られるよう配慮すべきである。

(2) 体育科，保健体育科及び保健領域，保健分野，科目保健の目標との関連を図ること

　指導計画は，目標を実現するための計画であるから，その計画によって「健康な生活を送る資質や能力の基礎を培う」「健康の保持増進のための実践力の育成」といった教科の具体の目標及び「楽しく明るい生活を営む態度の育成」，「明るく豊かな生活を営む態度の育成」，あるいは「明るく豊かで活力のある生活を営む態度の育成」，といった教科の究極の目標，さらには，「生涯を通じて自らの健康を適切に管理し，改善していく資質や能力を育てる」といった保健分野，科目保健の目標の実現が見通せるものとなっていることが大切である。

(3) 適切な授業時数を確保すること

　保健領域，保健分野，科目保健の授業時数及び単位数については，学校教育法施行規則や学習指導要領に基準が示されている。したがって，それらを踏まえて指導計画を作成することが求められる。

①小学校における保健領域の授業時数

　小学校の保健領域は，第3・4学年の2学年間で8単位時間，第5・6学年の2学年間で16単位時間と示されている。各学年に何時間ずつ配当するかについては特に定めが無いことから，各学校においては児童の実態等を考慮しつつ効果的な指導が図られるよう，学習時間を継続的または集中的に設定するなどして適切な配当時間を定めるようにしたい。

②中学校における保健分野の授業時数

　中学校における保健分野の授業時数は，３年間で48単位時間であり，各学年に配当される授業時数は示されていない。したがって，各学年において効果的な学習が行われるようにするために，生徒の実態を考慮し，適切な時期にある程度まとまった時間を配当するよう心がけたい。

③高等学校における科目保健の単位数

　高等学校における科目保健は２単位と示されている。科目保健の年間指導計画作成に当たっては，入学年次及びその次の年次の２か年にわたって履修することが示されているので，基本的には，第１学年，第２学年とも週１回で年間35単位時間の計画を立案することになる。

(4) 学習指導要領の内容の取扱いや指導計画の作成に示されている事項に配慮すること

　各学校段階の学習指導要領は，保健学習の内容と学習段階を以下のような単元として示している。したがって，これらの系統性や発展性に配慮しつつ，学年別に示された学習内容に則し，授業時数との関連を図った計画の立案が求められる。

①小学校
第３・４学年　(1)毎日の生活と健康，(2)育ちゆく体とわたし
第５・６学年　(3)心の健康，(4)けがの防止，(5)病気の予防
②中学校
第１学年　　　(1)心身の機能の発達と心の健康
第２学年　　　(2)健康と環境，(3)傷害の防止
第３学年　　　(4)健康な生活と疾病の予防
③高等学校　　(1)現代社会と健康，(2)生涯を通じる健康，(3)社会生活と健康　（学習すべき学年は示されていない）

(5) その他の留意事項

　特に，中学校，高等学校における年間指導計画は，保健体育科の主任を中心とし，教科の担当教員全員の合意を得て作成されるものであるが，指導の効果をあげるためには，養護教諭，保健主事等の理解と協力を得ながら作成することも考慮されなければならない。

３．年間指導計画の具体例

　高等学校における年間指導計画例を次に示した。

年間指導計画例1　高等学校保健（第1学年）							
月	週	時間	学校行事	項	目		指導事項
4	2 3 4	1 2 3	入学式 始業式 健康診断	ア 健康の考え方 6	(ｱ) 国民の健康水準と疾病構造の変化		・死亡率，平均寿命，受療率などの指標と健康水準の動向，疾病構造の変化
					(ｲ) 健康の考え方と成り立ち		・ヘルスプロモーションの考え方，健康の成立要因
5	1 2 3	4 5 6	宿泊訓練		(ｳ) 健康に関する意志決定や行動選択		・健康に関する意志決定・行動選択のための情報収集，計画・評価
					(ｴ) 健康に関する環境づくり		・健康を保持増進するための自然環境，政策・制度，地域活動
	4	7		イ 健康の保持増進と疾病の予防 13	(ｱ) 生活習慣病と日常の生活行動	現代社会と健康 35	・健康を保持増進するための適切な食事，運動，休養及び睡眠など，健康的な生活の実践 ・悪性新生物，虚血性心疾患，脂質異常症，歯周病など生活習慣病の予防
6	1 2 3 4	8 9 10 11	球技大会		(ｲ) 喫煙，飲酒と健康		・喫煙，飲酒と生活習慣病との関連，胎児への影響，社会に及ぼす影響 ・喫煙や飲酒に対する適切な意志決定と行動選択
7	1 2 3	12 13	期末テスト 終業式		(ｳ) 薬物乱用と健康		・医薬品の有効性や副作用及び正しい使用法 ・コカイン，MDMAなどの麻薬，覚せい剤，大麻などの薬物乱用と心身への影響 ・薬物乱用を決して行わない意志決定
9	1 2 3 4	14 15 16	始業式 避難訓練		(ｴ) 感染症とその予防		・エイズ，結核などの新興感染症や再興感染症などの予防 ・感染症の予防と個人の適切な取組
10	1 2 3 4	17 18 19 20	体育祭 修学旅行	ウ 精神の健康 6	(ｱ) 欲求と適応機制		・精神機能と大脳の関係 ・欲求不満と，不安，緊張，悩みの出現及び適応機制の働きと精神の安定
					(ｲ) 心身の相関		・心身の相関と自律神経系及び内分泌系の器官のかかわり
11	1 2 3 4	21 22 23	学校祭		(ｳ) ストレスへの対処		・適度なストレスと精神発達のかかわり ・ストレスの対処法を身に付ける必要性
12	1 2 3	24 25 26	期末テスト 終業式		(ｴ) 自己実現		・自己実現の欲求充足と精神の健康
1	2 3 4	27 28 29	始業式	エ 交通安全 4	(ｱ) 交通事故の現状	現代社会と健康 35	・交通事故は車両の要因，人的要因，環境的要因の相互の関連で発生すること
					(ｲ) 交通社会で必要な資質と責任		・自他の生命の尊重 ・交通事故の防止と個人の適切な行動の必要性
2	1 2 3 4	30 31 32 33	交通安全指導		(ｳ) 安全な社会づくり		・交通事故と責任や補償問題 ・法的な整備，施設設備の充実，車両の安全性の向上
				オ 応急手当 6	(ｱ) 応急手当の意義		・応急手当の手順や方法を身に付ける必要性
3	1 2 3	34 35	期末テスト 卒業式 終業式		(ｲ) 日常的な応急手当		・傷害や疾病の程度に応じた体位の確保，止血，固定などの方法の習得
					(ｳ) 心肺蘇生法		・心肺蘇生法，AEDの原理や方法の理解と技術の習得

年間指導計画例2　高等学校保健（第2学年）

月	週	時間	学校行事	項	目		指　導　事　項
4	2 3 4	1 2 3	入学式 始業式 健康診断	ア　生涯における各段階の健康　10	(ｱ) 思春期と健康	生涯を通じる健康　15	・性的成熟に伴う心理面，行動面の変化 ・異性を尊重する態度の必要性 ・性に関する適切な意志決定や行動選択 ・受精，妊娠，出産とそれに伴う健康問題
					(ｲ) 結婚生活と健康		・人工妊娠中絶の心身への影響
5	1 2 3 4	4 5 6 7	宿泊訓練		(ｳ) 加齢と健康		・加齢に伴う心身の変化と自己管理 ・高齢化社会における保健・医療・福祉の連携と総合対策 ・リハビリテーションの意義
6	1 2 3 4	8 9 10 11	球技大会	イ　保健・医療制度及び地域の保健・医療機関の活用　4	(ｱ) 我が国の保健・医療制度		・我が国の保健・医療制度の理解・介護保険，臓器移植，献血の制度の整備に対する理解
7	1 2 3	12 13	期末テスト 終業式		(ｲ) 地域の保健・医療機関の活用		・地域の保健所，保健センター，病院や診療所などの適切な活用の仕方
9	1 2 3 4	14 15 16	始業式 避難訓練	ウ　様々な保健活動や対策　1	(ｱ) 民間の機関や国際機関の諸活動		・日本赤十字社による保健活動 ・世界保健機関（WHO）による保健活動
10	1 2 3 4	17 18 19 20	体育祭 修学旅行	ア　環境と健康にかかわる対策　6	(ｱ) 環境の汚染と健康	社会生活と健康　20	・人間の生活や産業活動に伴う大気汚染，水質汚濁，土壌汚染などによる健康被害
11	1 2 3 4	21 22 23	学校祭		(ｲ) 環境と健康にかかわる対策		・環境基本法の制定と環境基準の設定，排出物の規制，監視体制の整備 ・廃棄物の処理と健康とのかかわり
12	1 2 3	24 25 26	期末テスト 終業式	イ　環境と食品の保健　6	(ｱ) 環境保健にかかわる活動		・上下水道の整備，ごみやし尿などの廃棄物の処理と環境・健康の保持 ・安全で良質な水の確保や廃棄物の処理
					(ｲ) 食品保健にかかわる活動		・食品衛生法による食品の安全性の確保 ・危害分析に基づく重要管理点方式の導入
1	2 3 4	27 28 29	始業式		(ｳ) 健康の保持増進のための環境と食品の保健		・食品の製造・加工・保存・流通段階における安全性の管理 ・健康被害の防止，健康増進のための行政，生産者，製造者，消費者の役割
2	1 2 3 4	30 31 32 33	交通安全指導	ウ　労働と健康　8	(ｱ) 労働災害と健康		・作業形態，作業環境の変化と職業病，労働災害の質的量的変化 ・職場の健康管理と安全管理
					(ｲ) 働く人の健康の保持増進		・心身両面にわたる総合的，積極的対策の推進の必要性 ・ストレスに対する気づきへの援助，リラクセーションの指導等，メンタルヘルスケアの重要性
3	1 2 3	34 35	期末テスト 卒業式 終業式				・積極的な余暇の活用による生活の質の向上の重要性

3節　単元計画

1．単元計画作成の意義

　単元とは，学習内容のひとまとまりのことである。例えば，小学校第3・4学年で学習することになっている(1)毎日の生活と健康がそれである。単元計画は，年間に配列された単元を授業としてどのように展開していくかの手順を示したものであり，単位時間計画（指導案）の根拠となるものである。つまり，単元計画があってはじめて意図的，計画的な授業展開が可能になるということである。単元の規模（授業時数）や配列は年間計画によってすでに方向づけられているので，単元計画では，学習のおさえ方，具体的な内容の配当時間，学習方法など，教師の単元の学習指導に対する考え方が明確に示されることになる。

2．単元計画作成の手順と留意点

　単元計画の作成は，一般に次のような手順で行われる。
(1)　単元のねらいを具体化し，明確にする。
(2)　学習内容を具体的にあげ，学習過程と指導の要点を明確にし，配当時間を決める。
(3)　教材・教具の条件，学習形態，学習方法を明らかにする。

　そして，それらを単元の展開として表にまとめることになる。様式として特に定まったものはないが，1単位時間の学習指導に生かす計画であることを考慮して表されるべきである。なお，各単元終了時における評価の観点についても計画しておくことが大切である。

(1)　**単元のねらいを具体化し，明確にする。**

　各単元のねらいは，基本的には年間指導計画を作成する際に考えられるものである。したがって，ここではより具体的なねらいが設定されることになる。単元のねらいは，当然，保健分野の目標との関連で考えられるべきである。単元のねらいが明確にされることによって，さらに各単元のそれぞれの学習項目（これを中単元や小単元ととらえることもある）のねらいが導き出され，効果的な学習指導が期待できることになる。

　なお，各単元のねらいは形式的なものとしてではなく，児童生徒の実態にふさわしく，しかも単元終了時には達成できるという見通しをもったものであることが重要である。

(2)　**学習内容を具体的にあげ，学習過程と指導の要点を明確にし，配当時間を決める。**

　学習内容の具体化とは，学習内容をどのように構成し展開するかを見通すことであり，これによって指導の要点を明確にすることができる。

単元における学習内容の構成は，中学校の「傷害の防止」の単元を例にとれば以下のように考えることができる。

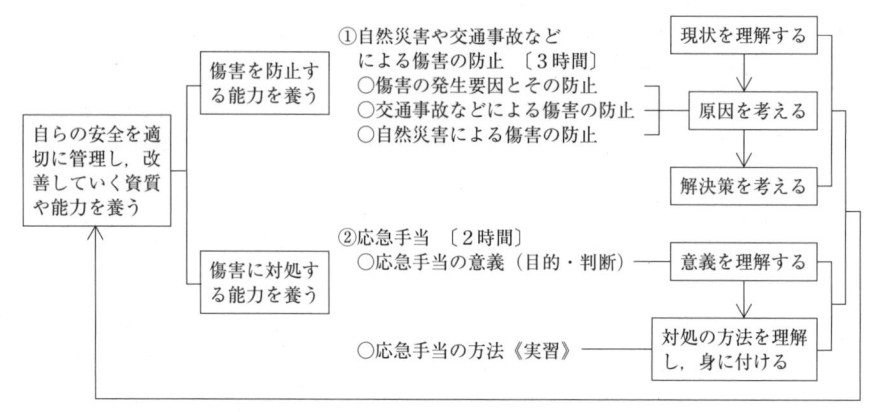

図3－1　「傷害の防止」における学習内容の構成例（中学校）

構成図：
- 自らの安全を適切に管理し，改善していく資質や能力を養う
  - 傷害を防止する能力を養う
    - ①自然災害や交通事故などによる傷害の防止　〔3時間〕
      - ○傷害の発生要因とその防止 → 現状を理解する
      - ○交通事故などによる傷害の防止 → 原因を考える
      - ○自然災害による傷害の防止 → 解決策を考える
  - 傷害に対処する能力を養う
    - ②応急手当　〔2時間〕
      - ○応急手当の意義（目的・判断） → 意義を理解する
      - ○応急手当の方法《実習》 → 対処の方法を理解し，身に付ける

(3) 教材や教具の条件，学習形態，学習方法を明らかにする

各単元のねらいを合理的に達成するためには，学習内容の特性に応じて教材を選択したり，学習形態，学習方法を考慮して計画を作成することが大切である。例えば，最新の統計資料，ビデオ，スライド，掛図，模型などをどの単元でどのように使用するのか，グループによる課題学習，実験，実習，見学，養護教諭や学校医，学校歯科医，学校薬剤師等による協力授業などをどのように盛り込むか等，児童生徒の興味や関心，学習意欲を高める上で有効と考えられる多様な方法を考慮して計画することが求められる。

当然，各単元の最後には単元の目標がどの程度達成されたかについて，どのような観点で（何をどこまで，どういった方法で）評価するのかが計画されていなければならない。

3．単元計画の具体例

中学校における単元計画の参考例として「傷害の防止」を取り上げ，以下に示した。

単元計画例　「傷害の防止」（中学校）

1. **単元名**　「傷害の防止」
2. **ねらい**

    傷害の発生要因と防止対策について理解を深めさせるとともに，応急手当の方法を習得し，生涯を通じて自己の安全を適切に管理し，改善していく資質や能力を養う。

3. **具体のねらい**

    (1) 傷害は人的要因，環境的要因及びそれらの相互のかかわりによって発生するが，適切な行動や環境の整備・改善によって防止できるこ

とを理解できるようにする。
(2) 交通事故による傷害を防止するためには，自転車や自動車の特性を理解すること，交通法規を守ること，道路の状況や気象条件に応じた行動をとること，交通環境の整備が必要であることを理解できるようにする。
(3) 自然災害による傷害を防止するためには，日頃からの備えが重要であること，状況を的確に判断するとともに，冷静・迅速・安全な行動が必要であることを理解できるようにする。
(4) 適切な応急手当を行うことによって，傷害の悪化を防止できることを理解できるようにする。

4．評価の観点
(1) 傷害の発生要因とその防止について科学的に理解することができる。
(2) 安全の課題に対して的確な思考・判断及び意志決定ができる。
(3) 危険を予測し安全に行動できるようになる。
(4) 傷害が発生した際の適切な対処の方法を理解している。
(5) 日常発生する簡単な傷害について応急手当ができる。

時間	学習内容	指導の要点	備考
1	傷害の発生要因とその防止	○傷害は，人的要因，環境要因及びそれらの相互のかかわりによって発生することが理解できるようにする。 ・中学校期の生活や心理的特徴と事故発生との関係 ・生活環境における施設・設備や気象条件と傷害の関係 ・傷害の防止策について（危険の予測と対処の方法，環境を安全にするための整備，改善の方法）	事故傾向テストの実施 本校における事故発生状況
2	交通事故などによる傷害の防止	○交通事故は人，車両，道路環境や気象条件のかかわりによって発生することが理解できるようにする。 ・中学校期に多い歩行中の事故，自転車乗車中の事故 ・交通事故は人，車両，道路環境や気象条件がかかわりあって発生すること ・交通事故の防止には，自転車や自動車の特性を知り，交通法規を守ること，精神の安定を図り安全に行動すること，交通環境を整備することなどが必要であること	交通事故統計資料 〔課題学習〕
3	自然災害による傷害の	○自然災害発生時にとるべき適切な行動が理解できるようにする。	阪神・淡路大震災

	防止	・地震による家屋の倒壊，家具の落下，転倒などの危険 ・地震と津波，土砂崩れ，地割れ，火災などによる二次災害・自然災害による傷害の防止には，日頃の備えが必要であること，状況を的確に判断すること，冷静，迅速，安全に行動することが必要であること ・テレビ，ラジオ，インターネット等による情報の把握の必要性	等，身近に起こった自然災害に関する記録ビデオ
4	応急手当の意義	○応急手当の意義や目的が理解できるようにする。 ・傷害を受けた人の意識の確認等状況の把握，周囲の人への連絡，傷害の状態に応じた手当が基本であること ・適切な応急手当によって傷害の悪化が防止できること ・医師や医療機関への連絡について	意識の確認の方法
5	応急手当の方法	○応急手当の方法を実習を通して理解する。 ・巻き包帯，三角巾，副木を使用した患部の保護や固定 ・消毒ガーゼによる直接圧迫法，指圧による間接圧迫法での止血 ・気道確保，人工呼吸，胸骨圧迫などの心肺蘇生法 ・AEDの使用法	包帯，三角巾，副木ダミー，AED〔実習〕

4節　単位時間計画

1．単位時間計画作成の意義

　単位時間計画は，教師が1単位時間の授業をどのように展開していくかを表したものであり，学習指導案，授業案，時案などとも呼ばれる各教科等の題材ごと，もしくは主題ごとの指導計画のことである。
　単位時間計画は，いわば授業のシナリオであり指導計画の中では最も具体的な計画である。教育実習では担当する授業について毎時間この単位時間計画を作成することになる。単位時間計画は1時間（50分）の授業の構想計画であるから，発問に対する児童生徒の反応など，担当する授業をイメージしながら学習のねらい，学習内容，児童生徒の学習活動，指導上の留意点などを明確に記述することが求められる。

2．単位時間計画の様式及び内容

　単位時間計画に一定の様式はないが，一般的には次のような内容を記述しておくことが望ましい。
　(1)　日時，場所，指導者名

(2) 対象……学年，学級，人数，児童生徒の実態
(3) 単元名，単元のねらい
(4) 本時の指導（本時の位置とねらい，学習過程，資料とその活用）
(5) 評価の観点

3．単位時間計画作成の要点

　単位時間計画には教師の授業研究の成果や授業観が反映される。計画には，(1)本時の位置，(2)本時のねらいと内容，(3)学習過程を明示しておくことが必要である。それぞれの要点は以下のように考えられる。

(1) 本時の位置の明確化

　単位時間計画は，単元計画のうちの1単位時間の計画であるから，単元における本時の位置を明確にし，単元計画とのかかわり（これまで学習してきたことと，今後の学習の発展）を明らかにしておくことが必要である。

(2) 本時のねらいと内容の明示

　本時がどのようなねらいをもって展開されるのか，それを実現するためには何をどのように学習するのかを具体的に示すことになる。

(3) 学習過程の明示

　学習過程の明示は，単位時間計画の中核的な部分である。1単位時間の授業は，はじめ（導入），なか（展開），まとめ（整理）という3段階に分けることができる。したがって，計画にはそれぞれの段階の学習内容，児童生徒の学習活動，配当する時間を示すことになる。

　はじめ（導入）は，学習に必要な条件を準備する段階である。ここでは，本時の課題を明確にして児童生徒全員に興味や関心をもたせ，学習意欲を起こさせることが大切である。そのためには，どのような内発的動機付けを行うべきかを構想し記述すべきである。授業のよしあしはこの段階で決まるといっても過言ではない。

　なか（展開）は，児童生徒がそれぞれの課題に向かって学習を進めていく段階である。この段階で，教師は児童生徒の課題に対する理解や認識の程度を的確に把握しながら学習意欲を持続させ，より一層向上させるよう支援することが必要になる。ここで使用する教材，資料，器具等も明記しておくべきである。

　まとめ（整理）は，本時の課題の達成度や成果を確認し，1時間のまとまりをつける段階である。ここでは，児童生徒の自己評価や相互評価，教師の講評などが行われ，本時で理解できたことと残された課題を明らかにし，次の授業へつなげるようにすることが大切である。学習ノートなどを準備している場合は，それに記述する時間の確保も考慮する必要がある。

(4) 1単位時間の考え方

　学校教育法施行規則に示された1単位時間は，小学校45分，中学校50分である。高等学校については，1単位時間を50分とすることが学習指導要領に示されている。ところが，小学校及び中学校学習指導要領は，ともに各教科等のそれぞれの授業の1単位時間は，各学校において各教科等の年間授業時数を確保すれば，児童生徒の発達段階や各教科の学習活動の特質を考慮して適切に定めても良いと示している。つまり，保健の授業において，より効果が期待できると考えられる場合には45分あるいは50分を分割したり，統合したりして展開することも可能であるということになる。単位時間計画はこうした点も考慮して柔軟に作成されるべきである。

4．単位時間計画の参考例

　単位時間計画の作成は，それぞれの教師の創意と工夫にゆだねられている。担当するクラスの児童生徒の実態等を踏まえ，それにふさわしいユニークな計画を立案していくことが大切である。高等学校における一般的な単位時間計画と，バズセッション，ロールプレイングを活用した単位時間計画の参考例を以下に示した。

単位時間計画例1　一般的な単位時間計画（高等学校）

(1)　日時，場所，指導者名

　平成○年○月○日　○曜日，第○時限

(2)　対象……学年，学級，人数，児童生徒の実態

　第1学年2組，40名

　明朗，活発なクラスで学習には積極的である。しかし，半面，学習態度にやや落ち着きがなく，私語が多い。

(3)　単元名，単元のねらい

　「現代社会と健康」小単元「喫煙，飲酒と健康」

　喫煙や飲酒が健康にどのような影響を及ぼすかについて科学的な理解を深め，健康を保持増進するための適切な意志決定や行動選択ができるようにする。

(4)　本時の指導

　小単元「喫煙，飲酒と健康」の2時間目

　本時のねらい

　　① 喫煙が習慣的に行われることによる身体への影響について理解させる。
　　② 受動喫煙による非喫煙者の影響を理解させる。
　　③ 喫煙について適切な意志決定ができるようにする。

(5) 評価の観点

　喫煙と健康のかかわりを自分の健康課題としてとらえ，意欲的に学習しているか。

　喫煙が周囲の人や胎児に及ぼす影響について理解できたか。

　喫煙と健康のかかわりとしてどのような対策が取られているか理解できたか。

　喫煙についてどのような意志決定ができたか。

	学習内容	学習の進め方（学習活動）		学習活動と留意点
導入 10分	喫煙と心身の働き	発問1	1回の喫煙によって身体はどのような影響を受けるか。	前回の復習として数名に質問し，前授業の内容の理解度を把握する。理解不足は補充する。
		説明1	1回の喫煙によって心拍数，血圧，皮膚温度などが変化することを思い出させる。	
展開 35分	喫煙による健康障害 喫煙本数と喫煙開始年齢	発問2	喫煙を継続すると身体にどのような影響を与えるか。	喫煙習慣のある人とない人の相違点をあげさせる。
		説明2	循環器と呼吸器に分けて健康障害を説明する。（板書）	
		説明3	喫煙本数が多く，開始年齢が早いほど，肺がんによる死亡率が高まることを説明する。（図表で示す）	
	喫煙習慣者の禁煙	説明4	禁断症状について説明する。（板書）	禁断症状について知っている者に発表させる。
	受動喫煙と健康障害 母親の喫煙習慣 喫煙の胎児への影響	説明5	受動喫煙について説明する。（参考資料）	副流煙の有害性と喫煙が周りの人にも悪影響を及ぼすことを確認させる。
		説明6	母親の喫煙が乳幼児に与える悪影響について説明する。	
		発問3	妊娠中の喫煙は胎児にどのような影響を与えるか。（参考資料）	女性喫煙者をどう感じているかについて質問する。
		説明7	さい帯の血管収縮による胎児への悪影響を説明する。（板書）	
整理 5分	喫煙対策	発問4	どのようにすれば受動喫煙は減らすことができるか，身近な喫煙対策としてどのようなものがあるか。	社会の喫煙対策を考えさせる。
		説明8	個人の努力と社会的な対策の現状，今後のあり方について説明する。（板書）	生徒各人の喫煙に対する意志を確認する。

《準備する資料》

　「喫煙開始年齢別に見た男性の標準化死亡率」「家族の喫煙が子どもに与える影響」「受動喫煙による健康被害」

単位時間計画例2　バズセッション，ロールプレイングを活用した参考例

◆**学習課題**

「飲酒，喫煙，薬物乱用の影響とその対処」

◆**本時のねらい**

① 飲酒，喫煙，薬物乱用について，これまで学習の中で身に付けてきた知識を，さらに，学習形態，学習方法を工夫することで，現実的な場面における生徒の適切な意志決定，行動選択の能力や態度を養う。

② 飲酒，喫煙，薬物乱用についての知識を総合化し，討議や問題解決の場面を通して，コミュニケーションや討議の仕方，共通理解の図り方などについて，体験を通して学ぶ。

◆**指導経過**

本時に関連したこれまでの授業は，「喫煙と健康」，「飲酒と健康」，「医薬品と健康」，「薬物乱用と健康」が展開されている。本時はこれらのまとめとして，これまでの知識を生かして，生徒の行動変容，生活改善をねらったものである。

◆**事前学習・準備**

① 飲酒，喫煙，薬物乱用について，これまでの学習内容を再確認してくる。

② 飲酒，喫煙，薬物乱用の一つを選び，さらに各自が図書館などで調査・研究してくる。

③ 課題別で学習活動の実施しやすい5～6名のグループ編成をしておく。

④ バズセッション，ロールプレイングの実施方法について説明しておく。

◆**授業の展開**

	学習活動の内容	指導上の留意点
開始 10分	① 事前学習について確認し，飲酒，喫煙，薬物乱用のテーマごとにグループに分かれる。 ② 本時の流れについて説明し，ねらいを確認する。	・机をつけて周りを囲むようにして座らせる。 ・発問法により，数人の生徒に確認する。
展開 35分	学習方法：バズセッション　　　　25分間 ① 討議課題1について各グループで討議。 　　　　　　　　　　　　　　　　　5分 「テーマの医学的，生理学的問題は？」 ② リーダーが意見を要約し，グループごとに発表する。	・討議時間の5分間を正確に計測する。 ・意見を一つにまとめようとせず，みんなの意見を要約させる。 ・リーダーの発表が終わり次第，速やかに討議課題2を発表し，グループ討議を始めさせ

展開 35分	③ 討議課題2について各グループで討議。　　　　　　　　　　　　　　　　5分 「テーマの心理学・精神医学的問題は？」 ④ 同様に要約し，各リーダーが発表する。 ⑤ 討議課題3について各グループで討議。　　　　　　　　　　　　　　　　5分 「テーマの社会的，環境的問題は？」 ⑥ 同様に要約し，各リーダーが発表する。 学習方法：ロールプレイング　　　10分間 ⑦ グループ内で勧める役と断る役を決め，ロールプレイングを行う。 ⑧ グループ内での意見交換の後，新たに役割を決めロールプレイングを繰り返す。	る。 ・討議課題3まで同様の方法を繰り返すことを指示する。 ・勧め方や断り方の演技に，各自が創意工夫するように指導する。 ・全員が演技できるように短時間でローテーションさせる。
まとめ 5分	① 知っていることとできることの違いについて全体で考える。 ② 本時のねらいを再確認し，達成度について自己評価する。	・数名の生徒に質問し，全員が考えるようにさせる。 ・評価項目を明記した評価カードを使って自己評価し，クラス集計して，後日発表する。

◆事後指導・活動

① 学習成果の評価として，自己評価を集計し，ホームルーム通信にて発表する。
② 本時の結果に基づいて，課題研究のテーマを検討させる。

（本事例は，本間啓二が作成したものである）

　　　　　　　　　　　　　　　　　　　　　　　　　　　　（井筒次郎）

<参考文献>
(1) 文部科学省『小学校学習指導要領解説　体育編』東洋館出版，2008
(2) 文部科学省『中学校学習指導要領解説　保健体育編』東山書房，2008
(3) 文部科学省『高等学校学習指導要領解説　保健体育編・体育編』東山書房，2009
(4) 井筒次郎，吉田瑩一郎編『新しい保健科教育』教育出版，2000

4章
学　習　指　導

1節　保健科学習指導の課題

1．現状と問題点
　小学校，中学校及び高等学校の保健学習は，一般的に他教科のような充実した学習がみられないという。学習内容においても，継続的に段階を追って系統的な学習を実施することが困難な状況である。しかし，保健学習が重要ではないのかというと，学校教育の中では，生涯における健康生活に関する学習の必要性や重要性は一様に認められている。
　そこで，なぜこのような問題がおこるのか，その背景について考察してみると，次のような項目があげられる。
① 　保健学習の内容には医学，心理学，衛生学などに関するものが多く，従前においては，これらの知識の暗記に終始し，健康な生き方に関して学び，実践するといった授業にならなかった。
② 　健康に対する意識が国民一般に高まりつつある中でも，傷病の少ない世代である中学生，高校生の健康に関する意識が低いため，健康に関して学ぶモチベーションが高まらない。
③ 　保健学習の授業時数は，小学校第3学年及び第4学年の2学年間で8単位時間程度，第5学年及び第6学年の2学年間で16単位時間程度，中学校が3学年間で48単位時間程度，高等学校が入学年次及びその次の年次の2か年間にわたり2単位を履修するといったように，少ない。そのため指導法研究はもとより，教師の取り組む姿勢そのものが消極的になっている。
④ 　中学校，高等学校では，保健体育科教員が担当していることもあり，体育実技が優先され，授業時数の少なさから保健の授業が片手間のように扱われ，十分な教材研究や授業の工夫ができない。

2．保健科教育の特質
　保健科教育は，理解，態度，技能等の形成が主たる目標となっているが，時代により，その重点の置き方は異なっている。
　我が国においても，生理・解剖・衛生知識を重視した時代から，習慣

形成・生活経験中心の時代，さらに思考・判断力や意志決定・行動選択を重視する時代へと変遷がみられる。

しかし，いずれの時代においても，単なる知識の習得にとどまらず，その実践的な能力と態度を育成することが目標とされてきたことが，保健科教育の特質といえる。

保健科教育の内容は，基礎医学，臨床医学のみならず生理学，衛生学，心理学，社会学，栄養学，薬学，教育学，行動科学などの諸科学にわたる多様な分野を教材としている。そのため，多彩な学習項目が設定され，その体系化も学習指導要領改訂のたびに変更されてきた。このように，保健科教育そのものが多くの諸科学を基盤としながらも，時代の健康課題の進展に即して，その内容や構造が変化していくといった特質がみられる。

3．保健学習指導の役割

保健学習の指導は，児童生徒が生涯を通じて健康で安全な生活を送るための基礎を培う視点から，発達段階を踏まえて，健康・安全に関する基礎的・基本的事項を理解させるとともに，これらを通して適切な意志決定や行動選択ができるようにすることを目指している。このようなことから，保健学習指導の役割を整理すると次のような項目があげられる。

(1) **健康・安全に関する理解の深化**

健康・安全に関する基礎的・基本的な内容を児童生徒に体系的に理解させ，総合的な認識を高める。

(2) **思考力，判断力と情報リテラシー（情報活用能力）の育成**

健康問題については，様々な情報があり，正しいとされてきた事柄でも科学・医学の進歩によりその信頼性が失われたり，新しい知見が明らかになったりすることがある。今の知識はやがて時代遅れになり，安全と考えられていた事柄が，後日，危険性を内在していることが判明する場合もある。保健学習では，健康問題を科学的にとらえ，多くの情報の中から信頼できる正しい情報を自ら選択し，思考・判断し，課題解決に活用していくことのできる情報リテラシー（情報活用能力）を育成することが重要である。

(3) **健康に関する個人の適切な意志決定や行動選択の能力の育成**

生涯を通じて健康で安全な生活を送るためには，個人のライフサイクルやライフステージに応じた健康・安全に関する知識を身に付け，その時，その場に応じた，適切な意志決定を行い，的確な行動選択ができるようにすることが保健学習において大切である。つまり，健康・安全に関する知識の生活化，行動化ということである。

(4) 健康課題を自ら解決していく課題解決能力の育成

保健学習の指導では，学級活動・ホームルーム活動，学校行事などの特別活動や総合的な学習の時間などにおいて，「保健」で身に付けた知識・技能や資質，能力を生かして課題解決に取り組むことができるようにする必要がある。そのため，その基礎となる資質や能力，特に，健康に関する興味・関心や課題解決への意欲を高めるとともに，課題を解決する能力の育成が重要となる。

4．保健学習指導の課題

従来の学習指導は，教科書を中心に知識や技能などを教師が教え込み，これを生徒が受け身の状態で暗記していくといった授業の形態に偏っていた。そのため，知識を生かそうとする意欲が低く，自らの生活や行動を改善するまでには至らなかった。このような学習形態が，学校教育の画一化，硬直化として指摘される要因ともなっている。

今後，これらの現状を打開し，新しい授業の創造が望まれている。それは，個に応じた指導や自主的，自発的な学習を促進し，体験的な学習を取り入れるなどすることで，児童生徒の学習意欲を喚起したり，学習内容の定着や主体的な学習の仕方を身に付け，思考力，判断力を育成したりすることを意図している。これらの一連の学習過程を通して，個人の適切な意志決定や行動選択ができるようになると考えられている。

これからの保健学習においては，学習指導の改善として，次のようなことに配慮することが大切である。

① 児童生徒が，自ら新たな保健の知識を身に付けていくことができる過程が，学習指導に組み込まれていること。
② 意欲的に授業に取り組むことができるように，児童生徒の興味・関心などが学習に生かされる工夫がされていること。
③ 児童生徒がじっくり考え，進んで試みるなど主体的に活動する機会や場面が授業の展開に多く取り入れられていること。
④ 学習の過程や成果が児童生徒自身の自己評価や，児童生徒同士の相互評価が学習活動に組み込まれていること。
⑤ 保健の知識に基づいて，自らの意志によって正しい行動の選択ができるように学習内容が工夫されていること。

2節　学習指導の形態

保健学習では，保健の各学習項目を通じて，保健に関する総合的な認識を高め，健康問題に気付き，自ら考え，主体的に判断し，進んで健康の保持増進を図る態度と能力を育てることを目指している。そのために

は，保健の各学習項目のねらいや特質に応じた，適切な学習指導の工夫が必要である。また，1単位時間の流れの中においても，必要に応じて様々な学習指導の方法が活用されることが望まれる。

「保健」の学習指導で一般的に多く用いられるのが問答法であり，高等学校では講義法がよく用いられている。しかし，健康・安全に関する興味・関心や課題解決への意欲を高めるとともに，課題を解決する能力を育成し，適切な意志決定，行動選択ができるようにするためには，さらに学習指導の方法を工夫する必要がある。そこで，保健学習に有効な学習方法として，問答法，講義法，討議法，体験学習法，問題解決法などについて解説してみよう。

1．問答法

教師からの発問に，児童生徒が応答するといった方法で授業を進行させることを問答法といっている。問答法は，大きく2つの方法に分けられる。

一つは，ソクラテスの対話法のように，絶対的真理に導くための手順や学習目標に接近していくために行われる追究的な発問である。もう一つは，教師にとって既知なるものを，未知なるものとして児童生徒に問いかけ，考える視点や方向を誘導しながら真実を明らかにしていく方法であり，興味や関心を誘発する，動機付けとしての問いである。

小学校・中学校の保健の授業は，問答法が中心となって組み立てられている。問答法を併用することなしに，講義法だけで授業を展開することは困難である。授業での児童生徒の関心・意欲や自発性，積極性を高めるためにも，問答法を有効に活用していくことが大切である。

教師の発問は授業の展開に応じて，①児童生徒の興味・関心，経験，予備知識，記憶の正確さなどをみるための発問（試験的発問），②学習対象への注意集中，内容の解明，一般法則の理解などを促すための発問（発展的発問），③教材の整理，反復，応用，定着などを促すための発問（復習的発問）などが行われている。

これらにより，児童生徒に科学的で合理的，論理的な考え方や学習教材への関心・意欲を高め主体的な学習態度を生み出すことができるが，一方で講義法に比べて同じ内容を指導するのに時間がかかることや教師の発問によって授業の展開が変わってしまうこと，発問によって答える内容に偏りがみられることなどが指摘される。

2．講義法

講義法は，教師からの講義を児童生徒全員が聞く方法で，内容を解説したり，教授する場合に多く用いられている方法である。一度に多くの

児童生徒に情報を伝えることができ，時間や人手も節約できて効率的であり，学習内容を伝達したり，学習方法を指示したりするためには効果的である。また，教科書中心の講義では，教師の教材研究や準備も容易であり，知識を体系的，段階的に教えていくためには合理的な方法といえる。

しかし，講義法の短所としては，児童生徒の発言の機会が少ないため，一方通行の情報の伝達になりやすく，そのため児童生徒が受動的，消極的になりやすく，自発的活動を抑制することにもなる。このようなことから，児童生徒一人一人の理解の程度を，教師が把握することも困難な状況となることが指摘される。

今日では，授業展開の全体を講義法で行うことは，望ましいこととはいえない。健康問題を解決する能力や態度を育成するためには，教師中心の講義法だけでなく，討議法や視聴覚教材などの活用も併用する必要がある。ただし，授業の導入やまとめ，また，ポイントを押さえて教師が指導性をもって知識を体系的，組織的に述べることは授業の展開において必要なことである。

3．討議法

講義法が教師からの一方的な知識の伝達や指示になりやすいのに対し，討議法は，児童生徒が自ら課題について考えたり，結論を導き出したりしていくことから，学習の結果が児童生徒に受け入れられやすく，その後の生活行動の変容に結びつきやすいという特質がある。

討議法の特徴は，生徒が問題意識を共有し，課題についての討議を通して，互いに刺激や影響を受け合い，児童生徒の知識や価値観に深まりと広がりをもたせ，課題解決の能力を育成していくことが期待できることである。特に，押しつけられた知識ではなく，主体的に取り組んだ内容については，積極的に受け入れ，行動化していこうとする意識が生まれる。また，集団帰属の意識から，共に学ぶことで学習への意欲や積極性が高まってくる。

討議法には，次に解説する様々な技法があり，学習課題によって効果的に使い分けるようにするとよい。

(1) 全体討議

全体討議は，会議など全体で課題を解決したり，何かを決めたりするときに最も多く用いられている討議の方法で，問題提起や意見発表を行い，それについての質疑応答や意見交換を全体で行う。この場合，司会者が中心となって討議を進行するため，発言が一部の人にかたよらないような配慮が必要であり，司会者はいろいろな意見を整理しながら，結論に導くように努力し，必要に応じて，挙手などによる採決を行う必要

がある。

　保健学習における活用の場面としては，課題学習の全体テーマを決めるときや調査・研究発表後の意見交換などがあげられる。

(2) **バズセッション（グループ学習）**

　バズセッションの実施方法は，①全体を5～6人程度のグループに分け，与えられたテーマについて話し合う。②グループのリーダーは，話し合った内容をまとめ，それぞれのグループごとに代表が発表する。③全体の議長がグループごとの意見を整理し，次に討議すべき問題点をまとめ，再びグループごとで話し合い，続いて全体で討議するように，全体討議とグループ討議を繰り返していくことで討議内容を深めていく。

　この方法は，メンバー一人一人の意見が討議に反映されるため，参加意識が高まり，多くの意見が出されるが，リーダーは無理に結論を出そうとせずに，メンバーの意見を要領よくまとめて発表すればよい。

　これは，グループ討議→全体討議→グループ討議→全体討議と繰り返し，6人のメンバーが6分間話し合うことから六六討議とも呼ばれている。

　保健学習における活用の場面としては非常に幅広く，グループ討議を必要とする全ての題材に活用することができる。特に全員の考えを集約することや，知っている情報を収集する活動に向いている。

(3) **ディベート**

　ディベートの実施形態としては，ホームルーム全体が賛成と反対に分かれる場合や代表グループが賛成と反対に分かれ残りがフロアーとなる場合，コアグループに分かれ，グループ内で賛成と反対に分かれる場合などがある。方法は，テーマに対して，自分の意見に関係なく，肯定側と否定側の2つの立場に分かれ，どちらの論法が有利で説得力があるかを判定していく討論ゲームである。

　1) 事前準備として，テーマに対して賛成と反対の2つのチームを作り，チームごとにテーマについての資料や論議の組み立てを検討しておく。
　2) テーマに対して賛成・反対の論拠となる証拠（エビデンス）として，例えば国語辞書にはこう書いてあるといったような情報を調査して項目ごとにカード（エビデンスカード）などに整理しておく。
　3) 当日の展開は，ルールにしたがって，①立論，②反対尋問，③作戦タイム，④反駁，⑤判定の手順で行う。
　　① 立論：テーマに対する賛成・反対の論議を説明する。
　　② 反対尋問：相手の意見に対して反対する意見を述べる。（相手の発言の確認と相手のミスを明白にする。）相手はそれに対して答弁を行う。

③ 作戦タイム：調べてきた証拠をどのように使って相手と戦うか作戦を立てる。
④ 反駁：1回3分間程度を交互に相手の意見に対して，エビデンスをもとに自分たちの主張する意見を述べ合う。
⑤ 判定：フロアーにジャッジペーパーを配りどちらの意見が有利か判定する。

評価する場合の項目としては，分析力，推論，証拠調べ，話し方，尋問の技術と効果，答弁の技術と効果，反駁の効果，防衛力，論理構成，チームワークなどがあげられる。

留意する項目としては，次のような項目があげられる。

1) これは，論理的な考え方を養う討論の方法であり，討論の実際をトレーニングするのに効果的である。
2) 論理的に相手と討議することを重視し，感情的に相手を攻撃することのないように注意する。
3) 基本的には，勝敗を決めるが，ジャッジを行わず，事前の証拠調べとディベートを活動の中心とする展開も学習内容によっては効果的である。
4) 判定は，テーマが正しいか正しくないかを決めるのではなく，より効果的なディベートができたかを判定するものである。
5) テーマは，ディベートの重要なポイントであり，賛成と反対に偏らず様々な立場からそれぞれの意見が述べられるように配慮した内容を設定する。

保健学習における活用の場面としては，特に適切な意志決定，行動選択に関する題材などに有効であり，飲酒，喫煙，薬物乱用や健康生活づくりとしてのライフスタイルに関するテーマに適している。

実施に際しては，テーマに対して賛成・反対の論拠となる証拠（エビデンス）集めの段階でも，すでに課題学習としての機能があり，十分な準備の学習があってこそ，保健学習でディベートを導入する価値がある。つまり，当日の討論を中心とするよりも，それまでの課題学習としての証拠集めを重視していくことが大切である。

4．体験学習法

講義法での学習では，知識としての理解の段階で留まってしまい，とかく日常生活における行動選択の場面に結びつきにくいといった限界が指摘される。それに対し，体験学習法は，実際の体験を通して問題を理解し，現実問題としての認識を深めていくことができるため，保健に関する適切な意志決定や行動選択の場面を直接学ぶことができる。これからの保健学習において，習得した知識の行動化，生活化を図るためにも，

個人のライフスタイルの変容を求める学習課題などでは，特に導入が望まれる学習法である。

(1) ロールプレイング

ロールプレイングとは，役割演技によって，問題を内面化し，態度・行動の変容を期待するカウンセリング技法の一つであり，解決を必要とする問題や討議すべき問題について，模擬場面を設定し，児童生徒に役割を与えて即興劇を行うものである。即興劇の中で，自分の立場や相手の立場を理解したり，気付かなかった問題点を見つけだしたりするなど，現実場面に対処する主体性や問題解決能力を身に付けさせる学習方法である。さらにその効果として，人や問題場面に対する洞察力が高まり，知的理解から感情を伴う共感的な理解ができるようになり，自己反省や自己変容の動機付けとなるとともに，自主性や自発性，創造性が高まることなども期待することができる。

実施の形態としては，代表が役割演技をし，他の児童生徒がそれを見る場合と，グループに分かれてグループ内でロールプレイングを行う場合などが考えられるが，題材や児童生徒の状況に合わせて工夫することが大切である。

(2) 実験・実習

様々な健康問題に対して児童生徒の興味・関心を高め，科学的な思考を通して問題点を発見し，自ら解決していく能力と態度を育成するためには，実験・実習などの学習活動の導入を図る必要がある。

「保健」における実験は，実験の方法を習得させるものではなく，学習内容に対する仮説を設定させ，これを実験によって検証させることで，実証的な問題解決の態度や能力，科学的な事実や法則の理解などに視点をおくものである。

実習は，健康で安全な生活に必要な技能を習得するもので，正しい技法を身に付けることに意義がある。特に，応急手当などにおいては，「実習を行うもの」とされているように，知識だけでなく応急手当の技術に関して，体験を通して体得していくことが重視されている。つまり，「知っている」だけではなく「できる」ことが求められているわけである。

(3) 調査・見学

保健学習における調査・見学では，教室内や学校内で得られる知識について，具体的な事実や体験的な活動を連動させることで，実生活の現象や生活の実態に近づけて現実性をもたせ，学習内容と現実の社会生活との結びつきを強化でき，保健学習の生活化を図ることができる。

また，調査・見学は，課題学習などでよく実施される学習方法で，児童生徒参加型の学習として，学習方法の主体化，能動化を目指す学習指

導要領のねらいを踏まえたものといえる。調査・見学の学習活動を通して，問題解決的な思考や課題探求的な態度が身に付くだけでなく，意志決定能力，コミュニケーション能力や自主的，実践的な学習態度を身に付けることができる。

5．問題解決法

　問題解決法は，健康問題に関する現状をより現実的，探索的に学習していくものであり，児童生徒の思考，判断，意志決定，行動選択に直接関わる学習方法といえる。また，問題に対しての情報収集力やその活用能力を育て，状況の分析，推理，問題解決などの思考経験を豊かにしていくもので，健康問題の構造的な理解や問題解決への新たな発想を構築するには効果的な学習法である。

(1)　事例研究法（ケーススタディ）

　事例研究法は，現実に起こりうる問題や実際に起こった問題を事例として提示し，問題点を分析し，検討を通して問題の把握，原因の分析，解決策の検討，結果の予測などを考えさせる学習方法である。これは，結論よりもその過程における討議そのものに重点がおかれ，現実場面で求められる分析力，判断力，問題解決能力，役割遂行能力などを体験的に養うシミュレーション的方法である。

　実際に起こった事例をそのまま使う実例研究も保健学習における活用場面は多いが，事例研究法は，事例の細部を変更して教材化したり，起こりやすいことを起こったこととして事例を作成したりするなど実例研究よりも自在性があり，普遍性が高い。

　実施では，提示された事例に対して，それぞれが問題点を分析し，課題解決の方法について発表し，それぞれの意見に対して討議をすすめる方法が一般的に行われている。事例として使用されるものには，ビデオ，投書，小説，映画や自作事例などがある。なお，実例研究としては，新聞記事を教材化したNIE教育なども保健学習に有効な方法としてあげることができる。

(2)　ブレイン・ストーミング

　ブレイン・ストーミングという言葉は，本来，医学用語で，精神の錯乱状態を示すものだったが，創造性開発の技法として各方面で取り上げられるようになった名称である。グループのメンバーが気楽な雰囲気の中で自由に思いつきやアイデアを出し合うことで，創造性や連想を働かせて，固定観念を排して新しいアイデアを生み出す討議法で，思いつくまま自由に発表し合い，出された意見を全て記録し，後からそれを整理する。討議は，次の4つのルールを守って実施する。

ア．まず意見を多く出すことに専念する。

イ．発想が豊かで自由奔放な意見を歓迎する。
ウ．意見の善し悪しの批判を禁止する。
エ．他人のアイデアを利用し，連想や発展をさせて考える。

　ブレイン・ストーミングの題材は，答えが一つではなく，様々な考え方の中から課題解決の方法を模索していく学習過程での活用に向いている。また，話し合いがうまくできない生徒たちへの話し合い活動のトレーニングとして活用することもできる。しかし，他人のことを気にせず，浮かんだ考えをそのまま発言させるようにするため，教育的な配慮も必要である。

(3) KJ 法

　KJ 法は，発案者である川喜田二郎氏の頭文字からとって名付けられたもので，カードを活用して，問題の構造的理解や問題解決，創造性開発のために行われる問題分析のための技法である。

　方法としては，問題の解決策について，
① それぞれが小さなカード（KJ カード）に自分の考えを書き，
② グループ全員のカードを集め，似たような考えのカードをまとめてグループ化し，
③ グループの意見を代表するような題名（表札）をつけ，
④ 模造紙にカードを貼りだし，グループ間の関連を矢印で示し，問題の分析や解決策について論理的にまとめる

といった手順で行われるものである。

　保健学習における活用場面としては，課題研究の発表資料づくりや調査結果の発表資料として作成することで，問題を構造的に示すことができ，全体像を理解するときに効果的である。

6．視聴覚教材の活用

　教材，教具の活用は，保健学習にとって，児童生徒の学習意欲や関心を高め，また，学習内容をよりわかりやすく理解するために，重要な役割を果たすものである。特に知識理解の定着として，VTR，スライドなど視聴覚教材や模型標本などの実物教具を適切に活用することによって，学習の効果を高めることができる。

　これらは市販の教材を使用するだけでなく，教師の自作によるものや児童生徒の調査・見学の記録や課題研究の発表などで積極的に活用できるようにしていくことが大切である。

　最近では，インターネットや Web 活用による情報として，「視聴覚教材情報データベース」の活用や DVD 教材などのパソコンを使った授業展開やプレゼンテーション・ソフトを使っての発表など，多彩な表現方法ができるようになり，学習への動機付けだけでなく，学習内容の具

体化，構造化，多次元化，学習情報のデータベース化など，その活用方法も技術とともにさらに広がりをみせている。

また，情報収集の重要な手段として，図書館の利用だけでなくインターネットの活用があげられる。例えば，交通統計の資料などは，国土交通省や警察庁のホームページにアクセスすれば，最新の統計データとグラフなどの資料を得ることができ，最新の情報を生かした学習を展開することができる。そのためにも，教師自身が情報収集の仕方や整理・活用の方法について十分な研修を積み，情報リテラシーを身に付けておくことが必要である。

視聴覚教材の使用は，児童生徒の興味・関心を高め，学習への意欲や積極性を高めることができるが，適切な時期や題材などを検討し，計画的，段階的に導入していく配慮が必要である。

3節　学習指導の過程

保健科教育の学習指導の過程では，小学校，中学校，高等学校を通じて，健康なライフスタイルを確立する観点から，生涯を通じて自らの健康を適切に管理し，改善していく資質や能力の基礎を培うことを目指している。また，学習展開の基本的な方向としては，小学校での保健に関する実践的な理解，中学校での科学的な理解を踏まえて，高等学校では，ヘルスプロモーションの考え方による生活行動や社会環境を改善していく資質や能力の育成を目指したものとなっている。

このような考えから，保健学習においても，健康・安全に関する基礎的・基本的な内容を体系的に学び，科学的に思考・判断し，適切に対処できるように学習過程を工夫する必要がある。それでは，保健学習に視点をおいて，学習過程の一般的なモデルを見てみよう。

1．学習過程の比較
(1)　**系統的学習**

系統的学習では，学習が児童生徒の発達段階に応じて，学問の体系または教科書の系統に沿って進められ，基本的な内容について段階を追って，系統的，合理的に知識や技能を習得していくことができる。しかし，児童生徒の主体的な学習場面を学習過程に設定することが困難であり，一方的な注入型の受容的学習に陥りやすい。

(2)　**プログラム学習**

ドリル学習などに代表されるプログラム学習は，あらかじめ学習の道筋に応じて段階的にプログラムされた教材を使って展開される学習で，児童生徒の理解の程度に応じて，その都度，確認や修正が行われ，個人

の能力に合わせて学習が進められるようになっている。しかし，学習の道筋としてのプログラムは決まっているため，その場に応じて児童生徒の自由な問いに答えることはできず，限られたパターンの学習になるといった限界がある。

(3) **問題解決学習**

問題解決学習は，現実の問題を把握し，解決のための仮説を立て，仮説に基づいて観察及び実験，調査し検証するといった，児童生徒の主体的な思考活動を重視する学習活動である。学習効果としては，現実的，具体的な学習が展開でき，児童生徒の積極的な学習活動が期待できる。しかし，課題に対する学習に時間がかかり系統的な学力が身に付き難いといった問題も起こる。

(4) **発見的学習**

科学的思考や探求的思考を育てる学習方法として発見的学習がある。学習課題を理解し，仮説を立て，仮説を検証する発見的学習の基本的性格は，①基本教材を提示し，児童生徒が発見的な手続きにより学習する，②系統的な基本教材を提供する，③探求的な思考能力の形成を目指す学習，といった側面から構成されている。

発見的学習の特徴は，学習によって習得した結果よりも，課題の解決や習得の過程を重視するところにあり，探求的な学習過程をとることで，学習への興味・関心の深まりとともに，学び方の重視によって，学習への応用力が身に付く。

しかし，一連の学習に時間がかかり，児童生徒の発達段階によっては課題を設定することが困難な場合もある。

2．課題学習の過程

課題学習は，生徒が自ら学習の目標となる課題を設定し，自主的・自発的に学習を進め，課題の解決を図る学習である。学習過程においては，予想（仮説）－検証の過程を位置付けることにより，一斉指導では得られない生徒の主体的な学習を通して，思考・判断力や意志決定能力，正しい行動選択の態度や能力を育成することができる。効果的な学習指導を行うためには，資料の提供，学習への援助，質問や疑問への対応において，多くの教職員や外部の専門家の協力が必要である。

課題の進め方では，①課題をもたせ，②課題の解決方法を考える，③解決のための情報収集を行う，④課題を解決し，⑤課題をまとめる，といった過程がある。オリエンテーションにより課題学習の意義やねらいを理解させ，学習課題の問題点や到達目標を自覚させ，学習方法，学習形態を考慮して学習計画を立案し，学習資料の収集，分析，整理を通してまとめを行い，発表する経過をたどることで，課題学習のねらいを達

成することができる。

(本間啓二)

<参考文献>
(1) 吉田瑩一郎『新訂　保健科教育法』教育出版，1991
(2) 文部省『中学校保健体育指導資料　指導計画の作成と学習指導の工夫』東山書房，1991
(3) 文部省『高等学校保健体育指導資料　指導計画の作成と学習指導の工夫』海文堂出版，1992
(4) 武田眞太郎編著『保健科教育法』ぎょうせい，1995
(5) 鈴木伸一監修『実践　研修技法ハンドブック』実務教育出版，1995

4節　授業づくりの工夫

1．授業の形態
(1)　グループ学習の展開
【理論と特徴】

　現在の授業づくりで実施されているグループ学習には，いくつかの源流がある。比較的近年の一つの支流としては，心理学の理論体系のなかで論じられる構成的グループ・エンカウンターの系統をあげることができる。構成的グループ・エンカウンター（Structured Group Encounter）とは，國分康孝によって提案された自己開示を目的としたエクササイズであり，リーダーの指導の下に，メンバーは，参加者の思考，行動，感情のうち，特に感情体験に基づく，本人への気付きを促すものであるとされている。メンバーとのかかわりにより，自己開示，自己受容，自己表現，自己主張などの変容を期待するものである。

　このように心理学などの周辺領域とのかかわりの中で，学校教育の授業研究で取り組まれている小集団の学習研究も独自の体系を形成している。梶田は，グループ学習の意義として，「学習への参加度を高めること」，「討論による思考の深化」，「効果的な相互交渉」，「人間関係・仲間意識の形成」をあげている。さらに，Cohenは，グループ学習の促進，学問的な多様性への受容，向社会的行動，異人種間の受容などの効果をあげている。

　近年では，新しい小集団の学習形態をとる佐藤による「学びの共同体」が注目されている。学びの共同体は，授業における「対話」を要として，教材や出来事との対話，学習者同士の他者との対話，そして，自分が自己に向き合う自己内対話の3つの対話を重視している学習形態で，通常は4人のグループを単位として，かかわりの中で「学び合いや教え合い，支え合い」を期待するものである。

グループ学習の効果の検証についての先行研究としては，Sharan, Hertz-Lazarowitz & Ackerman は，学校におけるグループ学習と一斉学習の効果の比較検証を実施し，グループ学習の方が高い学業成績を示していることを明らかにし，出口は，児童の社会的な責任の育成を目標とした児童同士の相互作用について検証し，グループ学習が社会的な責任の育成に効果的であることを明らかにしている。
　以上のような先行研究により，グループ学習は，学習者同士のかかわりを重視し，個々の学習者が主体的な学びを実現するための学習形態として位置づけられている。

【保健学習での活用の実際】
　他の教科と同様に，保健学習においてもグループ活動を積極的に導入できる場面は非常に多い。小学校の保健学習では「身の回りの健康や安全」，中学校の保健学習では「個人生活における健康や安全」，高等学校の保健学習では「社会生活における健康や安全」といった個人や集団のかかわりの規模の大きさの変化に応じた学習内容の構成になっている。ヘルスプロモーションの概念からも理解できるように，健康課題を解決するプロセスが，「地域活動の強化」，「健康を支援する環境づくり」のように他者や社会とのかかわりの中で，健康や安全の課題を解決するという視点が入ることから，社会や集団の関わりで学ぶグループ学習の意義と合致する。さらに，グループ学習の教材という観点では，他者の生活習慣や保健行動そのものを知る機会であったり，他者の危険への対処やストレスへの対処から学習者が自身の対処行動を見直すことを学ぶ機会になったりするなど，グループ学習の教材としても保健学習の内容は豊富であるといえる。

　また，グループ学習は，他の学習形態との組み合わせも円滑にするものである。例えば，喫煙や薬物乱用防止の場面では，実際的な対処の仕方を学ばせる必要がある。このとき，グループ学習で実際の喫煙や薬物に誘われるシチュエーションを学ぶことや断り方のシナリオを作成することから，グループ活動のまとめとしてロールプレイを実施するなど，工夫された学習活動が結びつきやすい。

【実際の進め方と留意点】
　グループ学習を進める際には，グループ活動自体がねらう目標を理解する必要がある。そのことにより学習者は学習活動の進め方を理解し，学習を進めることが可能となる。特に，他の学習活動とは進め方が異なるために，学習活動のねらいである教え合うことや学び合うことや協力して話し合いを進めること，傾聴する姿勢や意見を交わす姿勢，自らの考えをグループにぶつけ，メンバー全員で意見を求めることなどをあらかじめ浸透させておく必要がある。学校全体がグループ学習に取り組む

姿勢があれば，グループ学習が文化として根づき学習活動も意図した方向に近づくだろう。しかしながら，グループ学習の経験が皆無であったり，少なかったりする場合には，その進め方を示す必要がある。そのため教育実習の場面において，これまでの一斉学習からグループ学習に転換することは十分な説明が必要となる。

　次に，手順について説明する。グループを編成し，テーマを設定し，ワークシートに必要事項を記入し，話し合いを進め，整理するという各段階について大まかな進め方を示すことは，学習者が今，何をして，次に求められることは何かを知る上でも必要不可欠である。

　グループ学習におけるグループ編成は，教え合い，学び合いを促進するためにも極めて重要である。学校文化としてグループ学習がある場合にはそれを考慮する必要はないが，これからグループ学習に着手する場合には，より重要なステップとなる。このとき，おしゃべりの多い生徒ばかりが同じグループを構成したり，あまり発言をしない生徒の割合が他のグループよりも多かったりする場合には編成をしなおす必要がある。この編成が不自然なものやかなりの意図を含むものになっては，学習活動そのものを不信感の上に成立させることになるので，誕生月などでグループ分けをし，結果的には上記のような留意すべきことが克服されるようなグループ編成の仕組みを築いておきたい。

　グループを編成したら，授業が始まる前にグループの机を配置しておくことや，指示があるまでは勝手に話をしないことなどのルールやマナーについて説明する必要がある。また，一般的には一斉学習での机の位置や，近くのメンバーでグループを編成することが多いと考えられる。その際には，席だけを移動させるなどの柔軟性も考慮しながら，話し合いが促進されるグループ編成を優先させるべきである。

　テーマの設定については，最初からグループが知恵を絞って考えるようなテーマからスタートすることは難しい。話し合いの促進そのものを止めたり，また，健康や安全という日常生活に近い題材の強みを弱めたりしてしまう可能性がある。ここで提案するグループ学習の特徴は，個人の考えをグループの考えに反映させる手法である。この学習方法は，最初に個々の学習者が個人の意見や考えを持ち，それをグループの意見に合わせることによって，個人の意見を修正したり，他の意見と整理・統合させたり，ときには意見を変えたりすることで，グループとかかわることで個々の意見や考え方，価値観などが変容することが期待できる。以上のような手法を提案する立場に立つならば，テーマは，個々が考えやすく，意見を出しやすいように設定することが重要である。難しいテーマを読み解くことより，比較的分かりやすいテーマを掘り下げることを重視し，優先させたい。

グループによる話し合いを進める上での問題点は，テーマの話し合いを終え，別の話をしてしまうこと，テーマの内容について加熱しすぎて，意見を出し合い本質的な内容からそれてしまうことである。以上の問題点を解決するためには，メリハリのある話し合いをさせる必要がある。討議法のところにもあるバズセッションなどを活用する必要がある。話し合いの時間，発表の時間，授業者の話の時間をあらかじめ設定することで，思考の時間と表現の時間を区分し，生徒の活動にスピードを与えることができる。また，授業者の説明を聞く時間を明確にすることができる。

　また，授業者の指導上の役割は，生徒たちの学習活動を円滑にすることにある。グループ活動が停滞しているのであれば，適宜ヒントを与え，話し合いに参加できていない生徒がいれば，その生徒に対して他のメンバーに手を差し伸べさせるなどのかかわりを促進する必要がある。また，ワークシートを活用する場面では，学習の振り返り型のワークシートを作成し，今日の学習活動の取組みを各自が認識できるように評価させる必要がある。

　グループごとに発表させる場合には，生徒が発表の順番になったときに戸惑うことがないように，あらかじめワークシートに発表の内容を記入させるなどの工夫ができる。さらに，発表ではグループのまとめだけでなく，まとめにいたるまでの議論の過程やまとめた意見以外にもどのような意見が出されたかを発問し，個々の発言も重要視した発表にしたい。発表は，単に学習者の意見を授業者が聞くだけの機会ではなく，他のメンバーやグループの考える方略であるメタ認知を理解させる機会となる。

(2) ディベートの展開

【理論と特徴】

　二杉によれば，学校教育におけるディベートは，「競技ディベート」と「教室ディベート」の2つの形式に分けられる。

　「競技ディベート」とは，主に諸外国で採用されているルールにのっとった競技形式のディベートを指し，「教室ディベート」とは，ディベートを通じて教科の内容を学ぶための取組みを指す。つまり「競技ディベート」が「ディベートを教える」ことであるのに対し，「教室ディベート」は，「ディベートで教える」ことであると言い換えることができる。

　ディベート学習は，特に言語活動を重点とした教科教育で採用され，国語科，社会科，外国語科における先行研究は非常に多い。また道徳でも，倫理観や生命観などを取り扱うことが多いため，その活用の意義は大きい。

ディベートを行うには，まとまった時間が必要であるため，教科教育では取り組むだけの時間的余裕がないことも指摘されてきた。しかし樋口によれば，2000年から段階的に開始された総合的な学習の時間が，教科の枠組みを越えたディベートの基礎を培う機会となった事例が見られたとしている。

　ディベート学習を鶴田は「英語学習において批判的な思考態度やアサーションスキルを育成することを明らかにすること」とし，太田は「漢文のディベートの授業を通して，コミュニケーションスキルやプレゼンテーションスキルを育成することを目的にすること」としているように，そのねらいは多様である。しかし，野矢がディベート学習のねらいについて「議論の意義」というように，「主張すること，解説すること，論証をすること，そして主張を付け加えること」に集約することができると考えられる。

【保健学習における活用の実際】

　言語的な活動は，保健学習においても育成しなければならない力の一つであるが，「競技ディベート」と「教室ディベート」のところでも述べたように，ディベートを学ぶのではなく，ディベートで保健学習の内容について学ぶ機会でなければならない。

　本間は，高等学校の飲酒と健康を題材として，ディベート学習を展開している。

　　テーマ１：少量のお酒ならば高校生に認められるべきである。
　　テーマ２：若者の仲間づくりのためにはお酒は有効である。

　「ディベートを学ぶ」だけの学習に陥らないために，本間は「エビデンスカード」を用いてディベート学習を工夫している。ディベート授業の下準備として賛成派，反対派のそれぞれに主張の論拠の根幹となるエビデンス（証拠）の情報を収集させ，それをカードに記入させる。これを用いることで，学習者は知識を蓄えてからディベートに臨むことができ，ディベートのテクニカルな部分で優位に立つのではなく，テーマにかかわる情報収集をもとにディベートが可能になるのである。

　事前にエビデンスを集めることは，その過程で「自ら課題を見つけ，探索的に情報収集し，体系立てて活用できるようにする」ことになり，同時に保健学習の課題を研究することにもなる。

　また，本間が「若者の仲間づくりのためにお酒は有効である。」と設定したように，保健学習におけるディベート学習のテーマ設定には十分な配慮が必要である。なぜなら課題に対して均等な立場でディベートをスタートさせなければならないからである。特に健康や安全の課題については，社会通念で固定化されている意識や考え方，あるいは法律上の決まりがあるものも多いため，課題の設定には十分な配慮が必要である。

例えば同じ飲酒の題材でも,「未成年者がアルコールを飲むことは良いか悪いか」というテーマでは,ディベートにならない。法律で未成年者の飲酒が禁じられているのであるから,賛成派は主張の根拠をまとめることが難しくなる。そのためテーマを設定する際には,賛成・反対両派にとって均等なものを選ぶ必要がある。

【実際の進め方と留意点】

児童生徒は実際にディベートを始める前に,テーマに関する情報を収集する作業に入る。この情報収集作業にはいくつかの方法があり,児童生徒の学習の段階によって使い分けることができる。

> 1. 教師が提示した資料(印刷物)を活用する。
> 2. 児童生徒が図書館を活用する。
> 3. 児童生徒がインターネットを活用する。

1のメリットは,教師が児童生徒の情報収集の範囲をある程度予測し,意図的な指導につなげられること,そしてその課題について,共通理解を図りたい基礎的な概念などを確認できることである。また,賛成・反対両派に対して均等な情報を提供することもできる。この場合,図書館を活用させるのであれば,多数の児童生徒が同時に特定の本に集まらないように,グループごとに別の課題を設定したり,あらかじめ図書を指定したりするなどの工夫が必要となる。

2のインターネットを活用することのメリットは,多種多様で膨大な情報収集が可能であることである。しかし,児童生徒自身が情報の真偽を見極められるかという問題がある。また,情報の正確性,たとえ正確な情報であっても,児童生徒の学習の段階と一致したものであるかを考える必要もある。

テーマを設定し,情報を収集したら,次はエビデンスカードを活用して収集した情報を整理する。エビデンスとは「証拠」の意味をもっている。このカードは,ディベート前やディベート中の作戦会議で,論点を明確にして,論理立てて論説を構築するのに役立つ。

「儀式時における未成年者の飲酒」をテーマにしたディベートであれば,賛成派は「伝統文化としてわが国には飲酒の習慣がある」,「行事として飲酒を勧められた場合,多くの人は飲酒をすることに疑問を感じない」といった理由を,反対派は「未成年者の飲酒は,成人よりも身体への影響が大きい」,「未成年者の飲酒は,法律で禁止されている」などと書いたエビデンスカードを用意するであろう。

ディベート学習の進め方については,授業の工夫の仕方次第で様々な展開が考えられるが,「競技ディベート」,「教室ディベート」のルールに基づいておおよそ次のように設定することができる。

> ①各サイドの主張論点や背景，理由の発表
> ②作戦タイム
> ③質疑応答
> ④作戦タイム
> ⑤反駁
> ⑥作戦タイム
> ⑦まとめ

　前述のとおり，ディベートを始める前に，各グループで調べ学習やエビデンスカードの作成が求められる。

　「①各サイドの主張論点や背景」では，各サイドがテーマについてその論点を述べる。その際に，相手の論点を想定した問題のとらえ方を浮き彫りにし，私たちの主張を行うものである。

　「②作戦タイム」では，相手側の主張を受けて，どちらの論理が勝っているかを判断し，もし自分たちの論理が弱いようであれば，主張する論点を変更するなどの作戦を練る時間である。

　「③質疑応答」は，①で相手側が述べた主張について，相手の弱点となる論理の盲点や説明が不十分な点，疑問点，不明な点について質問することである。

　「④作戦タイム」は，①の主張と③の質疑応答を受け，反駁の準備として相手側への質問を考える時間である。

　「⑤反駁」では，最終的なまとめに向けて，相手側の論理の流れや争点とするところについて，間違いや論理的な弱点を指摘する。

　「⑥作戦タイム」では，まとめに向けてどのような説明が，説得力があるかについて作戦を立てる。

　「⑦まとめ」では，これまでの議論を総括し，最初の主張を交えて，最終的な各サイドの結論を聴衆に投げかけるものである。

　ディベートが終了したあとに，聴衆役の学習者が，議論の質の上回ったほうに挙手したり，よかった発言や議論の流れを左右したところなどについて述べたりすることは，その後の話し合いやまとめの材料となる。

(3) ロールプレイの展開

【理論と特徴】

　ロールプレイは，心理学の分野では認知行動療法やソーシャルスキルトレーニングの一環として取り入れられてきた。「役割劇」と訳されたり，個人の内面を説明する文脈からは，「心理劇」ともいわれたりしている。

　ロールプレイの進め方に確立したものはないが，コミュニケーションをとるためにいくつかの役割を設定してそれを演じることで，その役割

がどのような内面的な問題をもつかを理解し、さらにどのような解決方法が最適かを考えるところに、ロールプレイの学びがある。

ロールプレイが活用される場面は多く、教員が児童生徒に対してどのようなカウンセリングを行うかを学ぶ場合、カウンセラーが不登校の児童生徒をもつ保護者に対してその接し方を学ぶ場合、または企業の新人研修で、営業や電話など顧客への応対の仕方を学ぶ場合などに活用されている。

ロールプレイでは、その役割を実際に演じる人と、コミュニケーションをとる相手役とが設定される。相手の立場や考え方を想像し、実際に演じてみることで、相手の立場を理解し、自分にはどのようなコミュニケーションの方略があるかを学ぶ機会になる。

渡辺によると、アメリカのマサチューセッツ州ボストン市教育委員会で、セルマンの役割取得理論（Selman 2003）を基盤として、幼稚園から12学年まで採用されている。文化、宗教、人種的背景の異なる子どもたちが他者と相互に理解しあい、認め、共存していくことを目的として、ロールプレイを含んだプログラムが展開されている。

プログラムの手順は、①結びつくこと（教師が個人的な話をしたり、ペアとの2者関係でインタビューを行ったりすることで、自分自身を語ることへの抵抗を軽減する段階）、②討論すること（絵本などの教材を活用し、主人公だけでなく、様々な登場人物の視点で葛藤を経験させる段階）、③実習すること（実際にロールプレイを行い、自分ならばどうするかなど、気持ちの推測や葛藤の解決をさせる段階）、④表現すること（物語から学んだことを自分の生活に当てはめる段階）の4つのステップを踏む。

【保健学習の活用の実際】

現状では、ロールプレイは、保健学習においても積極的に導入されている。保健学習における健康・安全の課題、例えば生活習慣病や飲酒・喫煙、交通事故などは多くの人々にとって身近な課題であり、かつ、家族としてその課題にアドバイスをしたり、当事者として実際の場面に遭遇したり、または予期せぬ健康・安全を害する行動への誘いを受けた場合などに適用することができるからである。

保健学習におけるロールプレイについての研究や教育実践も徐々に蓄積されている。（財）日本学校保健会から提案されている『実践力を育てる中学校保健学習のプラン』及び『意志決定・行動選択の力を育てる高等学校保健学習のプラン』においても実際の進め方が示されている。

『実践力を育てる中学校保健学習のプラン』では、保健学習におけるロールプレイの目的を次のように示している。

> ○自分自身や他の生徒の対人関係に関連する知識や能力を評価する
> ○対処能力を向上させ,対処の仕方を練習させる
> ○グループ全員,あるいはクラス全員の協力のもと,有効な対処策を幅広く明らかにする
> ○他の児童生徒の演技を観察することにより,効果的な対処法を学習する

特に健康や安全の課題は,最優先すべき意志決定や行動選択があるために,「対処能力を向上させ,対処の仕方を練習させる」についての学びの機会は貴重である。さらに,この個別での成果をグループやクラス全員に浸透させることも目的としてあげられている。

保健学習におけるロールプレイでは,危険行動や,保健行動に悪影響を及ぼすような行動も取り上げることがあるために,同書は保健学習においてロールプレイを進める留意点も次のように示している。

> ○たばこを勧めるなど好ましくない役は,原則として生徒にはさせない
> ○たばこなど本物を小道具に使わない
> ○教師が勧める圧力を強めて,児童生徒を対処できなくなるほどに追い込まない
> ○勧め方の印象が強く残ってしまわないように,勧め役の教師はあまりに巧みな演技をしない
> ○演技自体を目的化し,演技指導に陥らない
> ○児童生徒の演技の問題点ばかりを指摘しない
> ○観察者である児童生徒が単なる傍観者にならないようにする

特に,喫煙・飲酒,薬物乱用防止の問題を想定して,過剰な臨場感を演出しないような配慮がなされるべきであるとされている。さらに,学習活動の面からは,「演技自体が目的化され,演技指導に陥らない」とあるように,演技そのものが強調され,何を学ぶべきかが不明確にならないような工夫が求められている。

【実際の進め方と留意点】

ロールプレイでは,健康・安全の課題,特に人がかかわることによって意志決定や行動選択にゆらぎが出るようなテーマ設定が望ましい。例えば,次のようなテーマの設定である。

> たばこを勧める役割とたばこを勧められる役割
> 生活習慣を改善しない役割とそれにアドバイスをする役割
> 工場を建設しようとする役割と環境アセスメントの実施の役割

次の段階はシナリオ作成である。シナリオを作成する場合には,場面設定を明確にすることが大切である。これは,生徒が単に思いつきでシ

ナリオを作成することを避け，具体的な問題解決の方法（客観的な判断に基づいてシナリオを作成するなど）を考えさせ，思考を深化させたいからである。

配役は中心となる2人から決めていくべきである。最初から多くの配役を設定すると，時間の配分や場面設定，シナリオの作成などが複雑になることが予測される。

グループごとにロールプレイを進めさせるが，発表の段階になってあわてることがないように，シナリオを作成する段階で，発表時の役割分担をしておくことが重要である。演じる2人の他に，発表者，シナリオの場面設定や工夫した点などを説明する役を設け，メンバー全員の活動への参加度を高めたい。

まとめの作業では，発表の良し悪しだけでなく，場面設定の妥当性や現実との相違点，役割を演じたときに感じたことをワークシートに記入して発表させたい。

最後に授業者の講評は，ロールプレイの達成度に加えて，その課題の場面設定において意志決定したり行動選択をしたりする難しさを強調したい。

(4) 調べ学習の展開

【理論と特徴】

プロジェクト型の学習形態をとる調べ学習が「新しい学習形態」として再度注目されているが，これには近年のマルチメディアの発達や多様化が大きく関与している。以前から，大村はまが新聞を活用するなど先駆的な調べ学習が行われてきた。しかし，「新しい学習形態」としての調べ学習では，マルチメディアや学校図書館を基盤として展開されるものが多い。特に，マルチメディアには見るべき点が多い。2004年の文部科学省の調査によれば，小学校，中学校，高等学校におけるインターネットの接続率は99.9%と非常に高い。これからの学習者は多くの情報に触れ，または発信できる環境にあり，調べ学習の活性化につながっていくと推測することができる。

現在では，このマルチメディアを活用した調べ学習が，「情報活用の実践力」，「情報の科学的な理解」，「情報社会に参画する態度」といった「情報活用能力」の育成を支えるものとされている。特に学校教育では，学習形態としての調べ学習の推進と情報教育の推進という2つの文脈で議論されることが多くなっている。さらに，田中は調べ学習を体験学習への「準備段階」と位置づけている。この実践では朝8時に学校の最寄り駅を出発し，夜8時に同駅に戻るという体験学習のために，時刻表でルートを調べることや折り返し地点となる目的地や観光地の情報を入手するための準備としての調べ学習が示されている。菅原らは，中学生が

図書館とインターネットを活用した調べ学習を実施する際の「情報探索行動」について検討している。この検討によれば，情報探索の要因として，動機付けがあること，情報への判断力，情報の収集力，図書館の活用スキル，コンピュータの活用スキルの各要因が，中学生の情報探索に影響していることを明らかにしている。以上のようにマルチメディアを手段として展開される調べ学習は，情報教育の文脈においても研究が進められている現状にある。

調べ学習は，研究の基礎として情報収集を進める手法そのものであるが，さらに，情報を活用するときの作法や，発表までにつなげていく授業展開の仕組みなどは，工夫が必要である。

【保健学習の活用の実際】

保健の学習内容には，保健，医学，哲学，社会学，福祉，環境，労働，安全，工学などの多くの学問領域がかかわる。特に，高等学校における保健学習では，社会生活の中での健康や安全の課題解決か考えることが求められる。また，国際保健活動については，各国の文化や習慣を理解した上で，その国々の実態についても十分に知ることが必要であり，それは保健活動の意義を理解することにも繋がる。

(財)日本学校保健会『意志決定・行動選択の力を育むための保健学習のプラン』では，新興・再興感染症を題材として，海外渡航の際に渡航者に請求される「黄熱病の予防接種に関する国際証明書」を示すことを手始めに，生徒自身が海外旅行や海外勤務を行う際の感染症予防についての調べ学習に取り組んでいる。例えば，新興感染症や再興感染症の種類についての知識を尋ねる問に対して，生徒自身がインターネットを活用して感染症の種類や日米の結核の感染者数の推移などについて調べ，学習を進めていくことなどが示されている。

保健学習では多くの統計に関する情報が活用される。死因などは，「人口動態統計」(厚生労働省)で各地域の統計が示されており，インターネットで調べることができる。交通事故の死者数や負傷者数などは警察庁のホームページで調べることができる。

【実際の進め方と留意点】

教科教育における調べ学習は，授業時数の制約を受けることや，情報を収集するにしても，全ての学習者に同じ資料が揃わないことも想定しなければならない。さらに，学習者の意欲や方略は様々であるため，その学習形態に慣れるための準備が必要であると考える。

まず，授業者が調べ学習の進め方と計画を説明しなければならない。実際に調べた例などを提示しながら説明すると，学習者はイメージがしやすい。また，テーマから外れた内容を選択する学習者がいることも予測できるため，どの程度までの内容を調べるかについて説明する必要が

ある。さらに，最終的に発表会を企画しているならば，その発表会にあわせた調べ方やまとめ方を学習者がイメージしやすいように，スケジュールなどを示すことも必要となる。

　次に，調べる材料の選択である。調べ学習では調べる方略を身に付けさせる必要があるため，材料の調査範囲を段階的に広げながら作業を進めたい。例えば，はじめは，あらかじめ項目を示したワークシートを配布しておき，それに沿って，授業者が準備した数枚程度の資料の中から，調べを行わせる。このような限定された情報の中で作業することで，見落としや視点のずれ，調査不足などへの気付きを共有する学習が可能になる。インターネットを活用する場合には，サイトを指定し，調べる内容の難易度などを調整することも必要である。セーフティネットなども活用しながら，有害情報から学習者を守ることが不可欠である。

　調べ学習は，手間と時間をかけてまとめる作業である。そのため，成果を発表させ，十分に評価するような機会をつくる必要がある。充実した発表会にするためには，事前にスケジュールを示すことで，学習者に決められた時間の中で課題を解決し，発表資料の作成に取り組むようにさせることができる。発表の方法についても検討が必要となる。プレゼンテーションソフトやプロジェクターを活用した発表の方法もあるし，模造紙にまとめさせることも可能である。プロジェクターを用いた発表には，メディア活用の能力を求めることになるし，模造紙にまとめることは，後々には教室や学校内の児童生徒の目にとまりやすい場所に掲示することで，調べ学習の成果を広く伝えることができる。

　最後に，調べ学習は発表やまとめのみで終わらせないように配慮すべきである。ここで身に付けた学習方略を他の学習内容に転用させたり，他の教科でも試行したりと，どのような広がりが可能かを模索することが授業者の課題となる。

2．授業展開の工夫——ワークシートの活用

【理論と特徴】

　ワークシート（Work sheet）とは，授業中に活用される学習活動のための紙媒体であり，プリントや資料などとも呼ばれる。教育実習で授業づくりに取り組む場合には，まずワークシートを構成し，それを踏まえて指導計画を作成すると，学習活動の時間配分，活動内容，生徒のつまずきや疑問などへの対応をシミュレーションしやすくなる。

　ワークシートを活用する意義を次のようにあげることができる。

○学習者と授業者が授業全体の構成を把握することができる
○学習の内容を明らかにし，学習活動を統制することができる

> ○学習目標に向けて，授業者の意図を明確にすることができる
> ○学習者が，次の学習活動を理解して，現在の学習活動に取り組むことができる
> ○知識を整理し，思考を深化させることができる
> ○学習の過程を学習者自身が整理し，評価することができる

　ワークシートが配布されたとき，学習者はその授業時間にどのような学習が実施されるのかを予測することが可能になる。そして，学習内容をイメージすることで学習意欲を高めることができる。また，授業者が学習者に授業内容の説明をする場合にも，学習内容の全体像を紹介しやすいというメリットがある。

　しかし，ワークシート活用の最大のメリットは，学習活動を統制しやすくできることである。目標を立て，円滑に学習活動を進めていくには，質問させる場合にも，質問の範囲を限定することや，目的意識を持たせて学習活動に取り組ませることが重要である。

　ワークシートは，板書の内容をまとめたり，前回の学習内容をテスト形式で復習したり，知識を整理するのにも役立つ。また，学習活動で積極的に話し合いを導入する場合には，テーマを示したり，その話し合いを評価することや学習活動そのものを振り返らせたりすることによって思考をより深化させることも可能である。

【保健学習におけるワークシート活用の実際】

　保健学習におけるワークシートの活用について，次のように類型を試みた。

(1) モノローグシート（自己との対話ワーク）

　　授業の前段階での個人ワークとして，学習内容に対する知識や情報の確認と，自らの考え方を整理する。

> 役割：学習内容の確認，問題提起，基礎情報の提示，レディネス形成，モチベーション
> 方法：○知識の整理・テストによる確認
> 　　　○学習課題に対する意見構築
> 　　　○チェックリスト，質問紙の活用
> 　　　○事例研究の活用
> 　　　○資料の読み取りと活用法の確認

(2) グループワークシート

　　グループでの活動で，意見交換や討議を通して情報の共有化や集団の意志決定を図る。

役割：課題の共有化・一般化，コミュニケーション活動，情報の活用，コミュニケーションスキル獲得
方法：○意見交換，討議内容の整理
　　　○相互評価
　　　○共同作業，傾聴・記述など

(3) ディシジョンシート（意志決定ワーク）

　授業の終末時に行う，本時の振り返りのためのワークで，主に個人ワークとして行う。

役割：学習活動の評価，新課題の発見，課題への意志決定，課題の個別化，課題の行動化
方法：○ねらい・課題の達成度の自己評価
　　　○学習課題の個別・生活化
　　　○学習効果の確認
　　　○振り返りシートの活用

　ワークシートは知識の整理に役立つものである。前回学習したことをテスト形式で振り返ったり，板書のまとめ，授業者のポイントのまとめや学習者同士の発言をメモしたりするのに活用できる。

　次に，チェックリスト，質問紙の活用である。保健学習の多くは食事や運動などの生活習慣や，ストレスなどの健康課題を題材とするため，自己の健康状態を調べ，それをもとに学習が始められるケースが多い。その際，これらのチェックリストに基づいて，学習者自身の現状を理解させ，モデルを示し，改善点を考えさせることが一般的な学習モデルといえる。

　健康や安全の課題は，その多くが誰にでも当てはまる内容であり，性交渉に誘われた場合，喫煙を勧められた場合，身近な環境が汚染された場合，交通事故で補償の問題が生じた場合，身近な人に労働災害が適用された場合など，事例も豊富にある。このような，学習者にとって身近な健康や安全の課題は，学習活動に実感を与え，自分自身の身に置き換えての学習につなげることができる。

　健康・安全の課題学習では，統計資料を用いることが多いが，経年的・量的な推移を調べることで学習のポイントをおさえることができる。また学習テーマに関連した新聞・雑誌の記事を用いれば，授業者は課題をより身近なものとして，授業に取り組むことができる。さらに保健の授業には「授業書」と呼ばれるノートがあり，ここでは学習活動の際に必要な，知的な情報と話し合いなどの思考・表現の内容が一体となっている。これらもワークシートの一つととらえ，授業で活用したいもので

ある。学習者が資料から様々な気付きを得ることが大切であるのは，いうまでもなく保健以外の学習においても同じである。

ワークシートを用いた学習は，学習者の思考を深めたり，発表の活動を充実したものにしたりする。特に近年，学習活動としてグループ活動やロールプレイ，実験や実習などが進められているが，それらの活動の要素となるものである。グループ活動であれば，ワークシートに話し合いの内容をまとめさせ，それをもとに発表をしたり，実験・実習であれば，ワークシートに仮説を立てさせ，その理由や実験結果の根拠を述べさせたりすることも可能である。

学習活動の総括にも，ワークシートは活用できる。学習のまとめの段階では，学習内容の習得状況についての評価だけでなく，学習活動の振り返りが重要である。学習活動を振り返らせることにより，「考え方を考える」という学習方法の学びを可能にするばかりか，生徒同士のかかわりあいについても振り返らせ，改善点を示し，自覚させることも可能になるからである。

ワークシートを用いて，今日の学習がどの程度成果を修めたか，という評価項目に回答させたり，グループ活動の課題の良かった点，改善すべき点をまとめさせたりすることで，それを次回の学習活動に生かすことができるのである。

【実際の進め方と留意点】

ワークシートを配布し，授業者の意図や留意点を学習者に説明する。学習者は，ワークシートをながめただけでは，様々な学習の展開を予想してしまうものなので，おおまかな流れを把握させるための説明が必要である。そして，学習活動からワークシートへの記入，またはその逆にワークシートの記入から学習活動へと展開していく。

ここでいう学習活動とは，グループ活動であれば，個々の考えをまとめてから意見を出し合い，グループでの意見をまとめ，それをワークシートに記入するまでを指す。ロールプレイであれば，ある課題について事例を示し，その場面に基づいたシナリオを作成させるところまでを指すことになる。最後にワークシートにまとめられたことについて，重要な点，間違えやすい点について解説を行っていく。

ワークシートは授業後回収し，コメントをつけて返却することで，学習活動中に十分に把握することができなかった生徒の実態をより的確に把握し，評価をすることが可能となる。

以下に，ワークシートを作成する際の留意点をあげる。

○学習目標を明確にした構成にすること
○知識を獲得する活動と思考する活動のバランスを考えた構成にすること

○学習者の実態に応じて，ワークを解く時間設定を考慮すること
○デザイン性を重視し，作業スペースを十分に確保すること

　ワークシートを作成する場合に重視すべきは，「知識を獲得する活動」と「思考する活動」のバランスである。現在求められている学習活動は，授業者が終始板書し解説を行う一斉学習だけではなく，学習者自身が思考し，判断し，表現するというダイナミックな活動である。話し合いなどの思考を充実させるワークを終えたら，次はその思考についての問いや知識を充実させるワークを行うといったふうに，相互に補完するようなワークシートのあり方が望ましいと考える。

　また，学習者が知識の整理や思考にどれくらいの時間を費やすか，またはどの点でつまずきやすいのか，間違えやすいのか，どこの部分が最も伝えなければならない部分かを明確にする必要がある。

　次に，教育実習におけるワークシートの活用を考えたい。その意義を，次のようにまとめることができる。

○指導計画を作成する場合には，まずワークシートを作成することで授業の全体の流れを把握することができる
○工夫したワークシートは，学習者の意欲を高める
○授業者の次の指導のステップが明確である
○授業全体の流れを把握しながらワークの増減を行い，時間配分ができる
○学習者がワークを解く時間に，学習者の個々の実態を把握することが可能になる

　教育実習では，学習形態を問わず，ワークシートを作成すべきである。指導計画を作成する前にワークシートを作成することで，学習目標から学習の流れをシミュレーションさせ，学習活動や指導の場面での時間配分を適切に管理し，生徒の疑問に対しより細かな指導が必要な場合には，さらに時間をさくことも可能となる。

　また，できうる限り書きやすさを意識した，デザイン性に富んだワークシートを作成することが望ましい。デザイン性あふれるワークシートは，学習者の学習意欲を高めるだけでなく，情報を整理しやすいという利点がある。最近では，文章作成ソフトなどでも活用可能な，素材集も販売されているので，これらのものを積極的に活用したい。

　教育実習で教壇に立つ場合，多くの人はかつてない緊張感を感じることになる。この緊張のために，事前に行ったシミュレーションを忘れてしまったり，ポイントとなる説明をとばしてしまったりすることもあるだろう。そのような場合でも，ワークシートがあれば，その項目に沿って一つ一つ確認しながら，授業を進めることができる。そして，生徒の

予想外の反応にもあわてずに対応することができるのである。

　ワークシートを使用するメリットとして最後にあげられるのは，ワークシートが生徒との対話や生徒の実態を把握するためのツールになることである。教育実習で一斉学習の授業を組み立てる場合でも，板書や説明に終始していたのでは，授業者として生徒の実態を把握し，それに見合った授業づくりをすることができない。しかしワークシートを活用すれば，生徒がワークシートを書いている間に生徒の回答や学習活動を観察し，声をかけ，学習の実態を把握するとともに，次回の授業づくりに向けて改善のための材料とすることができるのである。

3．授業における指導力向上の視点——ボイストレーニングと話すことの工夫

　授業は，対話である。どのような学習形態であれ，学習活動であれ，授業者と学習者が対話をすることで授業が成立する。それゆえ，授業者は話すこと，ひいては声を出すことに十分な意識をもつこと，工夫をすることが求められる。さらに，授業者が声を出すには，的確なタイミングが必要である。ここでは，声の発声の基本と，指示の方法についてまとめていくことにする。

(1) 声を出す準備をしよう（ボイストレーニング）

　声を出すには準備が必要である。授業では大きく，聞きとりやすい声で学習者に話しかけることが望ましいが，望ましい声を出すことは，実は非常に難しいといえる。大きな声を出すには，日常的で経験的な慣れが必要であるし，本当に聞き易くて大きな声が出せているのか，単に大きな声になっていないかなども考える必要がある。教育実習の準備としては，鏡の前や誰もいない場所で，実際に大きくはつらつとした声が出せるかを練習してみることが望ましい。練習を通して，声を出すことにも慣れるし，適度なボリューム，自分の声の特徴と使い方なども研究することができる。

　『はじめての発声法』（音楽之友社）によると，発声をするための呼吸のエクササイズとして，次のステップが設けられている。

　①正しい姿勢をとること
　②息を吸い横隔膜を下に張ること
　③膨れた腹部を維持したまま，息を吐くこと

　背筋が曲がらないように背を伸ばし，大きく息を吸い，最後に横隔膜の張ったまま息を出すことができるようになることが声を出すことの基本である。なお，横隔膜を張ったまま声を出す際には，下部胸郭が狭くなることを感じることができるかが目安となる。この方法で，息の流れを感じとり無理のない声の出し方を見つけることができる。

(2) 効果的な声の出し方をしよう

　授業において，授業者が長く声を出すところは，説明や解説の場面といえる。そのときは，板書の途中で黒板の方を向いたまま声を出すのではなく，学習者の方を見て声を出すことに留意しなければならない。授業中に出てくる非常に重要なキーワードであったり，解説が必要な用語であったり，学習者のすばらしい発言を繰り返す場合では，メリハリをつけた大きな声で伝えることがより効果的といえる。

　教科書や問題文についても，授業者がメリハリをつけて重要な箇所は反復したり，説明を加えたりしながら読むことにより，学習者に対して内容を理解する手立てを与えることにもなる。授業では単に学習者に教科書などを読ませるだけに終わらせるのではなく，特に年度の初めの授業では，教科書の読み方や読むことの意義について最初に説明して，読むことによって学習内容の理解が深まることを周知する機会とする。

　もちろん発表に戸惑う学習者や個々の学習者の疑問に回答する場合には，優しく，穏やかな声で語りかけるような伝え方が望ましい。

(3) （指示の大切さ）話さなければならないこととそのタイミング

　授業を行う際には，必ず話さなければならないこと，そしてそれを効果的に伝達するためのタイミングがある。授業が始まる際にこの授業ではどのような学習内容をどのように進めていくかについて説明がないまま授業がスタートすると，学習者は困惑することがある。次のような場合には，特に指示が必要である。

　　①授業の始まりにおける本時の学習活動の進め方と留意点
　　②その活動が停滞したとき打開として
　　③次の活動に移行するとき
　　④学習活動とは違う活動がされている場合

(4) 学習活動の留意点を示す場合

　「①授業の始まりにおける本時の学習活動の進め方と留意点」では，まず学習者が何をすればよいか，本時の授業では何をするか，そして何を目指すのかを十分に理解させる機会となる。「②その活動が停滞したとき打開として」では，話し合いの活動やワークシートの記入の時間が予想していたときよりも早く終わることがある。そのようなときには次に何をするかを示すことで，生徒同士が勝手なおしゃべりをしないように学習者を導くことが必要である。「③次の活動に移行するとき」では，授業の流れを説明して，学習者が次に何をすればよいかはすでに示している状況であるにしても，学習者の課題を解く速度は様々であることに配慮しなければならない。学習活動ごとに，学習者の活動の進行状況を確認し，次の課題に移行するタイミングを示すことで，課題解決に時間のかかる学習者やグループが解決のスピードを速めるきっかけとなる。

「④学習活動とは違う活動がされている場合」では，意図しているにせよ，意図しないにせよ，学習活動以外の活動をしてしまう学習者もいることによる。これは，単に課題の進め方を間違っているときの指摘だけでなく，グループの活動に一人だけ参加していないときなどは，そのつどこまめに声かけをする必要がある。それは，同時に学習者全体に，つまずきやすいポイントなども示すことにつながる。

(永井大樹)

＜参考文献＞
(1) 國分康孝，片野智治『構成的グループ・エンカウンターの原理と進め方』誠心書房，2001
(2) 國分康孝他『エンカウンターとは何か』図書文化社，2000
(3) 大津ゆり「人間関係能力を高めるためのマインドとスキル」，埼玉女子短期大学研究紀要，2002
(4) 梶田正巳「小・中学校における指導の調査的研究」，名古屋大学教育学部紀要，1980
(5) Cohen. E. G.. Restructuring the classroom : Conditions for productive small groups. Review of Education Psychology. 1994
(6) Sharan, Hertz-Lazarowitz & Ackerman. Academic achievement of elementary school children in small group versus whole class instruction. Journal of Experimental Education. 1980
(7) 佐藤学「学びの対話的実践へ」，佐伯胖他編『学びへの誘い』東京大学出版会，1995
(8) 二杉孝司「『競技ディベート』と『教室ディベート』」，『現代教育科学』38，明治図書，1995
(9) 太田亨「ディベートを活用した漢文授業」，広島商船高等専門学校紀要，2007
(10) 鶴田美里映「高校生の英語ディベート活動が批判的思考態度及びアサーションスキルに及ぼす影響」，日本教育心理学会総会発表論文集，2007
(11) 本間啓二「高等学校における飲酒と健康の授業を通したディベート学習の展開」http://www2s.biglobe.ne.jp/~honma/resarch/sakedibate.html
(12) 小野浩一他「シンポジウムロールプレイングの理論と実際」，『応用心理学研究』28，日本応用心理学会，2002
(13) 渡辺弥生「社会的スキルおよび共感性を育む体験的道徳教育プログラム」，法政大学文学部紀要，2004年度
(14) 『実践力を育てる中学校保健学習のプラン』(財)日本学校保健会，2001
(15) 『意志決定・行動選択の力を育てる高等学校保健学習のプラン』(財)日本学校保健会，2001
(16) 情報化の進展に対応した初等中等教育における情報教育の推進等に関する調査研究協力者会議「情報化の進展に対応した教育環境の実現に向けて（最終報告）」，『中等教育資料』47，ぎょうせい，1998
(17) 田中雅章「調べ学習から体験学習への取り組み」，鈴鹿国際大学短期大学部紀要，2004
(18) 菅原仁子他「中学生の情報探索行動の分析」，『教育情報学研究』4，2006
(19) ジャン＝クロード・マリオン（美山節子訳）『はじめての発声法』音楽之友社，2003

5章
保健科教育の評価

1節　教育における評価の意義

　教育は，目標追求のための意図的行為であり，学習過程の確認や学習効果を確認することで，目標を吟味し，計画的な教育活動が実践できる。教育における評価（教育評価）は，それを方法化したもので，教育によって生じた学習，行動，人格などの変化を一定の価値基準によって判定し，結果を学習活動や学習指導に反映させていく一連の過程のことである。

　教育評価を広義にとらえていけば，学習者の実態に関する評価だけでなく，教育活動の内容，方法，学習教材や教師の諸特性，教育環境，カリキュラム，さらには教育の組織・運営などに関する問題も含まれてくることになる。

　しかし，教育評価の中心は，やはり，教育活動と直接的な関連をもつ学習者の実態に関する評価であり，学習指導に関連する評価の内容を中心に，ここでは取り上げていくことにする。

1．評価の機能

　評価は，教師が合理的で効果的な指導計画や指導方法などを明らかにするだけでなく，生徒自身が自己の学習課題や学習方法を明らかにするためのものでもある。そのため，評価を行う主体と対象の関係から他者評価，自己評価，相互評価に分け，その機能においても教師の側面からみた指導的機能と児童生徒の側面からみた学習的機能の面に分けて考えることができる。

(1) 指導的機能
1) 児童生徒の実態把握

　教師が授業を適切に計画し，効果的に実施していくためには，まず児童生徒の現在の状態を十分に把握しておく必要がある。児童生徒の発達段階や学習段階，知識理解の程度，学習レディネスなどについて事前の評価を通して実態を把握することで，児童生徒に合わせた指導計画を立てることができる。

2) 指導目標の修正

学習指導の経過においても，常に児童生徒の現時点での学習状況の正確な情報を収集し，それらの情報に基づいて，教師自身が自らの学習指導の効果を確認し，それまでの学習計画を再評価していく必要がある。この評価を通して，指導目標を吟味し，児童生徒の実態に合わせて目標に修正を加え，より現実的で効果的な指導ができるようにする。

3) 指導内容，方法の改善

指導目標の修正に合わせて，授業展開について再評価し，指導内容や指導方法を更に改善し，児童生徒の学習活動の修正を行わなければならない。このように，教師による授業評価や児童生徒の実態把握は，授業改善のための重要な活動である。

(2) **学習的機能**

1) 学習目標の明確化

学習評価により，児童生徒が設定された目標や課題に対して，どこまで到達できたかを把握することができ，学習活動の反省や確認の機会となり，その後の学習の目標を明確にすることができる。また，評価を通して，学習のねらいや目標を再確認することができ，学習内容の意味付け，価値付けが強化され，学習内容の定着化を図ることができる。

2) 学習への動機付け

評価を通して学習内容，学習方法などの学習過程が明らかになることで，目標や課題の達成に向かう意欲や動機を高めることができ，学習の効果を促進させる。また，児童生徒による相互評価として，学習の仲間からの情報や確認，コメントなども学習動機に有効に働くものである。

3) 学習状況の自己確認

学習目標の実現を目指して行われる学習活動にとって，決定的ともいえる重要な情報として評価がある。この評価活動によって，児童生徒の学習状況や学習条件に関する情報を収集，整理し，これを児童生徒にフィードバックする一連の手続きによって，学習状況の自己確認ができ，次の学習への準備と調節，軌道修正が行われる。

2．評価の役割

目標達成型の活動は，計画（PLAN）を立て，実践（DO）し，評価（SEE）し，それをもとに再び計画を立てるといった活動の流れをスパイラルにサイクル化していくことによって，目標達成へと活動を近づけていくことができる。計画段階における評価，実践段階における評価といったように，それぞれの段階における評価活動を学習活動の経過から考察すると，(1)診断的評価，(2)形成的評価，(3)総括的評価に分けられ，これらには，それぞれ固有の役割が認められる。

(1) **診断的評価**
　診断的評価は，指導に先立ち，学習者である児童生徒の現状を知り，指導計画や指導方法を構想するための準備としての役割があり，実態把握のための測定や情報収集としての性格をもつ。各種の習熟度テストや標準学力テストなどが測定的な評価であるが，これらの結果により児童生徒の学習レディネスの状況を把握，診断していくものである。この診断的評価の結果に基づいて，児童生徒の実態に合わせた目標を設定し，学習指導計画を立案していくようになる。

(2) **形成的評価**
　形成的評価は，指導過程，学習過程での評価であり，指導と学習活動がうまくかみ合っているかどうかを確かめ，習熟の段階に応じて指導計画や学習計画の軌道を修正したり，調整したりするものである。形成的評価は，結果が速やかにフィードバックされるところにその特徴があり，自己評価，他者評価，相互評価などによって行われる。特に近年，重視されている課題学習では，自ら設定した課題を達成する自己学習の形態をとるため，形成的評価は，学習活動の一環として欠くことのできない重要な位置づけとなっている。

(3) **総括的評価**
　総括的評価は，学習過程の終了時に学習成果を把握するために行うものであり，目標の全体を包括し，客観的で多面的，総合的に評価することが求められる。実際の評価場面としては，単元終了後のテストや，中間考査，学期末考査，学年末考査などがあげられる。

2節　保健科教育の評価の方法

　保健科教育（保健学習）の評価は，学習の評価として行われるものであり，児童生徒がどの程度，学習すべき内容を身に付け，学習の目標へ接近することができたかを明らかにし，その結果を次の学習計画や指導法の改善に役立てるために行うものである。更に，総括的に評価するだけでなく，学習状況のフィードバックとしての機能もあり，常に，指導目標や学習のねらいと直接結びついた観点となっている。

1. 評価の観点
　「保健」の目標については，個人生活及び社会生活における健康・安全に関する総合的な理解を通して，健康の大切さを認識し，健康なライフスタイルを確立する観点から，ヘルスプロモーションの考え方を生かし，生涯を通じて自らの健康を適切に管理し，生活行動や環境を改善していく資質や能力の基礎を培い，実践力を育成することを目指している。

したがって，保健学習の評価もこれらの考え方に対応したものでなければならない。このようなことから，保健学習の評価において特に重視すべき主な観点をあげれば，次のような項目が考えられる。

(1) 保健に関する基礎的・基本的事項の習得と定着を重視する。
(2) 学習過程において，自ら学ぶ意欲や思考力，判断力の育成を重視する。
(3) 意志決定や行動選択ができる実践力の育成を重視する。
(4) 課題意識をもって主体的に学習する過程を重視する。
(5) 生徒の課題解決能力と自己評価能力の育成を重視する。
(6) 生徒の興味・関心や適性を生かした学習活動を重視する。

2．評価の場面

学習の過程における評価は，一般的には学習の事前に行われる評価と指導過程の評価及び学習後の評価に分けられる。

(1) 事前の評価

事前の評価とは，授業の事前に行われるもので，生徒の実態を把握し，診断・検査を行う側面と教材構成，指導法の改善，修正を行う側面がある。単元，題材に対する生徒の認知面，情意面，生活行動面の現状を把握し，目標や指導内容に関連して調査・診断し，誤った認識や不足している知識，偏っている情報などを明らかにし，教材の選定や指導方法の改善に役立てる。

方法としては，簡単で客観的な選択方式のテスト，予習・復習的なレポート，既習事項の理解度，困難度，達成度を把握するレポート，学習事項の理解，認識に関わる記述式の質問紙法や口頭による質問などがあげられる。

(2) 指導過程における評価

指導過程における評価とは，学習過程の形成途上で行われるもので，次の学習活動が適切で有効に行われるために必要な修正部分を把握するものである。したがって，学習指導のそれぞれの過程において評価し，学習内容の理解や定着をみて，以降の指導の改善に役立てることが大切である。

1) 導入・はじめの段階

導入の段階においては，学習の目標や内容を明確にする必要がある。児童生徒が学習目標を意識的に理解しているか，課題意識をもっているかなどを発問，応答や観察の方法で評価する。また，教師自身の評価としては，実態の把握や指導計画の適切さをみるようにする。このようなことから，導入の段階の評価は指導過程における評価の第一歩であるといえる。

学習指導案においては、一般的には簡略化した時案で済ませているが、目標や内容については、できるだけ具体的に示すようにし、それが評価の観点を具体化することになる。

2) 展開の段階

展開の段階では、教師は主として説明、指示、発問、応答、示範などを行うが、これが適切に児童生徒に理解、学習されているかを把握する必要がある。児童生徒がどのような事柄でつまずき、誤解し、学習が停滞しているかを、速やかに把握し、指導・学習の進度や教材の内容の適否を評価する。

また、指導内容や方法の適切さについて、児童生徒からのフィードバックによって確認することも必要である。このフィードバックとは、児童生徒の表情、視線や態度、行動などから把握されたり、言語、コミュニケーションによる内容、学習ノート、作業、活動や反応の観察からも把握されたりすることができるものである。また、児童生徒自身による自己評価や相互評価も重要であり、児童生徒が自らの学習活動の内容や方法などを修正、調整し、改善していくことになる。

このように展開の段階で行われる評価は、事前の評価や事後の評価とは異なり、瞬間的な判断が要求され、教師と生徒及び生徒間の反応やコミュニケーションを中心に行われるものであり、児童生徒の反応、理解、認識の変化、行動の変化や喜び、楽しさ、満足感等について注意深い観察や洞察、経験によって把握されるものである。

3) 整理・まとめの段階

整理・まとめの段階では、学習した内容が、どれだけ目標に近づいたかを、学習のまとめとして確認することが必要である。学習課題や学習の目標を再確認することで、これまでの学習内容の定着化を図り、未達成の課題を次の学習課題の設定へと関連づけていくことも重要である。また、教師自身も指導計画や指導方法について、観察や児童生徒の自己評価を通して、適切に評価し、問題点を把握し、学習指導の修正、調整、改善をし、次の指導に役立てるようにする。

(3) 事後の評価

事後の評価は、総合的な学習の成果として行われるものであり、授業の後で実施したり、単元終了時や指導計画の区切り、学期末、学年末に行われたりする。これは一定期間の学習や指導の成果を把握し、評価を目的に行われ、主として知識・理解、技能、思考、判断などが評価の対象となり、総括的評価といわれている。

保健学習は、小学校、中学校及び高等学校を通じて、健康で安全な生活を営むのに必要な知的事項の理解を中心とし、それらを実践できる能力と態度を育てることを目指している。つまり、知識・理解を記憶され

習得されたという状態にとどまらないで，現在はもちろん将来においても健康・安全の問題に気付くとともに，科学的思考に基づく的確な判断と，自らの意志決定，行動選択の前提となる意欲を引き出す知的過程として位置づけている。したがって，健康の問題によりよく対処するための思考力，判断力，実践力を含む知的能力が評価できるものでなければならない。そのため，①基本的な概念や法則に関する知識，②事物・事象に関する知識，③健康問題の現象の把握と対処行動，④原理・原則と現実との相互関係，などに関わる理解について評価できるようにすることが大切である。

　客観的に測定することは困難であるが，興味・関心，学習・研究意欲，学習態度等も学習成果としてきわめて重要な項目であり，生徒の自己評価や相互評価なども取り入れ，多面的，総合的に評価する必要がある。

3．評価の方法

　保健学習の評価法における基本的な視点として捉えておかなければならないものに妥当性と信頼性がある。妥当性を追求するためには，①学習目標との適合性，②教育活動の究極の目標である人間形成との適合性，③目指すべき社会モデルとの適合性などが評価の基本的な視点として留意されなければならない。評価の信頼性とは，測定すべき内容がその評価法によって安定して抽出され，客観性をもった結果が得られるものか，といった視点で評価法を考察することである。保健科教育の目標に照らして妥当な評価項目か，また，信頼のおける結果が得られるかといった視点から，評価法を点検しておくことが必要である。

　次に学習評価の一般的な技法について述べることにする。

(1) 教師作成テスト

　教師作成テストは，学習指導を行った教師自身が問題を作成して，学習者の学力をテストによって評価する方法であるが，一般的にもっとも多く実施されている評価法である。

　教師作成テストの特徴は，教師自身が設定した学習目標が，学習指導によって，どの程度，達成できたかが解明できる点が長所といえる。短所としては，教師の個人的経験や能力によって，問題内容が左右されやすく，テストの信頼性や妥当性に問題が起きやすく，十分な検討が必要である。

1）　客観テスト

　客観テストは，判定しやすく，多くの範囲から幅広く出題でき，学習結果としての学力とテストとの関連性が高く，実施時間も少なく客観性も高い。しかし，思考力，判断力，実践力などを評価することは困難であり，知識の記憶に終始する可能性もあり，問題の作成と評価の方法に

は，十分に配慮しなければならない。客観テストには様々な技法があり，学習評価において活用される技法について述べることにする。

① 再生法：短い質問に答えるもので，記憶テストである。学習過程の段階で知識理解の定着を測定する場合などに利用価値が認められている。

② 多肢選択法：質問に対し3～5の似通った答を並記し，正しい一つだけを選ばせる。知識の範囲，理解度の測定に有効とされる。表，図，地図，グラフなどを示して，正しい数値を選ばせたりする形式もある。問題作成にかなりの時間と労力を要するので，既製テストが少なくないが，もちろん自作が望ましい。

③ 組合せ法：互いに関係のある2系列の事項を並記し，関係のある事項同士を結ばせるもの。記憶や知識の有無や正否の測定に適する。問題作成には，あまり時間や労力はいらないが，思考力よりも記憶力を要求する欠点がある。指示を明確にし，問題3～7，組合せ事項6～7程度にし，問題を均質にするとよい。

④ 真偽法・訂正法：短文の質問に○×のいずれかで答える記憶テストである。作成は簡単で題目選定範囲も広く，正否の判定が機械的に処理できるが，的確な問題が必要である。○×に加えて，×の語を訂正させる方式もある。

⑤ 短答法・完成法：短文の質問に数語で答えさせたり，文中に枠や下線で示された欠文を数語で埋めさせたりするものである。答を2～3の類似語から選ばせる方式もある。主に記憶の測定なので長文の答えは要求しない。

⑥ 配列法・作文法：配列法は，数個の語句を示し，これを適当に配列して論理の通った文章を作らせるものである。作文法は短文の適切な配列を要求するものである。関係の把握，原理の理解，考察の態度などの評価に適している。

2) 自由記述・論文テスト

教師の設問に記述で答える方式である。内容としては，総括を求める，解決させる，意義を尋ねる，意見を聞くなどがあり，単なる暗記では答えられず，設問に関連する広い領域の思考を展開させなければならない。知識が正しく理解と結びついているか否かを評価できるが，出題の範囲が狭く，採点者の主観によって解答の評価が左右されやすく，出題者にしか採点できない短所がある。そのため，設問の主旨を明確にし，採点のポイントを確立しておくことが大切である。

3) 観察法・面接法

① 観察法：学習ノート，報告書，発表資料などの制作物は，児童生徒の学習成果の表現として有力な評価資料である。更に，制作過程にお

ける意欲，態度や行動の観察とその記録は，健康・安全的態度・行動の評価資料とすることができる。また，応急手当の実習などにおいては，技能の習得状態を観察法によって判定し，評価していく。
② 面接法：面談による面接法が一般的に多く，面接者と被面接者が一定のテーマのもとに対面状況で話し合う。一斉での実施は難しく労力や時間を要するが，様々な評価場面で適用され，人間理解のためには有効な方法である。面接法には，診断的・調査的な面接と治療または問題解決的な面談があり，質問紙法，チェック・リスト法，行動観察法などと補完的に用いられることがある。

面接によって得られる評価上の手がかりは多いが，その反面，客観性に欠ける面があり，面接者の主観や偏見が入りやすい。

3節　評価・評定の記録

児童生徒の学習や教師による指導は，記録として残され，後の授業の改善や指導計画の改善に生かされなければならない。評価の記録は，児童生徒や保護者へ伝達されることによって，保護者に対して学校での学習状況のコンセンサスを図り，学習成果のフィードバックを通して，学習への振り返りと反省，その後の学習目標の設定へと役立てることができる。学校に残される記録の一つが公簿としての指導要録であり，伝達される記録の一つが通知表等である。

1．指導要録

指導要録は，教師の私的な記録ではなく，学校教育法施行令（31条），同法施行規則（12条の3，15条の4，15条の7）によって学校に備えなければならない公の記録，すなわち公的表簿である。

指導要録の様式は，学習指導要領の改訂に伴って改められているが，その機能には，指導のための記録簿としての機能と，外部に対する証明のための学籍簿としての機能がある。

2．通知表

通知表は，法律に規定されているものではなく，児童生徒の学習の状況や成果，あるいは行動，性格，健康などの状況を保護者に連絡し，学校と家庭との協力や連携を密にして，児童生徒についての理解を深め，教育の効果を高めることをねらいとして作成されているものである。したがって，評価の記録を保護者へ連絡する手段として存在し，客観的で学校として作成する公的な連絡方法といえる。

このように通知表は，地域や生徒の実態や学校の教育課程に合わせて，

保護者の立場からわかりやすく，知りたい事項が明記されていて，家庭での教育に役立つように創意工夫されていることが望まれる。

3．評価と評定

　観察，測定，テストで得られた資料の分析結果をもとに解釈し，一定の基準に基づいて質的に判断をしていくことを評価と呼ぶ。それに対して，あらかじめ設定した測定基準に基づいて対象を3段階，5段階などの一定範囲に定めた等級に置き換えることを評定という。これまで，評価について多く述べてきたが，成績判定のためには評定が使われ，指導要録や通知表に学習の成果として記載されるのは評定である。しかし，評定を下すときには，それまでの数多くの評価に基づいて，多面的，総合的に総括した学習の過程を反映させなければ，一連の学習の結果を評価したことにはならない。

　このようなことから，定期考査の結果と組み合わせて，①まとめのテスト，②単位時間内のテスト，③技能・技術（作品を含む），④レポートなど提出物の提出状況，⑤提出物の内容，⑥授業中の学習態度，⑦授業中の到達度や理解度などが評定の判定資料として取り上げられるようになることが望ましい。

　また，一人一人の成長の度合い（個人内評価）なども評価として取り上げられるようになれば，児童生徒の学習意欲も向上し，主体的な学習態度が育っていくのではないだろうか。

（本間啓二）

＜参考文献＞

(1) 吉田瑩一郎『新訂　保健科教育法』教育出版，1991
(2) 文部省『中学校保健体育指導資料　指導計画の作成と学習指導の工夫』東山書房，1991
(3) 文部省『高等学校保健体育指導資料　指導計画の作成と学習指導の工夫』海文堂出版，1992
(4) 梶田叡一『教育評価』有斐閣，1992
(5) 辰野千壽『新しい学力観に立った学習評価基本ハンドブック』図書文化，1993
(6) 武田眞太郎編著『保健科教育法』ぎょうせい，1995

6 章
学校における保健指導

1節　保健指導の考え方と進め方

1．保健指導の考え方

　保健指導という用語は，一般に発育・発達，老化などの年齢現象に伴う事柄や疾病・傷害の予防と治療に関する問題を，健康の保持増進の立場から指導することとして，専門的にも通俗的にも広く用いられている。そして，その内容としては発育や栄養に関する指導，一般の疾病・傷害や感染症の予防に関する指導など広範囲の内容が含まれるものとしてとらえられている。しかしながら，この用語も用いられる場や対象によってそのとらえ方にはかなりの差異が認められるのである。

　例えば，公衆衛生の分野では，「保健師助産師看護師法」に保健師や助産師の職務として保健指導が明記されているし，「母子保健法」や「児童福祉法」においても，妊産婦や児童に対する医師や保健所の保健指導が明文化されている。これらは，医療や看護の技術を基礎にした専門的技術者による保健指導であって，どちらかといえば保健管理に伴う保健指導と考えられるものである。

　学校教育においても，これらに類似したものに「学校保健安全法」があり，その第9条に，養護教諭その他の職員が連携して，健康相談または日常の健康状態の観察により，健康上の問題があると認められた場合の保健指導が規定されている。

　一方，学校教育の場における保健指導は，一般に health guidance，つまり，健康生活のための生活指導としてとらえられ，児童生徒が身近な健康の問題を自分で判断し，処理できるような実践的な能力や態度を育てることを目指している。このため，特別活動の学級活動・ホームルーム活動を中心に教育活動の全体を通じて個人及び集団を対象に計画的，継続的に指導が行われるようになっている。この後者の集団を対象とした指導が，昭和46年度から48年度にわたって逐年実施された小学校，中学校及び高等学校の学習指導要領において教育課程に基づく正規の教育活動（授業）として行われるようになっているのである。

(1) 学校における保健指導は，自分の健康に責任をもつ独立心と能力の育成を目指している

　学校における保健指導は，保健学習とともに保健教育の二大構成要素になっていることについては，すでに1章3節において述べたところである。

　それらのことを前提にしながら学校における保健指導の本質について考えてみると，「guidance とは，選択や適応をしたり，問題を解決するときに，人が人に与える援助である。guidance とは，受ける人が自己に責任をもつような独立心と能力を養うことを目指すものである。」(A. J. Jones) ということに帰結するのである。

　学校における保健指導は，これまでも学校における教育活動の全体を通じて，個人及び集団を対象にかなり熱心に行われてきた。しかし，それは一方的な行動の押しつけや知識の注入であったりすることが多く，必ずしも児童生徒がやる気を起こし，健康な生活の仕方を学びとらせるような指導ではなかったように思われるのである。

　したがって，児童生徒の実践意欲を誘発し，科学的で具体性のある問題解決の方法を学びとらせ，それらを日常生活で実践できる能力と態度を育てる保健指導は，ますます必要になってきているといえるのである。そして，今こそ，児童生徒一人一人が自分の健康に責任をもち，自分の力で問題解決のために行動できるような保健指導のあり方を構築することが重要になってきているのである。

(2) 学校における保健指導は，個人及び集団を対象として行われる

　保健指導は，health guidance として行われるものであるから，当面している健康の問題を賢明に判断し，解決することができるように支援することである。したがって，児童生徒一人一人が当面している問題の解決に生きて働くものでなければならない。

　とすれば，児童生徒が当面している健康の問題のうちでも，児童生徒の共通の問題として指導できるものは集団を対象に，その児童生徒だけの問題として指導したほうがよいと思われるものは個別的に個人を対象としてということになる。

　前者のような集団を対象とした指導が，特別活動の学級活動・ホームルーム活動，学校行事，児童会活動・生徒会活動で正規の教育活動（授業）として行われるようになっているのである。

　また，後者のように個人を対象として個別的に行われる指導は，学校における教育活動の適切な機会に学級担任，養護教諭，学校医，学校歯科医などによって行われるようになっているのである。

(3) 学校における保健指導は，計画的，かつ継続的に行われる

　個人及び集団を対象として行われる保健指導は，児童生徒が当面して

いる健康の問題を解決し，健康な生活を実践できるようにすることを目指している。したがって，特定の学年で，一度指導したからそれでよいというものではなく，第1学年で指導したことであっても，児童生徒の健康に関する行動上の問題に即して，さらに指導を積み上げていくということが必要になってくる。

また，学級活動やホームルーム活動で指導したことが日常生活に適用され，実践されているかどうか，もしも，そうでないとすれば，児童生徒の現実の姿に即して朝の時間などにくり返し行う日常的な指導も必要になってくる。

それゆえに，保健指導においては，計画的に行う指導とともに指導の継続性，累積性を重視することが必要になってくるのである。

(4) 学校における保健指導は，すべての教職員によって行われる

特別活動での学級活動・ホームルーム活動における指導は，学級担任によって，また，学校行事の健康安全・体育的行事における指導は，養護教諭をはじめとする関係教員，学校医，学校歯科医，学校薬剤師によって行われる。

また，個人を対象として個別的に行われる指導は，養護教諭，学級担任，生徒指導担当教員によって行われる。さらに，医療・歯科医療の専門家による指導が必要とされる場合には，学校医，学校歯科医によって行われるが，このような場合は健康相談（学校保健安全法第8条）として行われることが多く，学校における保健管理に伴う保健指導といわれるゆえんである。

このように，学校における保健指導は，すべての教職員によって行われるものであり，公衆衛生などの分野ではみられない特質があるものといえる。

(5) 家庭との密接な連携が必要である

児童生徒の健康の問題は，家庭生活を切り離しては論じられない。特に，健康にとって望ましい行動を身に付けさせるという観点からは，家庭の保護者との密接な連携を図ることなくしては，その成果を高めることはできないものといえよう。

したがって，学校における指導の考え方や方針が保護者によく理解され，そのことが児童生徒の家庭生活に反映されていくようにすることが重要になってくる。このため，学校参観日や学校だよりの活用をはじめ，PTA活動を通しての保護者の啓発が必要になってくる。特に，学校保健委員会の機能を見直して，学校と家庭を結ぶ組織と運営のあり方を再検討し，効果を高めるようにすることが必要である。

2. 保健指導の機会と指導の着眼点

指導をよりよく進めるためには，それぞれの教育活動の特質をよく理解し，指導の進め方の観点を明確にしておく必要がある。次の表6－1に保健指導の機会と指導の着眼点を示す。

表6－1　保健指導の機会と指導の着眼点

	保健指導の機会		指導の特質	指導の観点	摘　要
特別活動	学級活動 ホームルーム活動		児童生徒が健康な生活を実践できるよう，学級を単位として計画的，継続的に行う指導である。	児童生徒が当面している健康上の問題を内容とし，児童生徒が主体的に健康の問題を判断し，処理することができるように，計画的，かつ継続的に指導を行う。この場合，学校行事や日常指導との関連を密にして指導する。	適切な時間の確保とともに学級での指導がよりよく行われるよう，具体的な指導計画や資料を整えるようにする。
	児童会活動 生徒会活動		学校生活における健康に関する問題を話し合い，協力して解決するための実践的な活動を行う。	代表委員会，生徒評議会（中央委員会），保健委員会をはじめとする各委員会の活動を通して，児童生徒が自発的，自治的に学校生活における健康の問題を話し合い，協力して解決できるようにする。	
	学校行事	健康安全・体育的行事（保健に関する行事）	学年単位以上の全校的な集団活動に積極的に参加させ，行事の経験を通して，健康の重要性や自分の健康状態について理解を深めさせるための指導を行う。	健康診断，病気の予防等に関する行事の実施を通して，児童生徒が自分の健康状態，病気の予防などについて，一層望ましい態度や習慣を体得できるようにする。	
		保健に関する行事以外の学校行事	行事本来のねらいは他にあるものの，その行事の目標を達成するための配慮事項として指導が行われる。	健康安全・体育的行事の体育に関する行事，遠足（旅行）・集団宿泊的行事，勤労生産・奉仕的行事などの実施に伴って行われるものであり，他の教育活動で習得した健康に関する知識等の実践の機会となるようにする。	学級活動やホームルーム活動での保健指導で事前・事後の指導を適切に行い，効果を高めるようにする。

領域外における保健指導	個別指導	心身の健康に問題をもつ児童生徒の健康の回復や増進に対する指導を継続的に行うとともに，健康生活の実践に問題をもつ児童生徒の指導についても継続的に行うようにする。	学級担任，養護教諭，生徒指導担当教員によって，保健室，相談室，教室等において指導を行う。また，問題別に特定の児童生徒のグループをつくって指導することもある。	学校医，学校歯科医による健康相談との関連や，必要に応じ助言を求めるようにする。
	朝や帰りの時間など日常の学校生活における指導	日常の保健指導ともいえるもので，月や週の保健目標に即した指導や特定の個人を観察しながら指導を行うこともある。	学級担任をはじめ，全教員が共通理解を図って，共通の目的に向かって同じ立場で指導を行うようにする。	

2節　学級活動・ホームルーム活動における保健指導

　学級活動・ホームルーム活動における保健指導は，児童生徒の発達段階に即した「身に付けさせる指導」「実践を促すための指導」の場であると考えるのである。

　以下，筆者が作成に深くかかわった文部省（当時）や（財）日本学校保健会の刊行物を手がかりに指導の進め方について要説する。

1．小学校

　小学校における保健指導については，文部省から平成6年3月『小学校保健指導の手引（改訂版）』（大日本図書，以下「手引」という）が出され，目標と内容及び指導の進め方について指針が示されている。

(1) 保健指導の目標

　このことについては，「手引」に次のように示されている。

　健康な生活を営むために必要な事柄を体得できるようにし，積極的に健康を保持増進できる能力や態度を育てる。

① 心身の発育・発達，病気や異常など自分の健康状態を把握し，健康を保持増進できるようにする。

② 自分たちに多い病気や日常かかりやすい病気などの予防に必要な事柄を理解し，それを実践できるようにする。

③ 体や衣服の清潔，日常の食事，運動，休養など健康な生活の仕方について理解し，健康な生活を実践できるようにする。

④ ごみの処理や室内の空気など身近な環境と健康とのかかわりについて理解し，環境を維持・改善できるようにする。

すなわち，〔総括的な目標〕では，前段で「健康な生活を営むために必要な事柄を体得できるようにし」としているが，この場合の「体得」ということは，健康な生活を営むのに必要な事柄を会得して身に付けるということであり，会得ということは理解して自分のものにするということであるから，そこにはおのずから実践性が強く志向されていることはいうまでもない。

しかしながら，従前のように，単に健康な生活の行動様式を一方的に押しつけていくということではなく，児童生徒の発達の段階に即しつつ正しい理解の上に立って，健康に適した行動を選択し，それを実践できるように導くという考え方，つまり health guidance（健康生活のための生活指導）の理念が内包されているということである。

後段の「積極的に健康を保持増進できる能力や態度を育てる」ということについてであるが，この場合の「積極的」とは，児童生徒が意欲をもって主体的に進んでという意味であるのは当然として，ここでは保健の科学的原理・原則に基づいて不合理を是正し，自らの意志で合理的かつ能率的に健康に適した行動を具現できるようにするということを踏まえておかなければならない。

「能力や態度」については，「能力」をごく一般的に「何かをなし得る力」といったようにとらえると，保健指導の目標としての「能力」は，生涯を通じる健康に結びつく，健康に適した行動を主体的に選択し，日常生活に具現する力であるといえよう。

また，「態度」を「ある場面や対象に対して好意的，積極的または嫌悪的，消極的に反応する傾向」といったようにとらえると，その好意的・積極的に反応する行動の決定傾向を育むことは，行動化や行動の継続にエネルギーを与えることになるわけであり，実践化を目指す保健指導においては，望ましい態度への変容は不可欠な要素となる。

〔具体的な目標〕は，総括的な目標を受けて，次の4つの側面からとらえられている。

(1) 心身の発育，病気や異常など自分の健康状態の把握
(2) 児童に多い病気や日常かかりやすい病気などの予防
(3) 体や衣服の清潔，日常の食事など健康な生活を営むのに必要な基本的行動様式の体得
(4) ごみの処理や室内の空気など，身近な環境と健康とのかかわり

(2) 保健指導の内容

保健指導の内容は「手引」に6か年を通しての内容（p.7〜10）と発達段階別の内容（p.64〜75）が例示されている。したがって，各学校においてはこれらを参考にしながら，児童の実態に即して設定するようにする。

(3) 指導の進め方

　小学校の保健指導は，小学校学習指導要領総則第1の「3　体育・健康に関する指導」の趣旨からいって，特別活動の学級活動を中心に，教育活動の全体を通じて計画的にしかも継続的に指導を行い，健康な生活の実践力が身に付いていくようにするものでなければならない。

　小学校の保健指導を進めるうえで特に配慮したい事柄は次のとおりである。

① 　学級活動での保健指導は，低学年，中学年，高学年の発達段階に応じた指導ができるようにする。低学年では，基本的な行動様式を体験を通して理解させるようにし，中学年では，低学年で積み上げてきた行動の合理性を，なぜ・どうしてといった，ある程度科学的に理解させることが必要であり，また，中・高学年では保健学習との関連に留意し，学習した事柄が日常生活に生かされ，実践されるようにすることが大切である。

② 　学級活動では，1単位時間のほか，20分程度の指導についても計画的に行い，健康な生活の仕方が身に付いていくようにする。その意味では毎月1回は以上のような計画的な指導ができるようにする。

③ 　小学校では，特に朝や帰りの時間を活用した日常指導との関連を重視し，児童の現実の姿に即した継続的な指導ができるようにする。

④ 　押しつけになったり，内容を欲張って知識の注入に陥ったりしないよう問題解決的な指導過程を工夫する。

⑤ 　必要に応じ，養護教諭をはじめ学校医，学校歯科医，学校薬剤師の授業参加についても計画し，指導の効果を高めるようにする。

⑥ 　学級活動での保健指導では，なかなか身に付かない行動や学級活動の指導で取り上げることが適切でない問題をもった児童に対しては，養護教諭の協力を得て個別指導を十分行うようにする。

⑦ 　指導に必要な教具・教材は，計画的に整備し，活用する。

⑧ 　家庭との連携を密にし，児童の健康生活上の問題が解決されていくようにする。

2．中学校

　中学校の保健指導については，(財)日本学校保健会が文部省（当時）の委嘱によって作成した「中学校保健指導の手引」（平成2年3月）が指針になっている。

(1) 保健指導の目標

　現在及び将来にわたって生徒が直面するさまざまな心身の健康に関する問題について適切な対処の仕方を理解させ，健康な生活の実践に必要な態度や習慣

を養う。
(1) 中学生期の心身の発達や男女の特性について理解を深めさせるとともに，健康障害を防ぎ，健康の保持増進を図ることができる態度や習慣を養う。
(2) 健康の保持増進は，家庭や地域社会の人々の協力と，それらをとりまく環境を基盤にして成り立っていることを理解させ，生涯を通じて健康な生活を営むことができる態度や習慣を養う。

(2) 保健指導の内容
① 心身の発育発達と健康状態
　○健康診断の意義と受け方　○自分の身体の発育の仕方　○健康診断の結果の活用　○身体の発達の仕方　○二次性徴の発現と男性・女性　○心の発達の仕方　○不安や悩みとその解消の仕方　○友情と恋愛　○男女の相互理解と協力の仕方　○性の不安や悩みとその解消の仕方　○社会と性の問題　など
② 環境の改善
　○身のまわりの清潔と整理　○机，いすと学習能率　○照度・照明と学習の能率　○部屋の通風と換気の仕方　○空気の汚染と健康　○騒音と健康　○望ましい環境づくり　など
③ 疾病の予防
　○むし歯と歯周疾患の予防　○近視などの予防　○梅雨期の健康　○プールによる疾病の予防　○食中毒とその予防　○インフルエンザとその予防　○体の不調なときの対処の仕方　など
④ 健康な生活
　○体や衣服の清潔　○自分の食生活　○姿勢と学習の能率　○栄養，運動および休養などの調和　○旅行のときの健康な生活　○学習や作業と疲労　○疲労とその回復　○自分の生活目標に即した生活設計　○季節と健康の増進　など

(3) 指導の進め方
　中学校の保健指導は，中学校学習指導要領総則第1の「3　体育・健康に関する指導」の趣旨からいって，特別活動の学級活動を中心として，教育活動の全体を通じて計画的にしかも継続的に指導を行い，健康な生活に必要な実践力が身に付いていくようにしなければならない。
　中学校の保健指導を進めるうえで，特に配慮したい事柄は次のとおりである。
① 学級活動では，計画的な指導が少なくとも学期に2回はできるようにする。
② 学校行事では，健康診断などのほか保健に関する行事として学校医・学校歯科医・学校薬剤師をはじめ保健の専門家による講話，映画

会，生徒の意見発表会などを計画し，保健に関する意識が全校的に高められるようにする。
③　生徒会活動における保健委員会の活動が活発になるように指導する。
④　心身の健康に悩みや問題をもつ生徒の相談・指導が適切に行われるようにする。
⑤　学級活動では指導が，説教にならないように，また，知識の注入一辺倒にならないように，問題解決的な指導過程を工夫する。特に，指導に必要な教材・教具を整え，活用できるようにする。
⑥　学級活動での指導は，性の指導を含めて各学年年間6回程度は計画し，実施するようにしたいものである。表6－2は，日本学校保健会が作成した「題材及び内容」を引用したものである。

表6－2　学級活動の保健指導題材例

No	題材名	No	題材名
1	健康への出発 ―健康診断の意義と活用―	10	一生自分の歯で ―歯周疾患とその予防―
2	青春に向かって進め ―不安・悩みとその解消―	11	目は口ほどものをいい ―目の健康―
3	子どもから大人へ ―二次性徴を迎えて―	12	きこえることばのルート ―耳・鼻の健康―
4	かけがえのないもの ―生命の誕生―	13	意外と知らない生活リズム ―生活リズム―
5	あなたとわたし ―男女の人間関係―	14	知らなかったでは遅い ―タバコの害―
6	アンテナは正しく向けて ―性情報の正しい選択―	15	知るほどに増す恐さ ―薬物乱用の害―
7	すがすがしさを求めて ―学校の美化・清掃―	16	要は使い方次第 ―くすりの正しい使い方―
8	転ばぬ先の杖 ―予防接種の意義と正しい受け方―	17	かっこいいだけではない ―姿勢と健康―
9	あなたのDMF ―歯の大切さ―	18	正しく知ればこわくない ―エイズ―

(注)（財)日本学校保健会「中学校保健指導の手引」（一部改変）による。

⑦　養護教諭をはじめ，学校医，学校歯科医，学校薬剤師が guest teacher として参加できるようにする。

3．高等学校
　高等学校については，中学校の場合と同様に（財)日本学校保健会が文部省の委嘱によって作成した「高等学校保健指導の手引」（東山書房

昭和63年）が参考となる。
　したがって，この手引にそって目標，内容，指導の進め方について述べていくことにする。

(1) 保健指導の目標

> 　高校期に直面するさまざまな心身の健康に関する問題について，適切な対処の仕方を理解させ，健康な生活の実践に必要な態度や習慣を養う。
> 　(1) 高校期の心身の発達や男女の特性について理解を深めさせるとともに，健康障害を防ぎ，健康増進を図ることができる態度や習慣を養う。
> 　(2) 健康の保持・増進は，家庭や地域社会の人々の協力，それらをとりまく環境を基盤にして成り立っていることを理解させ，生涯を通して健康な生活を営むことができる態度や習慣を養う。

　保健指導の目標は，生徒のもつ心身の健康上の問題によって異なってくるものであるが，ホームルーム活動や学校行事などの教育活動の全体を通じて行われる保健指導の基本的な方向を示しているものであり，各学校で目標を設定する際の有力な手がかりとなるものである。

(2) 保健指導の内容

　内容は，2つの中間的な目標にそって次のように示されている。
① 自己の健康管理に関する領域
（ア）高校期の疾病や健康障害
　健康診断の結果などから，高校期の疾病や健康障害，あるいは問題行動に起因する健康破綻などについて理解を深めさせ，それらの予防が適切に行えるようにする。
（イ）健康な精神の育成
　高校期に直面する精神的課題を解決することや，行動に対して自己指導力を高めていくことは，健康な精神を養う基盤になることを理解させ，社会参加などの経験を通して，望ましい人間関係の確立が図られるようにする。
（ウ）男女の特性の相互理解
　男女の特性を理解し，相互に特性を生かし合うことは人間としての成長や社会の発展にも必要であることを認識させ，異性との交際が健全にできるようにする。
② 健康な生活の実践に関する領域
（ア）豊かな家庭の創造
　両親の相互協力により，家族の健康を保持増進し，健康な家庭を創造することの意義を理解させ，近い将来当事者になることを自覚させながら各自の家庭の健康問題を考え，その改善ができるようにする。
（イ）健康な環境づくり

身近な生活環境を見直させながら，人間の生存にとって望ましい環境を考えさせ，その改善や保全が適切に行えるようにする。

（ウ）健康増進への努力

健康の保持増進は，栄養・運動・睡眠など日常の健康な生活の積み重ねが重要であることを理解させ，高校期の生活の仕方を工夫して健康の保持増進ができるようにする。

これらの内容は，現在の高校生が当面していると考えられる問題が集約されており，各学校が内容を設定する際のよりどころになるものである。

(3) **指導の進め方**

高等学校においても，小学校，中学校と同様に，学習指導要領総則第1「3 体育・健康に関する指導」の主旨に基づき，特別活動のホームルーム活動を中心に教育活動の全体を通じて，計画的，組織的に指導を行うようにする。その際，特に次のような事柄に留意する。

① ホームルーム活動では，生徒の健康生活の現状からみて少なくとも各学年2回は，保健指導にかかわる題材（テーマ）を取り上げるようにする。

② 学校行事では，保健に関する行事としての健康診断などのほか，薬物乱用防止や喫煙や飲酒と健康などに関する専門家の講話や映画会，生徒の意見発表会などを計画し，全校的に健康意識が高められるようにする。

③ 生徒会活動における保健委員会の活動が活発になるようにする。

④ ホームルーム活動における指導が，知識の注入に終わることのないよう問題解決的な学習活動を工夫し，実践意欲を高め，望ましい行動を具現できるようにする。

⑤ 必要に応じ，養護教諭をはじめ，学校医，学校歯科医，学校薬剤師が，guest teacher として参加できるようにする。

⑥ ホームルーム活動で，3か年を通じて予想される題材名は表6－3のとおりである。

表6-3　ホームルーム活動題材例

No	題材名	No	題材名
1	健康診断とその活用	10	性情報の賢い選択
2	望ましい生活リズム	11	人間の幸福は望まれた出生から
3	卒業学年と健康	12	恐ろしいシンナー・ボンドの吸引
4	生き生きとした高校生活	13	ストップザ薬物
5	喫煙がもたらすもの	14	生きることの大切さ
6	エイズと人権	15	家族の健康づくり
7	忍びよる歯肉の病気	16	ボランティアから学ぶ
8	健康相談とその活用	17	学校清掃を考える
9	男女交際を考える	18	栄養・運動・睡眠の調和

(注)（財）日本学校保健会「高等学校保健指導の手引」（一部改変）による。

3節　学校行事における保健指導

1．学校行事における保健指導の特質

学校行事における保健指導については，要約すると次のような事柄をあげることができる。

(1) 学校行事は，学校が計画し，実施する教育活動であり，学校全体の確たる指導体制のもとに実施する必要があること。

(2) 全校または学年を単位とした大きな集団の活動であるので，全校的に健康に関する意識を高めることが可能であり，学級活動やホームルーム活動での保健指導の動機付けになること。

(3) 健康安全・体育的行事の保健に関する行事のように，行事本来のねらいが健康の保持増進にあって直接的に保健指導と結びつくものと，行事本来のねらいは他にあるものの，その行事の効果を高めるために行われる保健指導とがあること。

2．健康安全・体育的行事等における保健指導

健康安全・体育的行事には，保健に関する行事，安全に関する行事，食に関する行事及び体育に関する行事が含まれるが，直接保健指導を目的として行われるのは保健に関する行事である。

保健に関する行事としては，健康診断のための行事，生活習慣病の予防や薬物乱用防止等保健に関する意識を高める行事，勤労生産・奉仕的行事として行われる校内美化活動（大掃除など）をあげることができる。

(1) **健康診断**

児童生徒の健康診断は，学校保健安全法の規定に基づいて行われるものであるが，児童生徒が健康診断の体験を通して，自分の健康状態を具

体的に知り，健康の保持増進に対する意欲を一層高めるため，健康安全・体育的行事の内容として行うものである。

したがって，学校保健安全法施行規則に示されている検査項目のうち，学校行事として実施が可能な内容については，健康診断のための行事として計画し，学級活動やホームルーム活動，児童会活動・生徒会活動などの関連を図って効果的に行われるようにしなければならない。

(2) 病気の予防等保健に関する意識を高める行事

病気の予防等保健に関する意識を高める行事は，病気の予防や薬物乱用防止，環境の衛生や美化などに関し，全校的に意識を高めることをねらいとして，社会的な行事と関連づけて計画し，実施されることが多い。しかし，全国的に行われる社会的な行事の種類はきわめて多く，その効果を高めるためには，児童生徒や地域の実態に即して十分精選して実施するようにしなければならない。

また，行事の効果を高めるためには事前・事後，あるいは行事に関連した学級活動，ホームルーム活動での保健指導が十分行われるようにするとともに，児童会活動・生徒会活動との関連を図って児童生徒が積極的に参加するように配慮することが必要である。

(3) 大掃除

大掃除は，「日常の清掃で行きとどきにくい場所や施設用具などの清掃や整備に関心をもち，清潔で落ち着いた環境をつくる態度や習慣を養うとともに，集団活動を通して協力，責任，奉仕などの好ましい社会的態度を育てるという教育的意義をもつものである。」(「小学校保健指導の手引(改訂版) p.41」) したがって，健康安全・体育的行事にしろ勤労生産・奉仕的行事にしろ，学校行事における教育活動として実施する場合には，このような教育的観点に立って，計画的に行うようにしなければならない。

その際，児童会活動・生徒会活動や学級活動・ホームルーム活動との関連を図って，児童生徒の創意を生かした活動が見られるようにする。

また，児童生徒の活動意欲を高め，積極的な参加を促すためには，学級活動やホームルーム活動での保健指導を通して，大掃除のねらいや重点，方法などについて具体的に指導しておくことが大切である。

4節　児童会活動・生徒会活動における保健指導

1. 児童会活動・生徒会活動における保健指導の特質

児童会活動・生徒会活動における保健指導は，学級活動や学校行事のように教師が主体になって行うのではなく，児童生徒の発意を尊重した自発的，自治的な集団活動の過程を通して，保健に関する実践的な態度

や習慣を育てていくという特質をもつものである。

そのため，児童会活動・生徒会活動における保健指導は，体育科・保健体育科における保健学習や特別活動の学級活動・ホームルーム活動，学校行事における保健指導の発展・拡充の場となるものである。

2．児童会活動・生徒会活動における保健指導

児童会活動・生徒会活動は，全校児童生徒をもって組織し，学校生活に関する諸問題を話し合い，解決するための活動を行うものである。学校生活の中には，校内の美化や清潔，病気の予防，健康な生活，薬物乱用防止など保健に関する問題が多い。

これらの問題について，代表委員会・生徒評議会や各委員会の活動の中で話し合い，解決し，実践活動を行うのであるが，これらの活動を通して保健に対する意識や実践意欲を高めていくことになるのである。

(1) 代表委員会・生徒評議会（中央委員会）

代表委員会・生徒評議会には，各学級や各委員会から様々な問題が提起されてくる。例えば，保健に関する問題として，校舎内外の環境美化・清潔，プールの安全・衛生管理，健康な生活の実践に関する啓発，児童会・生徒会主催の保健に関する行事などを取り上げることが多い。

そこで，保健に関する問題を取り上げて話し合い，解決するための活動においては，単にきまりをつくることのくり返しにならないよう，問題の現状と原因の把握，問題解決のための方法，実践化を促すための各委員会で行うべき活動などについて話し合い，児童生徒が進んで健康で楽しい学校生活を創造していくことができるような指導がなされる必要がある。

(2) 委員会活動・保健委員会

委員会の活動は，各委員会が学校内の自分たちの仕事を分担処理し，学校生活を向上，発展させるための実践活動を行うものである。それには，一般に，児童生徒自らの手で実行し処理できる，新聞（広報），放送，図書，体育，保健（保健・安全），交通，美化，給食などの委員会がみられる。

保健に関する委員会には，保健委員会や保健・安全委員会のように直接保健に関する事項を扱う委員会と，新聞，放送などの各委員会のように本来の委員会活動に付随して保健に関する問題を扱う委員会がある。

　ア　保健委員会の活動内容
　　予想される主な活動内容としては，次のような事項が考えられる。
　○健康な生活を送るための努力目標やきまりの設定
　○健康診断の結果や健康な生活の実践に必要な情報の提供
　○健康な生活の実践を促すための広報活動

○病気の予防や薬物乱用防止に関する啓発活動
○全校児童生徒が健康な生活を送ることができるようにするための具体的な活動の実践（昼の歯みがきなど）

イ　保健委員会の実施計画

　児童生徒の自発的，自治的活動を活発にするためには，単に代表委員会・生徒評議会の決定に基づく活動にとどまることなく，委員会独自の立場からも実施計画を作成し，積極的に活動を行うことができるようにする必要がある。

　このため，年間の保健指導の重点や学校行事，前年度の活動の実際や今年度の活動の予想などについて，教師が資料を用意し，児童生徒の選択と発意を尊重しながら指導に当たることが大切である。

ウ　指導の観点

○保健に関する問題に，他の委員会との協調を図ることによって成果が高められるものが少なくないので，十分留意する。
○各委員会が定期的に集まり，活動について話し合うための時間は，時間割に位置づけておくなどはっきり設定しておく。
○児童生徒なりの活動の過程を尊重し，児童生徒自らの手によって成し遂げていく成功感，満足感が得られるような指導を大切にする。

(3) **集会活動**

　近年，児童会・生徒会の集会活動の内容として「健康づくり集会」「歯の保健集会」「薬物乱用防止集会」などといったように，保健や安全の問題が取り上げられるようになってきている。学校行事と異なって，児童生徒の発意で代表委員会・生徒評議会の議決や集会委員会の計画によって実施されるが，回数が少ないながらも児童生徒の健康に対する意識を高め，実践への決意を促すうえで価値の高い活動である。

5節　学校保健計画

1．学校保健計画の制度

　この計画は，学校保健安全法（平成20年法律第73号）第5条の規定によって策定し，実施しなければならないこととされている。

> （学校保健計画の策定等）
> 第5条　学校においては，児童生徒等及び職員の心身の健康の保持増進を図るため，児童生徒等及び職員の健康診断，環境衛生検査，児童生徒等に対する指導その他保健に関する事項について計画を策定し，これを実施しなければならない。

　そして，「学校保健法等の一部を改正する法律の公布について」とい

うスポーツ青少年局長通知（20文科ス第522号　平成20年7月9日）で，次のような留意事項を示している。

> 〈学校保健に関する留意事項〉
> (5)　学校保健計画について（第5条）
> 1　学校保健計画は，学校において必要とされる保健に関する具体的な実施計画であり，毎年度，学校の状況や前年度の学校保健の取組状況等を踏まえ，作成されるべきものであること。
> 2　学校保健計画には，法律で規定された①児童生徒等及び職員の健康診断，②環境衛生検査，③児童生徒等に対する指導に関する事項を必ず盛り込むこととすること。
> 3　学校保健に関する取組を進めるに当たっては，学校のみならず，保護者や関係機関・関係団体等と連携協力を図っていくことが重要であることから，学校教育法等において学校運営の状況に関する情報を積極的に提供するものとされていることも踏まえ，学校保健計画の内容については原則として保護者等の関係者に周知を図ることとすること。このことは，学校安全計画についても同様であること。

以上のことから学校保健計画を次のように受け止め，作成する必要がある。

(1)　保健管理だけでなく保健教育及び学校保健に関する組織活動を含む総合的な実施計画として作成しなければならないこと。
(2)　そのためには，学校安全の場合と同様に全体計画，年間を見通した総合的な基本計画としての年間計画及び活動ごとの展開計画の作成が必要であること。

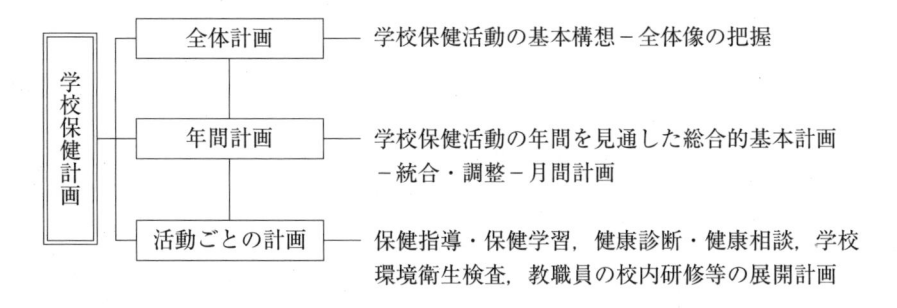

```
                ┌─ 全体計画 ──── 学校保健活動の基本構想－全体像の把握
学校保健計画 ───┼─ 年間計画 ──── 学校保健活動の年間を見通した総合的基本計画
                │                  －統合・調整－月間計画
                └─ 活動ごとの計画 ─ 保健指導・保健学習，健康診断・健康相談，学校
                                   環境衛生検査，教職員の校内研修等の展開計画
```

2．全体計画

　この計画は，学校安全の場合と同様に年度の基本構想を明らかにし，学校保健活動の全体像を全教職員が把握しやすいようにするために必要な計画である。したがって，学校教育目標，学校保健目標及び年度の重点，保健教育，保健管理，そして組織活動の重点内容を明示することに

なる。

3．年間計画

全体計画に基づいて作成されることになるが，従前から「学校保健活動の年間を見通した総合的基本計画」として作成されているもので，学校安全計画と同様に「統合と調整」の機能を有する最も重要な計画である。

(1) 計画の内容

計画に盛り込むべき内容は，以上のような考え方から保健教育，保健管理及び組織活動ということになるが，筆者らが作成に当たった『保健主事の手引（三訂版）』（(財)日本学校保健会，平成16年2月）に基本的な内容が例示されているので参考までに紹介する。

1　保健教育
  (1) 体育科・保健体育科での学年別・月別の保健学習の指導事項
  (2) 公民，理科，生活科，家庭科等関連教科における保健に関する指導事項
  (3) 総合的な学習の時間における保健に関する学習
  (4) 道徳の時間における保健に関連する指導事項
  (5) 学級活動・ホームルーム活動での月別・学年別指導事項
  (6) 学校行事の健康安全・体育的行事の保健に関する行事
  (7) 児童会活動・生徒会活動で予想される活動
  (8) 個別的な保健指導（心の健康に関する相談活動を含む）
  (9) その他必要な保健指導

2　保健管理
  (1) 健康観察や保健調査
  (2) 児童生徒の定期・臨時の健康診断
  (3) 健康診断の事後措置
  (4) 職員の健康診断
  (5) 学校保健安全法第8条の健康相談
  (6) 健康相談活動
  (7) 定期・臨時の学校環境衛生検査・事後措置
  (8) 学校環境の美化清掃
  (9) 身長，体重及び座高の測定
  (10) 伝染病・食中毒の予防措置
  (11) 児童生徒の健康に対する意識や生活行動に関する調査
  (12) その他必要な事項

3　組織活動
  (1) 教職員の学校保健に関する校内研修

```
(2) 保護者の啓発・連携
(3) 地域の関係機関・団体との連携
(4) 学校保健委員会・地域学校保健委員会
(5) その他必要な事項（学校保健活動の評価等）
                              （この項筆者が一部改変）
```

(2) 計画の様式と作成上の留意事項

① 計画の様式

様式については，学校安全計画と同様に法令上の規定がないので各学校において工夫して作成することになる。この計画の性格や盛り込まれる内容などから次のような様式を例示する。

〈学校保健計画（年間計画）の様式例〉

区分＼月	月の重点	学校保健関連行事等	保健管理		保健教育							道徳の時間	総合的な学習	組織活動
			対人管理	対物管理	保健学習		保健指導						
					体育「保健領域」	関連教科	学級活動・ホームルーム活動	個別指導	日常指導	児童会・生徒会活動			

（注）
・学校保健の重点，役割分担等の総括的な部分が，この様式の前に必要であるが，それは略す。
・保健管理の各欄には，健康診断，健康相談等のように活動名を書くようにする。
・保健学習の体育「保健領域」は，小学校の表示。中学校では，保健体育（保健分野），高校では，科目保健とする。
・縦書き又は横書きでもよいし，必要な項目を加えたり，細分化してもよい。
・高校は，道徳の部分を削除し，関連教科の中に公民を含む。

（『保健主事の手引（三訂版）』（財）日本学校保健会　平成16年2月より引用）

② 作成上の留意事項

1) 保健教育の欄の保健学習については，体育科・保健体育科の保健だけでなく理科，家庭等の関連教科における関連内容についても月別，学年別に取り上げるようにする。
2) 保健指導の学級活動・ホームルーム活動については，指導実践に着目して学年別に題材名を明らかにしておくようにする。
3) 個別指導・日常指導については，月の重点や学級活動・ホームルーム活動との関連から，実践化を促すための指導事項を取り上げておくようにする。
4) 児童会活動・生徒会活動で「予想される活動」は，組織活動でなく，保健指導に位置づけるようにする。それは，保健指導が目指している実践的態度や能力は，児童会活動・生徒会活動の保健に関する委員会

活動等における自発的・自活的活動を通じて，いっそう発展され，拡充されていくという考え方によるものであることに留意する。
5) 組織活動については，教職員の活動（校内研修・授業研究，保健部の動きなど），PTA保健部の活動や保護者の啓発活動，学校保健委員会や地域学校保健委員会などが取り上げられるようにする。

③ 学校保健（年間）計画の事例

参考までに，特別支援学校と高等学校の事例を紹介しておく。

　　事例1　東京都立小金井特別支援学校（pp.132～133参照）
　　事例2　香川県立高松西高等学校（pp.134～137参照）

(3) 月間計画

年間計画に基づく月間計画を作成し，学校保健活動の充実に成果をあげている学校は少なくない。年度初めに年間計画を配布しただけでは年度の途中で忘れられてしまうことも多く，月間計画はどうしても必要だといえる。したがって，年間計画の場合と同様に保健主事・保健主任が中心となって作成することになる。

4．活動ごとの計画

活動ごとの計画としては，次のような事柄が考えられる。

(1) 学級活動・ホームルーム活動における保健指導の年間指導計画
(2) 保健指導の題材ごとの指導計画
(3) 定期・臨時の健康診断実施計画
(4) 定期・臨時の学校環境衛生検査及び日常点検実施要領
(5) 健康観察実施要領
(6) 清掃活動実施要領
(7) その他必要な活動

（吉田瑩一郎）

<参考文献>
(1) 江口篤寿, 吉田瑩一郎編著『学級における保健指導の展開』帝国地方行政学会, 1973
(2) 吉田瑩一郎編著『保健・安全・学校給食・性の指導と展開』(学年別全6巻), ぎょうせい, 1977
(3) 吉田瑩一郎, 藤井真美編著『現代学校保健全集第4巻 保健指導』ぎょうせい, 1982
(4) 吉田瑩一郎, 西連寺愛憲編著『新しい歯の保健指導の授業と展開』ぎょうせい, 1997
(5) 文部省『小学校歯の保健指導の手引(改訂版)』東山書房, 1992
(6) 文部省『小学校保健指導の手引(改訂版)』大日本図書, 1994
(7) (財)日本学校保健会編『中学校保健指導の手引』第一法規, 1991
(8) (財)日本学校保健会編『高等学校保健指導の手引』東山書房, 1987
(9) 文部科学省『「生きる力」をはぐくむ学校での歯・口の健康つくり』(社)日本学校歯科医会, 2005
(10) 文部科学省『小学校学習指導要領解説 特別活動編』東洋館出版, 2008
(11) 文部科学省『中学校学習指導要領解説 特別活動編』ぎょうせい, 2008
(12) 文部科学省『高等学校学習指導要領解説 特別活動編』海文堂出版, 2009

<事例1> 平成20年度　学校保健計画

		年間目標	児童生徒が自ら健康管理し、生きる力の基礎・基本を培えるように指導・支援する。				
		月	4	5	6	7・8	9
		保健目標	健康診断を受けよう	見つかった病気を治そう	からだや衣類を清潔にしよう	外遊びや水遊びを安全にしよう	けがの予防に努めよう
		給食目標	新しい環境での給食に慣れよう		手をきれいに洗おう		何でも食べよう
		学校行事	入学式・始業式 離任式 保護者会	全校交流運動会 家庭訪問	移動教室（小6） 社会見学（中1・2・3）		修学旅行（中3）
保健管理	保健行事	健康診断	内科健診、結核（全） 耳鼻科健診（全） 歯科健診（中） 心電図検査（小・中1） 尿検査（全） 寄生虫卵検査（小1・2・3） 眼科健診（全）	歯科健診（小） 尿検査（2次） 耳鼻科健診（予備）	宿泊前健診（小6） 視力検査（全） 聴力検査（全）	脳波検査（該当者）	宿泊前健診（中3） 整形外科健診（該当者）
		月例	身体測定	発育測定 清潔検査 療育相談	発育測定 清潔検査 療育相談	発育測定 清潔検査 療育相談	身体計測 清潔検査 療育相談
	健康管理		・保健資料把握 ・新入生健康管理 ・諸帳簿作成 ・測定器点検 ・健診時事後措置 ・測定結果のまとめ ・日本スポーツ振興センター（加入手続き） ・緊急時対応児童生徒把握、面談（始）	・定期健康診断事後措置 ・治療状況の把握 ・診療情報提供書まとめ ・医療配慮児童生徒一覧表作成	・治療状況の把握 ・食中毒予防 ・プール前の健康管理 ・運動会前の健康管理 ・非常災害時薬の回収 ・宿泊前の健康管理	・宿泊前の健康管理 ・2次検査（精検）や治療の勧め ・水泳の健康管理 ・1学期のまとめ（健康手帳の返却）	・休業中の健康状況の把握 ・水泳の健康管理 ・宿泊前の健康管理
	健康相談				・精神科校医による医療・療育に関する相談（毎月1回）		
	環境・安全管理	日常	飲料水検査	飲料水検査	飲料水検査	飲料水検査	飲料水検査
		薬剤師	年間計画打ち合わせ	給食室衛生検査	照度検査 黒板の管理	プール水質検査	調理室衛生検査
		その他		保健所プール点検	職員向け救急法講習会		プール点検（業者） ホルムアルデヒド点検
保健教育	保健学習	全体			手洗い学習		
		小低	(小2)清潔な生活習慣を身につける。(小3)自分の役割を意識し、係の仕事や家庭でのお手伝いを進んでやる。				
		小高	(小5)生活年齢および児童一人一人の心身の発育・発達に応じ、全教育活動を通して、日常生活の基礎的・基本的事項を身につけ (小6)自他の性の認識を持つ。生命の尊さ、身体的精神的な成長を感じる。男女の人間関係のあり方を知る。家族や社会の一員と				
		中	自分の身体を大切にし、身だしなみを整え、清潔に保とうとする気持ちを育てる。係や当番活動を通して自分の役割を果たし、友				
	保健指導	集団	・健康診断に基づく事後措置	・運動会に伴う保健指導	・宿泊前の保健指導 ・プール前の指導	・夏休み中の健康管理 ・宿泊前の保健指導	・宿泊前の保健指導 ・ケガの予防（応急処置）
		個別	・未健診者への指導 ・治療勧告者への指導 ・生活習慣に関する指導			・治療の必要性と通院計画について	・測定結果に基づく指導 ・（集団指導に準ずる）
組織活動	保健給食部	保健	・保健行事計画、実施 ・救急法計画	・救急法実施、反省 ・治療勧告者への対応 ・バンビ料理教室計画	・治療勧告者への対応 ・保健講演会準備	・保健講演会準備 ・バンビ教室実施（保護者対象）	・学校保健委員会
		給食	・アレルギー、特別食実態把握、食堂の整備、試食会準備		試食会	バンビ教室（保護者向け）	
	学校保健委員会				第1回実施		
	給食運営委員会						年1回実施、
	防災委員会						総合避難訓練、備蓄医薬
	家庭との連携			・保健だより　・健康相談　・健康観察　・入学式、宿泊前説明会　・必要時、保護者会で保健関係の				
	地域との連携				関係機関との連携（医療機関、都保健所、各市保健所・			

註：(財)日本学校保健会　「21世紀・新しい時代の健康教育推進学校の実践」—第7集—（平成21年3月）より引用

6章 学校における保健指導

東京都立小金井特別支援学校

①自分の心身の健康を知る。②自分の心身の健康を守る。③自分の心身の健康をつくる。

10	11	12	1	2	3
目を大切にしよう	歯を大切にしよう	風邪の予防に努めよう	手洗い・うがいを積極的にしよう	正しい生活習慣を身につけよう	健康・安全生活ができたか反省しよう
よく噛んで食べよう	良い姿勢で上手に食べよう		決まりを守り上手に後片づけをしよう		
遠足（小低）遠足（小高）社会見学（中1）	移動教室（中2）	学習発表会 移動教室（小4・5） 修学旅行（小6）	移動教室（中1）	社会見学（中2・3）遠足（小4・5）	遠足（小4・5）予備
歯科健診（全）眼科精密検査（該当者）歯科指導（小2, 3, 4, 5, 6, 中1, 2, 3）	宿泊前健診（中2）歯科指導（全）	宿泊前健診（小4・5）歯科指導（小1、中1）整形外科健診（該当者）	宿泊前健診（中1）		
発育測定 清潔検査 療育相談	発育測定 清潔検査 療育相談	発育測定 清潔検査 療育相談	身体計測 清潔検査 療育相談	発育測定 清潔検査 療育相談	発育測定 清潔検査 療育相談
・宿泊前の健康管理 ・歯科健診事後措置	・宿泊前の健康管理 ・歯科健診事後措置	・冬季保健対策 ・風邪等状況把握 ・高等部入学相談用資料作成 ・次年度行事計画 ・次年度予算計画	・冬季保健対策 ・風邪等状況把握 ・次年度行事計画 ・次年度予算計画 ・次年度歯科保健計画	・冬季保健対策 ・風邪等状況把握 ・次年度行事計画 ・次年度予算計画 ・就学関係対応 ・診療情報提供書、学校生活管理指導表配布	・冬季保健対策 ・風邪等状況把握 ・就学関係対応 ・1年間の来室統計 ・学校保健計画案作成 ・保健室経営案作成 ・保健関係文書検討 ・新入生把握 ・個人ファイル整理 ・卒業生への記念品作成
・養護教諭による必要に応じての健康相談（随時）					
飲料水検査	飲料水検査	飲料水検査	飲料水検査	飲料水検査	飲料水検査
照度検査 黒板の管理	給食室の衛生検査	空気検査	空気検査	給食室衛生検査	医薬品点検 次年度計画案
→	歯科学習 ———	———	→		

させるようにする。集団生活の場を通して，生命の尊さ，相手や自分の立場を理解し，互いに協力して役割や責任を果たせるようにする。
しての自分を考える。

達とも協力して活動できる力をつける。思春期の心身の変化に対応した身辺処理のスキルを獲得する。

10	11	12	1	2	3
・宿泊前の保健指導 ・目の健康について	・宿泊前の健康管理 ・歯科健診事後措置 ・歯科保健指導	・歯科保健指導（歯科校医・歯科衛生士） ・冬休中の健康管理	・風邪とインフルエンザの予防 ・手洗い，うがいの励行	→ ・生活習慣病の予防	・1年間の反省と次年度について ・卒業後の健康管理について ・春休中の健康管理
			・測定結果に基づく指導		→
・学校保健委員会 反省、記録の配布	・歯みがき指導計画	・次年度行事，予算計画 ・講演会準備（保護者）	・次年度行事，予算計画	・保護者向け保健講演会	・今年度の反省と次年度の計画
				アレルギー食調査	
					第2回実施

食品選定委員会
品の管理，預かり薬の管理
説明　・肥満指導（バンビ教室）・保護者向け保健講演会，歯科講話　・学校保健委員会（2回開催）
保健センター，児童相談所，こども家庭支援センター等）

<事例2> 学 校 保 健

学校保健目標：健康な学校づくり―自分の健康に関心をもち，自ら健康課題を見つけ，進んで健康つくりに

	月の重点目標	関係行事	保健管理		保	
			対人管理	対物管理	保健	
					科目	保健
4	健康診断から，健康状態を把握する	入学式 始業式 定期健康診断 面接週間① 学年団引継ぎ会 生徒支援委員会（特別支援教育） 職員健康診断（間接撮影） 衛生委員会（労働安全衛生法） 現職教育（特別支援教育）	・定期健康診断の計画と実施 ・保健関係諸帳簿の整理 ・保健調査票の整理 ・心臓病調査票の整理 ・心臓，腎臓，糖尿病管理票整理 ・小，中学校健康診断票整理 ・健康観察 ・健康相談活動 ・健康相談 ・職員健康診断票作成	・衛生備品，消耗品の整備充実 ・計量器定期検査 ・保健室の整備 ・大掃除 ・校内衛生点検	1年（週1時間×35） 2年（週1時間×35） 〈1年〉健康の考え方 　　　健康の成り立ちと取組み 〈2年〉思春期と健康	
5	疾病予防と早期発見に努める	定期健康診断 体育祭 生活・学習時間調査① 更衣移行期間 授業公開週間① 生徒支援委員会（特別支援教育） 教育実習生受入期間 意見・態度・悩み調査（PST）	・定期健康診断の実施と治療勧告 ・独立行政法人日本スポーツ振興センター災害共済給付加入手続き ・自己理解アンケート ・健康観察 ・健康相談活動 ・健康相談	・光化学スモッグ対応 ・水質検査 ・水道水定期検査 ・プール清掃 ・プール安全点検 ・プール水質検査 ・大掃除 ・除草① ・校内衛生点検	〈1年〉私たちの健康のすがた 　　　生活習慣病の予防 〈2年〉性の関心・欲求と性行動の選択 　　　妊娠・出産と健康 　　　（養護教諭兼職発令授業）	
6	疾病治療に努める	定期健康診断 宿泊学習（1年） 修学旅行（2年） 遠足（3年） 総合体力大会 通学路清掃奉仕活動① スクールミーティング 生徒支援委員会（特別支援教育） 衛生管理者研修会	・定期健康診断の実施と治療勧告 ・宿泊学習，修学旅行前事前保健調査 ・教室冷房使用時の健康観察 ・健康観察 ・健康相談活動 ・健康相談 ・校内LANによる保健情報の提供	・光化学スモッグ対応 ・食中毒警報対応 ・ウォータークーラー定期検査 ・衛生害虫駆除 ・プールの美化 ・プール安全点検 ・プール水質検査 ・校内衛生点検	〈1年〉食事と健康 　　　運動・休養と健康 〈2年〉妊娠・出産と健康 　　　避妊法の選択と人工妊娠中絶 　　　（養護教諭兼職発令授業）	
7・8	熱中症予防	球技大会（クラスマッチ）① 学習合宿（3年） 高校野球応援 献血活動 血液センター見学会 保護者懇談会 生徒支援委員会（特別支援教育） 現職教育（救急法・AED使用法） 職員健康診断（一般） 衛生委員会 スクールミーティング② 終業式	・疾病治療の継続 ・学習合宿事前保健調査 ・熱中症対策 ・教室冷房使用時の健康観察 ・健康観察 ・健康相談活動 ・健康相談 ・学校保健統計のまとめ ・校内LANによる保健情報の提供	・光化学スモッグ対応 ・食中毒警報対応 ・教室の空気検査①（ホルムアルデヒド） ・ダニアレルゲン検査 ・水質検査 ・プールの衛生管理 ・プール安全点検 ・プール水質検査 ・大掃除 ・校内衛生点検	〈1年〉喫煙と健康 　　　飲酒と健康 〈2年〉避妊法の選択と人工妊娠中絶 　　　（養護教諭兼職発令授業） 　　　結婚生活と健康	
9	生活習慣の確立	始業式 西高祭 生活・学習時間調査② 学校保健委員会① 生徒支援委員会（特別支援教育） 職員健康診断（婦人）	・生活習慣の確立 ・西高祭の保健衛生調査 ・教室冷房使用時の健康観察 ・定期健康診断治療状況調査 ・健康観察 ・健康相談活動 ・健康相談 ・校内LANによる保健情報の提供	・光化学スモッグ対応 ・水質検査 ・簡易専用水道法定期検査 ・プールの衛生管理 ・プール安全点検 ・プール水質検査 ・大掃除 ・除草② ・校内衛生点検	〈1年〉薬物乱用と健康 　　　健康と意志決定・行動選択 〈2年〉加齢と健康 　　　保健サービスとその活用	

年間計画（平成21年度）
取り組むことができる生徒を育成する—

香川県立高松西高等学校

保健教育				総合的な学習の時間（健康の分野）	組織活動
学習（教科）	保健指導（特別活動）				
関連教科	ホームルーム活動	学年	生徒保健委員会活動		
家庭（家庭基礎）〈1年〉共に生きる　食べる〈2年〉食べる	交通安全教室（LHR）世界保健デー（SHR）未成年者飲酒防止強調月間（SHR）	1全全	・年間活動計画，役割分担・健康診断の準備・保健だよりの発行・学校医だよりの発行	1年・マイドリームプロジェクト（MDP）とは何か2年・自己生活管理3年・現代的課題別探究	教職員保健部会・学校保健計画についての理解・確認・役割分担について・学校医と年間計画の検討・職員研修PTA保健委員会・前年度の総括と今年度の活動内容の確認地域連携（学校サポーター）・年間計画打ち合わせ
家庭（家庭基礎）〈1年〉共に生きる　食べる〈2年〉食べる	世界禁煙デー（SHR）ゴミゼロの日（SHR）	全全	・健康診断の準備・水質検査・体育祭救護係・保健だよりの発行・学校医だよりの発行	1年・職業研究2年・自己生活管理3年・現代的課題別探究	教職員保健部会・定期健康診断実施の援助・体育祭の援助・プール入水確認PTA保健委員会・PTA総会地域連携（学校サポーター）・性教育打ち合わせ（思春期WG）
理科（生物I）〈2年〉生殖と発生家庭（家庭基礎）〈1年〉豊かな生涯へ	歯の衛生週間（SHR）世界環境デー（SHR）HIV検査普及週間（SHR）ダメ！ゼッタイ！（薬物）普及運動（SHR）食育月間	全全全全	・健康診断の準備・防災訓練救護係・水質検査・西高祭（保健展）ヘルスチェック計画，立案・教室冷房使用時の室温確認・保健だよりの発行・学校医だよりの発行	1年・社会人講師と語り合う会2年・自己生活管理3年・現代的課題別探究	教職員保健部会・学校保健委員会の準備・防災訓練救護班打ち合わせPTA保健委員会・献血活動について・血液センター見学打ち合わせ地域連携（学校サポーター）・性教育打ち合わせ（思春期WG）
理科（生物I）〈2年〉生殖と発生家庭（家庭基礎）〈1年〉豊かな生涯へ〈2年〉食べる	愛の血液助け合い運動月間（SHR）鼻の日（SHR）	全全	・球技大会救護係・献血推進活動（街頭キャンペーン）・血液センター見学・水質検査・西高祭（保健展）ヘルスチェック打ち合わせ・教室冷房使用時の室温確認・保健だよりの発行・学校医だよりの発行	1年・社会人講師と語り合う会2年・ロジカルソートI（論理的思考）3年・現代的課題別探究	教職員保健部会・保健統計のまとめ・学校保健委員会の準備・ピアサポート活動①・職員研修PTA保健委員会・献血活動援助・血液センター見学・心肺蘇生法講習会（AED）地域連携（学校サポーター）・西高祭（保健展）ヘルスチェックの打ち合わせ
理科（生物I）〈2年〉生殖と発生家庭（家庭基礎）〈1年〉豊かな生涯へ	薬物乱用防止教室（LHR）結核予防週間（SHR）防災の日（SHR）救急の日（SHR）	3全全全	・水質検査・西高祭（保健展）ヘルスチェック開催・西高祭救護係・教室冷房使用時の室温確認・保健だよりの発行・学校医だよりの発行	1年・大学学部研究・職業研究2年・ロジカルソートI（論理的思考）3年・現代的課題別探究	教職員保健部会・学校保健委員会の開催・性教育講演会打ち合わせ・西高祭（保健展）ヘルスチェック機器の借り入れPTA保健委員会・西高祭（保健展）ヘルスチェックの参加・健康を考える会打ち合わせ地域連携（学校サポーター）・西高祭（保健展）ヘルスチェックの援助

	月の重点目標	関係行事	保　健　管　理		保	
			対人管理	対物管理	保健	
					科目　保健	
10	目の健康に留意	健康を考える会（食堂試食会） 生徒支援委員会（特別支援教育） 更衣移行期間 衛生委員会 地域学校保健委員会	・健康の増進 ・健康観察 ・健康相談活動 ・健康相談 ・保健調査票の整理 ・校内LANによる保健情報の提供	・水質検査 ・大掃除 ・照度，騒音，黒板検査① ・衛生備品点検 ・校内衛生点検	〈1年〉感染症の予防 　　　性感染症・エイズの予防 〈2年〉医療サービスとその活用 　　　健康で安全な社会づくり	
11	健康増進と維持管理	スクールミーティング③ 面接週間② 生活・学習時間調査③ 健康相談月間① 授業公開週間② 職員健康診断（大腸） 生徒支援委員会（特別支援教育）	・健康の増進 ・健康観察 ・健康相談活動 ・健康相談 ・職員健康診断結果のまとめ ・校内LANによる保健情報の提供	・水質検査 ・大掃除 ・校内衛生点検	〈1年〉性感染症・エイズの予防 　　　医薬品と健康 〈2年〉大気汚染と健康	
12	インフルエンザ予防に努める	学校保健委員会② 通学路清掃奉仕活動② 特別支援学校交流会 スポーツメンタルトレーニング① 保護者懇談会（1・2年） 現職教育（教育相談） 生徒支援委員会（特別支援教育） 衛生委員会 終業式	・健康の維持管理 ・健康観察 ・健康相談活動 ・健康相談 ・校内LANによる保健情報の提供	・水質検査 ・大掃除 ・校内衛生点検	〈1年〉欲求と適応規制 　　　心身の相関とストレス 〈2年〉水質汚濁，土壌汚染と健康	
1	寒さへの体力増強	始業式 保護者懇談会（3年） 生徒支援委員会（特別支援教育） スポーツメンタルトレーニング②	・生活習慣の確立 ・健康観察 ・健康相談活動 ・健康相談 ・校内LANによる保健情報の提供	・水質検査 ・教室の空気検査②（トルエン） ・大掃除 ・校内衛生点検	〈1年〉心の健康のために 　　　交通事故の現状と要因 〈2年〉環境汚染を防ぐ取組み	
2	心身の健康生活の実践	推薦入試学力検査 学校保健委員会③ 生活・学習時間調査④ 健康相談月間② 生徒支援委員会（特別支援教育） スポーツメンタルトレーニング③ 3年生自宅学習開始 衛生委員会	・健康の維持管理 ・健康観察 ・健康相談活動 ・健康相談 ・校内LANによる保健情報の提供	・水質検査 ・照度，騒音，黒板検査② ・校内衛生点検	〈1年〉交通事故を防ぐために 　　　応急手当の意義と日常的な応急手当 〈2年〉ごみの処理と下水道の整備 　　　食品の安全を守る活動	
3	1年間の健康生活の反省	卒業式 球技大会（クラスマッチ）② 身体計測 高校入試学力検査 合格者召集周知会 終業式 生徒支援委員会（特別支援教育）	・健康観察 ・健康相談活動 ・健康相談 ・年度末統計処理 ・諸表簿の整理 ・新年度健康診断準備 ・校内LANによる保健情報の提供	・水質検査 ・清掃用具等の点検・整備 ・大掃除 ・机，椅子の整備 ・校内衛生点検	〈1年〉心肺蘇生法の原理と手順 　　　心肺蘇生法のおこない方 〈2年〉働くことと健康 　　　働く人の健康づくり	

健　　教　　育				総合的な学習の時間	組織活動
学　習（教科）	保　健　指　導（特別活動）			（健康の分野）	
関連教科	ホームルーム活動	学年	生徒保健委員会活動		
理科（生物Ⅰ）〈2年〉生殖と発生　遺伝家庭（家庭基礎）〈1年〉豊かな生涯へ　食べる	性教育Q&A（LHR）目の愛護デー（SHR）薬と健康の週間（SHR）	2全全	・水質検査・球技大会救護係・課題研究テーマ検討・保健だよりの発行・学校医だよりの発行	1年・大学訪問，取材，体験学習・記録，資料のまとめ2年課題研究・保健，医学，看護，薬学の探究（グループ活動）3年・ロジカルソートⅡ（論理的文章構築）	教職員保健部会・学校保健委員会の開催・性教育講演会実施PTA保健委員会・学校保健委員会参加・性教育Q&A参加・健康を考える会実施地域連携（学校サポーター）・性に関する悩み相談打ち合わせ（思春期WG）・性教育Q&A援助
理科（生物Ⅰ）〈2年〉生殖と発生　遺伝家庭（家庭基礎）〈1・2年〉食べる	換気の日（SHR）トイレの日（SHR）インフルエンザ対策（SHR）	全全全	・水質検査・課題研究テーマ決定・保健だよりの発行・学校医だよりの発行	1年・発表スライド原稿作成2年課題研究・保健，医学，看護，薬学の探究（グループ活動）3年・ロジカルソートⅡ（論理的文章構築）	教職員保健部会・性に関する悩み相談援助・ピアサポート活動②PTA保健委員会・健康を考える会反省会地域連携（学校サポーター）・性に関する悩み相談実施（思春期WG）
理科（生物Ⅰ）〈2年〉遺伝家庭（家庭基礎）〈2年〉食べる	世界エイズデー（SHR）インフルエンザ対策（SHR）	全全	・水質検査・教室の換気・課題研究調査開始・特別支援学校交流会参加・保健だよりの発行・学校医だよりの発行	1年・研究成果発表会2年課題研究・保健，医学，看護，薬学の探究（グループ活動）3年・ロジカルソートⅡ（論理的文章構築）	教職員保健部会・PTA新聞投稿・ピアサポート活動③・職員研修PTA保健委員会・PTA新聞投稿地域連携（学校サポーター）・活動報告会（思春期WG）
理科（生物Ⅰ）〈2年〉遺伝家庭（家庭基礎）〈1・2年〉食べる※空弁当箱感謝日	換気の意義（SHR）インフルエンザ対策（SHR）	全全	・水質検査・教室の換気・課題研究調査まとめ・保健だよりの発行・学校医だよりの発行	1年・個人発表（パワーポイント）2年・課題研究のまとめ	教職員保健部会・学校保健委員会の準備PTA保健委員会・学校保健委員会打ち合わせ地域連携（学校サポーター）・性に関する悩み相談打ち合わせ会（思春期WG）
理科（生物Ⅰ）〈2年〉遺伝家庭（家庭基礎）〈1・2年〉食べる※空弁当箱感謝日	レクリエーション活動（LHR）生活習慣病予防習慣（SHR）薬物乱用防止広報強化月間（SHR）	1・21・2全	・水質検査・教室の換気・学校保健委員会研究発表・保健だよりの発行・学校医だよりの発行	1年・課題研究発表見学2年・課題研究発表会	教職員保健部会・学校保健委員会の開催・性に関する悩み相談援助PTA保健委員会・学校保健委員会参加・今年度の反省と次年度の引継ぎ事項のまとめ地域連携（学校サポーター）・性に関する悩み相談実施
家庭（家庭基礎）〈1年〉食べる	身体計測（LHR）耳の日（SHR）世界結核デー（SHR）子ども予防接種週間	1・21・21・2全	・水質検査・球技大会救護係・教室の換気・保健だよりの発行・学校医だよりの発行・健康生活のまとめと次年度の計画	1年・相互評価と自己評価・次年度への考察2年・相互評価と自己評価・次年度への考察	教職員保健部会・球技大会援助・年度末統計・年間評価と次年度の方針・学校医との次年度計画検討地域連携（学校サポーター）・今年度の反省と次年度の引継ぎ事項のまとめ

7章
学校における安全教育

1節　概説

1．戦前の安全教育

　1872（明治5）年から1945（昭和20）年に至るいわゆる戦前の学校安全は，修身や国語の教科書教材として地震，台風，火災など非常災害発生時の心得や文部省通達による事故防止対策が中心であった。

　教科書教材としては，修身科の沈着・冷静の教材として国定教科書が供給されるようになった1911（明治44）年から，第3学年で「ものごとにあわてるな」の題目で，火災や地震のときの安全な行動の仕方が扱われていた。また，国語科においても明治以来「雷の落ちた話」（3年），「火事」（4年），「水見舞い」「稲むらの火」（5年），「天気予報と暴風警報」（6年）などの題目で，気象災害や火災に関する教材が扱われていた。

　さらに，火災，地震，台風等の非常災害防止に関する文部省の省令・通達の代表的なものとして，次のような対策をあげることができる。

　すなわち，明治初期の1890（明治23）年に改正された「小学校令」（勅令第115号）では，伝染病その他非常変災時の学校の一時閉鎖に関する規定が設けられ，また，翌1891年の「小学校設備準則」（文部省令第2号）において，校地・校舎の安全に関する設備基準が初めて設けられている。1907（明治40）年には，「学校ニ於ケル火災予防及生徒避難ノ方法等ニ関スル注意事項」が文部省普通学務局長通牒として出され，消防及び避難などに関する災害防止対策が示されている。

　大正から昭和初期においては，1915（大正4）年に文部省普通学務局長通牒で，理科実験時の災害防止に関する配慮事項が示され，また，1924（大正13）年には，文部次官通牒で刃物の携帯を禁じた「生徒児童戎器携帯取締方」が出されている。

　さらに1934（昭和9）年には，室戸台風による学校被害の教訓から「非常災害ニ対スル教養ニ関スル件」（文部省訓令第14号）が出され，火災，地震等の災害に関する詳細な対策が示されている。とくにこの訓令では，非常災害に関する教育を各関係教科目において行うことや避難訓練の実施方法，学校の設備に関すること，教員の心得などについてかなり具体

的に示していることが注目される。また，同年9月には「学校建築物ノ営繕並ニ保全ニ関スル件」(文部省訓令第15号)で，学校の設置場所，校舎の構造等，学校建築物の維持管理について要綱が定められている。

2．学校安全の成立

「安全」の用語が，学校教育関係法令に初めて登場したのは，1947（昭和22）年に公布された「学校教育法」である。すなわち，同法第18条の小学校教育の目標の一つとして「(7) 健康，安全で幸福な生活のために必要な習慣を養い，心身の調和的発達を図ること」が規定され，学校における安全教育が学校教育の重要な目標となったのである。(この規定は，現在学校教育法第22条の義務教育の目標の第8号として「健康，安全で幸福な生活のために必要な習慣を養うとともに，運動を通じて体力を養い，心身の調和的発達を図ること。」とされている。)

その後，1959（昭和34）年12月に公布され，1960（昭和35）年3月1日から施行された日本学校安全会法によって，法律上初めて「学校安全」の用語が用いられ，定義づけられるに至ったのである。すなわち，「日本学校安全会法（第18条）」において，「安全会」は，その業務の一つとして，①学校安全（学校における安全教育および安全管理をいう）の普及充実に関すること，②学校の管理下における児童・生徒等の災害に対する災害共済給付の事業を行うことが規定された。さらに同法の附則（第12条）により，文部省設置法の一部が改正され，文部省体育局の所掌事務に学校安全（学校における安全教育及び安全管理をいう）に関する事務が規定されるに至ったのである（文部省設置法第11条1のロ，現在は文部科学省設置法第4条第12項）。

学校における安全教育と安全管理を包括する学校安全は，このような法令上の位置づけによって学校保健の領域としてではなく，独立した領域となり，国がその充実強化を図ることとなったのである。したがって，学校安全の成立は，「日本学校安全会法」によってもたらされたものといえるのである。なお，日本学校安全会法は，行政改革に伴い現在は，「独立行政法人日本スポーツ振興センター法」に統合されていることを付記しておく。

3．安全の概念

通常われわれが用いている「安全」の概念は，国語辞典にみられるような「安らかで危険のないこと。平穏無事，物事が損傷したり，危害を受けたりするおそれのないこと。」(広辞苑第6版　岩波書店)，「身（組織体）に危険を，物に損傷・損害を受けるおそれがない状態（様子）。」(新明解国語辞典　三省堂) などとされている。

しかしながら，そのような状態は人間と人間をとりまく環境との関係において，どのようにして具現されるものであるかということになると，必ずしも明確な定義とはいえない。この点で，フロリオの「安全とは，危険の可能性をのぞき，事故を除去することを目的とする人間の行動の変容により生じた状況，あるいは状態である」または，「危険の可能性をのぞき，事故を除去することを目的とする物理的環境の設計により生じた状況，あるいは状態である」とする安全の定義は，学校における安全教育を考えるに当たって注目に値するものといえよう。

　まさに，安全な状態の具現には，危険の可能性を除き，事故を除去することを目的とする人間自体の行動の変容と，物理的環境の設計が必要条件となるわけである。したがって，われわれが「安全」であるためには，われわれ自身が安全にとって望ましい行動を常に具現することであり，また，一方においては，われわれの存在する環境が安全に保たれていなければならないのである。

4．学校安全の概念とその内容

　学校安全は，文部科学省設置法（第4条第12項）及び日本体育・学校健康センター法（第20条の4）において，「学校安全（学校における安全教育と安全管理をいう）」とされているが，フロリオの定義にみられる前段の概念は安全教育に，後段の概念は安全管理に相当するものといえる。したがって，学校における安全，すなわち学校安全は，児童生徒の安全にとって望ましい行動の変容に必要な態度や能力を育てる安全教育と，児童生徒の安全を確保し，学校教育の円滑な実施とその成果の確保に資する安全管理から成るものであり，両者の有機的関連における一体的な推進によって，児童生徒の安全を具現していくものでなければならない。

　このような学校安全の考え方や内容が，初めて文部省（当時）の刊行物によって示されたのは，1975（昭和50）年8月「中学校安全指導の手

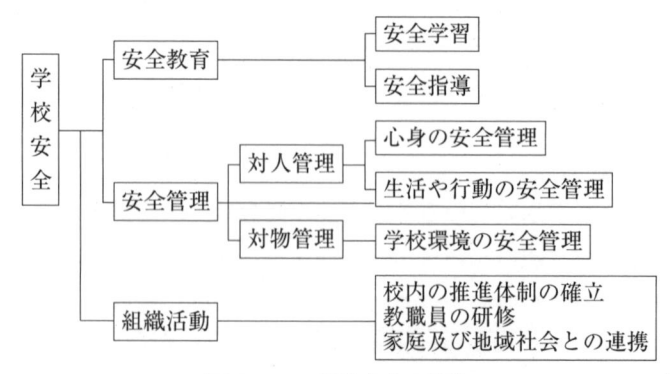

```
                          ┌─ 安全学習
              ┌─ 安全教育 ─┤
              │           └─ 安全指導
              │
              │           ┌─ 対人管理 ─┬─ 心身の安全管理
学校安全 ─────┼─ 安全管理 ─┤           └─ 生活や行動の安全管理
              │           └─ 対物管理 ─── 学校環境の安全管理
              │
              │                        ┌─ 校内の推進体制の確立
              └─ 組織活動 ─────────────┤─ 教職員の研修
                                       └─ 家庭及び地域社会との連携
```

図7－1　学校安全の構造

引」が発刊されたときであり，現在の『「生きる力」をはぐくむ学校での安全教育』(文部科学省　平成13年11月)に継承されている。

安全教育は，安全にとって望ましい行動の変容に必要な知識や技能を習得させるための安全学習と，安全に関する原理原則を具体的な行動の場面に適用し，常に的確な判断のもとに安全な行動ができる態度や能力を養う安全指導とが考えられる。

安全学習は，教育課程においては，各教科，特に，体育科の保健領域及び保健体育科の保健分野(高等学校においては「科目保健」)を中心に行われ，安全指導は，特別活動の学級活動，ホームルーム活動及び学校行事を中心に行われるものである。また，特別活動の児童会活動・生徒会活動においても，児童生徒の自発的，自治的活動の過程を通して安全指導が行われる。さらに，教育課程には含まれないが，安全指導としてきわめて重要な個別指導についても考えていかなければならない。

```
           ┌─ ○体育科の保健領域(3年～6年)，
           │   保健体育科の「保健分野」「科目保健」
   ┌ 安全学習─ ○関連教科における安全に関する学習
   │       ├─ ○「総合的な学習の時間」における安全に関する学習
   │       └─ ○自立活動における安全に関する学習
安 │┈┈┈┈┈┈ 道徳
全 │       ┌─ ○学級活動・ホームルーム活動における安全指導
教 │       ├─ ○学校行事等における安全指導
育 │       ├─ ○児童会活動，生徒会活動，クラブ活動における安全
   │       │   指導
   └ 安全指導─ ○学級(ホームルーム)等における個別の安全指導
           ├─ ○部活動等の課外における安全指導
           └─ ○日常の生活における安全指導
```

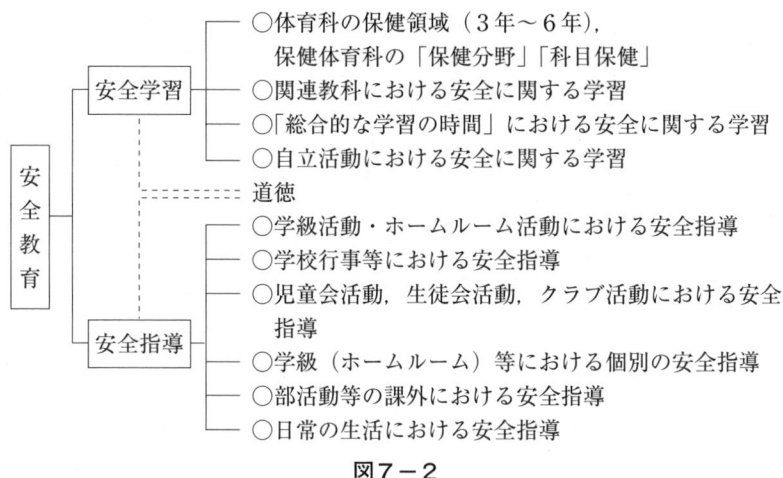

図7－2

安全管理については，対人管理と対物管理の大きく2本の柱が考えられるが，対人管理の内容としては，事故発生の要因に結びつくであろう心身の状態の把握，分析，日常の行動観察，救急処置と緊急時の救急体制の確立などの心身の安全管理と，学校や校外の生活における行動の規制を中心とする生活の安全管理がある。また，対物管理の内容としては，校舎内外の施設・設備の安全点検と事後措置，情緒の安定を図るための学校環境の美化などが考えられる。

さらに，このような安全教育と安全管理を効果的に推進するためには，校内の教職員の推進組織の確立と安全に関する校内研修，家庭や地域社会との連携を図るための適切な**学校安全の組織活動**が必要である。

```
              ┌─ 心身の安全管理 ─┬─ 事故災害発生の要因となる心身の状態の把握・分析
              │                 ├─ 日常の行動観察
      ┌ 対人管理┤                 └─ 救急処置と緊急時の救急体制
      │       │
安全   │       └─ 生活の安全管理 ─┬─ 学校生活（各教科，特別活動その他休憩時，放課後
管理 ──┤                          │   等）の安全
      │                          └─ 校外生活（通学の安全，遊びや運動のとき）の安全
      │
      └ 対物管理── 環境の安全管理 ─┬─ 校舎内外の施設設備の安全点検（定期・臨時・日常）
                                  │   と事後措置
                                  └─ 学校環境の美化等情操面への配慮
```

図7－3

```
       ┌─ ○教職員の推進組織の確立と安全指導・応急手当・防災等の研修
組織    ├─ ○保護者の啓発活動
活動 ──┤─ ○家庭・地域社会と連携した防犯，防災，交通安全などに関する活動
       └─ ○学校間，家庭・地域の関係機関・団体等との連携を密にするため
           の学校安全委員会等の開催
```

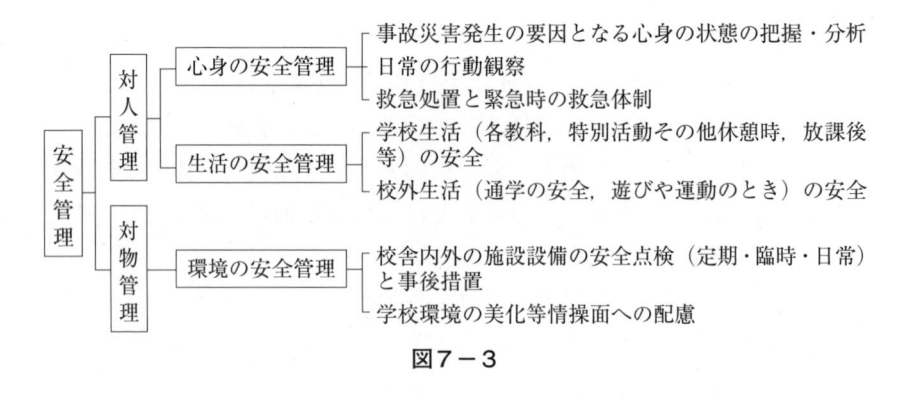

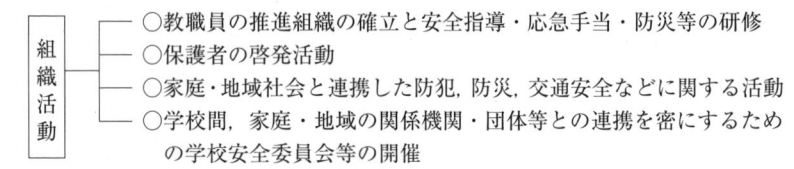

図7－4

5．安全教育における「態度」と「能力」

　安全教育は，安全学習と安全指導とによって，望ましい行動の変容に必要な態度と能力を育てるものであることについては，すでにふれてきたところであるが，安全教育の方向をより鮮明に把握するためには，ここでいう態度と能力とは何かについて検討してみる必要がある。

(1) 安全教育における「態度」について

　「態度」とは，一般に「なんらかの場面に，あるいは物事に関連して，われわれが持っている外的行動への傾向」とか，「永続的でない瞬時の心構え，あるいは意志・意向などの行動の決定傾向」と解されている。したがって，ある場面や対象に対して好意的，積極的または嫌悪的，消極的に反応する傾向であるとすることができよう。

　この好意的，積極的な態度が行動化や行動の継続のエネルギーを与えることになるわけであり，これを「能力」との関係でいえば，もてる能力を発動させるエネルギーとなるものである。この意味で，行動化を最大の課題とする安全教育においては，安全にとって望ましい態度を身に付けさせることはきわめて重要なことといわなければならない。

(2) 安全教育における「能力」について

　「能力」とは，ごく一般的には「何かをなしうる力」といったような意味で用いられているが，ここでいう安全教育によって養われる能力も，安全に行動できる力というように解してよいであろう。しかし，「安全に行動できる力」とは何かを解明するためには，人間行動の特性について考えてみる必要がある。

1) 人間行動の特性

われわれ人間は，周囲のいろいろな環境の変化に応じて，それを利用したり，そこから生じてくるいろいろな障害に対処しながら生の営みをつづけている。外部環境を積極的に利用したり，それに対処していくためには，環境の状況やその変化のようすを，より正確に，より迅速にキャッチし，これに対して適切な判断をくだし，適応行動を起こし，よりよい行動を生み出していく能力が備わっていなければならない。このような生の営みを支配し，推進していく原動力が，脳神経系であり，その中心的役割を果たしているのが大脳の新皮質系の働きである。

すなわち，図7-5のように，環境の状況やその変化を受容器（感覚器）を通して刺激・情報として受け入れ，それを新皮質で知覚し，理解し，記憶されている情報をもとにして処理し，判断し，見通しを立て，適切な指令を効果器（運動器官・手足など）に送り，適応行動，創造的行動を営んでいるのである。もしもこの際，効果器の反応に錯誤があれば，それは再び情報としてフィード・バックされ，補正反応が行われる。

しかし，このような人間・機械系（Man-Machine System）のしくみは，常に機械のように正確に働くとは限らない。われわれの行動には，感情，情緒などの情動の中枢を掌る大脳辺縁系の働きも作用するわけであり，

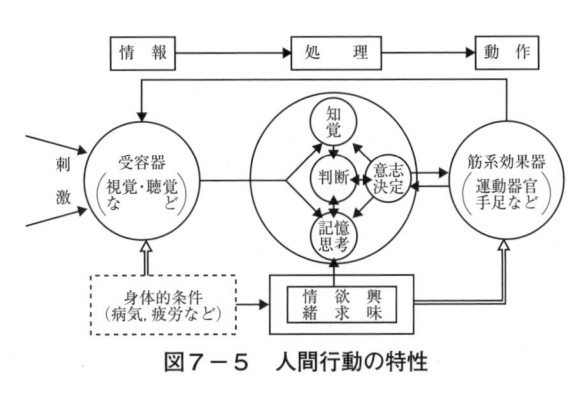

図7-5 人間行動の特性

これらは，多分に変動因子としての作用をもつものである。これがため，知っていても行動に移さないとか，興奮して平静を失っているときには，信号を見落としたり，前方の歩行者に対する注意力の配分を怠り，事故に至ることもありうるわけである。

また，疲労やかぜなどの原因によって視覚，聴覚や関節，筋の感度がにぶり，操作の失敗を招き事故に至ることもありうるわけである。

2) 安全の能力

須藤・大場・詫間らは，安全能力の要素として，「身体・運動」「知能・知識」「情緒・性格」「規範・道徳」をあげている。このことを，人間行動の特性に照らして考えてみると，**身体・運動**の要素は，外部環境からの刺激・情報を感覚器官を通して大脳の新皮質の頭頂・後頭連合野で知覚したり，新皮質の運動野から送られる指令に従って筋系を操作したりといったような，情報の処理と運動の発現に重要な役割をにな

うものである。したがって、目、耳などの感覚器官をはじめ身体全体の健康を保持すること、及び巧緻性、敏しょう性などの調整力を高めることは安全のうえからもきわめて重要であり、保健管理や体育活動の充実を図ることは、ここでも大切になってくる。

「知能・知識」の要素は、情報を的確に認知し、判断するといういわば具体的な行動場面における適応行動や創造的な行動につらなる情報の処理と判断の能力を意味するものであり、特に「判断」については新皮質前頭連合野が深く関与する。ここでいう「知識」とは、いま述べたような適応行動と創造的な行動を生みだすための知識であるから、単に、安全の規則や安全行動の方法などの安全に関する原理原則を理解させるにとどまらず、そのような原理原則を具体的な行動場面にどのように適用させるか、という応用の仕方を、正しく理解させるものでなければならない。したがって、このためには、行動場面における危険を予測し、どのような行動が安全かを見通す力、すなわち洞察力を高めることが重要になってくる。この意味において、「知識」の要素は、各教科における安全学習と特別活動の学級活動・ホームルーム活動における安全指導と密接な関係をもつものといえよう。

「情緒・性格」の要素は、外部環境からの情報を的確に処理し、判断し、安全な行動を具現するためには常に落ち着いた冷静な行動が必要であり、同時にどんなに急いでいるときであっても、自己の欲求を制御できる強い意志力を身に付けていることが重要である。このことは、すでに述べた「身体・運動」「知能・知識」に関する能力を引き出すための前提ともなるものであり、安全な行動を生み出すためのきわめて重要な要素といえよう。したがって、このためには、安全教育としてよりは、むしろ生徒指導をはじめとする学校におけるあらゆる教育的機能を動員して、情緒の安定を図ることや望ましい性格の形成にあたることが必要になってくる。

また、この要素は、学校のみならず両親の養育態度等、家庭の果たす役割が大きく、学校と家庭の密接な提携をもとに進めることが特に大切となるのである。

「規範・道徳」の要素は、道徳的情操ともいえるものであり、常に社会的規範や規則を遵守し、他人に迷惑をかけないという道徳的価値観の体得を意味するものであり、道徳の時間における指導や学校の教育活動全体を通じて行われる道徳教育のもつ役割は、きわめて大きいものといわなければならない。

われわれが、常に安全な生活を営んでいくためには、以上のような要素を具備していなければならないわけであるが、これらは、児童生徒の全人格の発達に深くかかわるものであり、学校におけるすべての教育活

動を通じて培われなければならないものといえる。
　しかしながら，体育科や保健体育科で保健学習として行う安全学習と，特別活動における学校行事や学級活動・ホームルーム活動等で行う安全指導において，それらのすべての能力を体得させることは事実上困難である。したがって，このような安全学習と安全指導においては，特に第2番目にあげた「知識」的要素にかかわる「能力」を育てることが中心となるのである。

2節　安全教育の目標・内容

1．安全教育の目標

　学校における安全教育の目標については，『「生きる力」をはぐくむ学校での安全教育』（文部科学省）に全体的な目標と各校種ごとの目標が示されている。

(1) 全体的な目標

> 　日常生活全般における安全確保のために必要な事項を実践的に理解し，自他の生命尊重を基盤として，生涯を通じて安全な生活を送る基礎を培うとともに，進んで安全で安心な社会づくりに参加し貢献できるような資質や能力を養う。

(2) 具体的な目標

> ア　日常生活における事件・事故災害や犯罪被害等の現状，原因及び防止方法について理解を深め，現在及び将来に直面する安全の課題に対して，的確な思考・判断に基づく適切な意志決定や行動選択ができるようにする。
> イ　日常生活の中に潜む様々な危険を予測し，自他の安全に配慮して安全な行動をとるとともに，自ら危険な環境を改善することができるようにする。
> ウ　自他の生命を尊重し，安全で安心な社会づくりの重要性を認識して，学校，家庭及び地域社会の安全活動に進んで参加し，貢献できるようにする。

　さらに，児童生徒等の発達段階ごとに指導の重点が示されているので紹介しておく。

安全教育の各領域の内容

> (1) 生活安全に関する内容
> 　日常生活で起こる事故の発生要因と安全確保の方法について理解し，安全に行動ができるようにする。
> 　ア　学校（園）生活や各教科，総合的な学習の時間などの学習時における危険の理解と安全確保
> 　イ　児童（生徒）会活動やクラブ活動等における危険の理解と安全確保
> 　ウ　運動会，校内競技会等の健康安全・体育的行事における危険の理解と安全確保

エ　遠足・旅行・集団宿泊的行事，勤労生産・奉仕的行事等学校行事における危険の理解と安全確保
　　オ　始業前や放課後等休憩時間及び清掃活動等における危険の理解と安全確保
　　カ　登下校（園）や家庭生活などにおける危険の理解と安全確保
　　キ　野外活動等における危険の理解と安全確保
　　ク　事故発生時の通報と応急手当
　　ケ　窃盗(せっとう)，誘拐(ゆうかい)，傷害などの犯罪に対する適切な行動の仕方など，学校や地域社会での犯罪被害の防止
　　コ　携帯電話やコンピュータ等の情報ネットワークによる犯罪被害の防止と適切な利用の必要性
　　サ　施設設備の状態の把握と安全な環境づくり

(2) **交通安全に関する内容**
　　様々な交通場面における危険について理解し，安全な歩行，自転車・二輪車等の利用ができるようにする。
　　ア　道路の歩行や道路横断時の危険の理解と安全な行動の仕方
　　イ　踏切での危険の理解と安全な行動の仕方
　　ウ　交通機関利用時の安全な行動の仕方
　　エ　自転車の点検・整備と正しい乗り方
　　オ　二輪車の特性の理解と安全な利用
　　カ　自動車の特性の理解と自動車乗車時の安全な行動の仕方
　　キ　交通法規の正しい理解と遵守(じゅんしゅ)
　　ク　運転者の義務と責任についての理解
　　ケ　幼児，高齢者，障害のある人，傷病者等の交通安全に対する配慮
　　コ　安全な交通社会づくりの重要性の理解と積極的な参加

(3) **災害安全に関する内容**
　　様々な災害発生時における危険について理解し，正しい備えと適切な行動がとれるようにする。
　　ア　火災発生時における危険の理解と安全な行動の仕方
　　イ　地震・津波発生時における危険の理解と安全な行動の仕方
　　ウ　火山活動による災害発生時の危険の理解と安全な行動の仕方
　　エ　風水（雪）害，落雷等の気象災害発生時における危険の理解と安全な行動の仕方
　　オ　放射線の理解と原子力災害発生時の安全な行動の仕方
　　カ　避難所の役割と避難経路についての理解，避難の仕方
　　キ　災害に対する備えについての理解
　　ク　地域の防災活動の理解と積極的な参加
　　ケ　災害時における心のケア

2．安全教育の内容

　学校における安全教育の内容は，児童生徒等の事故災害の実態等に即して設定する必要がある。このため，従前の文部省作成の小学校，中学校の安全指導の手引においては，生活一般の安全の領域，交通安全に関する領域，そして自然災害などの発生時の安全に関する領域に大別し，「生活安全」「交通安全」「災害安全」から構成することとされていた。この考え方は，平成13年の指導資料においても継承され，各学校段階を通じる基本的な内容を次のように例示している。

発達段階ごとの指導の重点

幼児		日常生活の場面で，安全な生活習慣や態度を身に付けることができるようにする。また，危険な場所での行動や事件・事故災害時には，教職員や保護者の指示に従い行動できるようにするとともに，危険な状態を発見したときには教職員や保護者など近くの大人に伝えることができるようにする。
小学生	低学年	低学年では，安全に行動することの大切さを理解し，安全のためのきまり・約束を守ることや身の回りの危険に気付くことができるようにする。また，危険な状態を発見した場合や事件・事故災害発生時には，教員や保護者など近くの大人に速やかに連絡し，指示に従うなど適切な行動ができるようにする。
	中学年	中学年では，「生活安全」「交通安全」「災害安全」に関する様々な危険の原因や事故の防止について理解し，危険に気付くことができるとともに，自ら安全な行動をとることができるようにする。
	高学年	高学年では，中学年までに学習した内容を一層深めるとともに，様々な場面で発生する危険を予測し，進んで安全な行動ができるようにする。また，自分自身の安全だけでなく，家族など身近な人々の安全にも気配りができるようにする。さらに，簡単な応急手当ができるようにする。
中学生		小学校での理解をさらに深め，交通安全や日常生活に関して安全な行動をとるとともに，応急手当の技能を身に付けたり，防災への日常の備えや的確な避難行動ができるようにする。 　また，他者の安全に配慮することはもちろん，自他の安全に対する自己責任感の育成も必要である。さらに，学校，地域の防災や災害時のボランティア活動等の大切さについても理解を深め，参加できるようにする。
高校生		自らの安全の確保はもとより，友人や家族，地域社会の人々の安全にも貢献する大切さについて一層理解を深める。また，心肺蘇生法などの応急手当の技能を高め，適切な手当が実践できるようにする。さらに，安全で安心な社会づくりの理解を深めるとともに，地域の安全に関する活動や災害時のボランティア活動等に積極的に参加できるようにする。
児童生徒等	障害のある	児童生徒等の障害の状態，発達段階，特性等及び地域の実態等に応じて，自ら危険な場所や状況を予測・回避したり，必要な場合には援助を求めることができるようにする。

文部科学省『「生きる力」をはぐくむ学校での安全教育』（平成13年11月）より引用

3節　教育課程における安全教育の位置づけ

　　教育課程における安全教育の取り扱いは，小学校，中学校及び高等学校を通じて，学習指導要領総則第1教育課程編成の一般方針の「3　体育・健康に関する指導」の項に次のように示されている。

> 3　学校における<u>体育・健康に関する指導</u>は，（児童）生徒の発達の段階を考慮して，学校の<u>教育活動全体</u>を通じて適切に行うものとする。特に，学校における食育の推進並びに体力の向上に関する指導，<u>安全に関する指導</u>及び心身の健康の保持増進に関する指導については，（体育科）<u>保健体育科の時間</u>はもとより，（家庭科）技術・家庭科，<u>特別活動</u>などにおいてもそれぞれの特質に応じて適切に行うよう努めることとする。また，それらの指導を通して，<u>家庭や地域社会との連携</u>を図りながら，日常生活において適切な体育・健康に関する活動の実践を促し，<u>生涯を通じて健康・安全で活力ある生活を送るための基礎</u>が培われるよう配慮しなければならない。
>
> 　　　　　　　　　　　　　　　　　　　＜（　）は小学校の場合＞

　　すなわち，安全教育は健康に関する指導の重要な内容として教育活動の全体を通じて適切に行うこととされ，安全学習は体育科・保健体育科の安全の内容を中心に関連教科において，また，安全指導は特別活動を中心にそれぞれの特質に応じて適切に行うこととされている。次の図7－6は，小学校，中学校及び高等学校の教育課程における安全教育の位置づけを示したものである。

1．小学校

　　小学校の教育課程における安全教育の位置づけは，図7－6のようになっている。

　　各教科において行われる安全学習は，体育科の第5学年及び第6学年の「保健」の「けがの防止」で安全についての知識を習得させることとされ，第5学年で5単位時間程度の指導が行われるようになっている。また，理科，生活，図画工作，家庭などの各教科においても，その指導を通して安全に関する知識や技能を習得させるようになっている。

　　道徳の時間の指導は，道徳的な心情，判断力，実践意欲と態度などの道徳性を養うことをねらいとして行われるものであるが，生命の尊重や安全の保持をはじめとして，規則の遵守，公徳心，公共心など安全な生活を営むのに必要な基本的な事項についても指導することとなっている。このような道徳の時間における安全に関する指導は，安全な生活の実践に関する指導まではいかないものの，安全にとって望ましい態度の形成

には重要な意義をもつものであり，安全学習や安全指導のバックボーンとして重視するものでなければならない。

特別活動は，「望ましい集団活動を通して，心身の調和のとれた発達と個性の伸長を図り，集団の一員としてよりよい生活や人間関係を築こうとする自主的，実践的な態度を育てるとともに，自己の生き方についての考えを深め，自己を生かす能力を養う。」（小学校学習指導要領）ことを目標としている。この総括的な目標に即して，学級活動に「心身ともに健康で安全な生活態度の形成」が，学校行事に「健康安全・体育的行事」が位置づけられ，また，児童会活動においても，児童の自発的，自治的活動を通して安全指導が行われるようになっている。

学校行事の健康安全・体育的行事の安全に関する行事は，安全な行動の体得に資する活動を行うこととされ，「避難訓練」「交通安全指導」「防犯に関する指導」「安全意識を高めるための行事」が行われるようになっている。

学級活動の安全指導は，防犯を含めた身の回りの安全，交通安全，防災など，自他の生命を尊重し，危険を予測し，日常生活を安全に保つために必要な事柄を理解し，進んで決まりを守り，安全に行動できる能力や態度の育成にかかわる事柄を内容として，年間を通じて計画的，継続的な指導が行われるようになっている。特別活動の学級活動は，「日常生活を営むために必要な行動の仕方を身に付けるなど，健康な生活態度の育成にかかわる活動」が重視されていることから，各教科や道徳等の教育活動でなされた安全に関する指導の成果が，一人一人の児童に確実に身に付き，児童が常に安全な行動ができるようにしていかなければならないのである。この意味で，学級活動における安全指導は，学校における安全に関する指導全体の中心的役割をになうものといえよう。

2．中学校

中学校の教育課程における安全教育の位置づけは，図7－6のようになっている。

各教科における安全学習は，保健体育科の保健分野の「(3)傷害の防止」で傷害の防止と応急手当についての指導が行われるようになっている。また，体育分野や社会，理科，技術・家庭等の学習を通しても，安全に関する知識や技能が養われることになっているが，これらはそれぞれの教科目標を達成することによって習得されるものであって，小学校同様安全それ自体を目標として指導を行うことになっていないのである。

道徳の時間の指導においては，生命の尊重や心身の健康の増進をはじめとして遵法の精神や公徳心，公共心など安全にかかわる内容が指導されることとなっている。これらは，道徳的価値の追究あるいは道徳的実

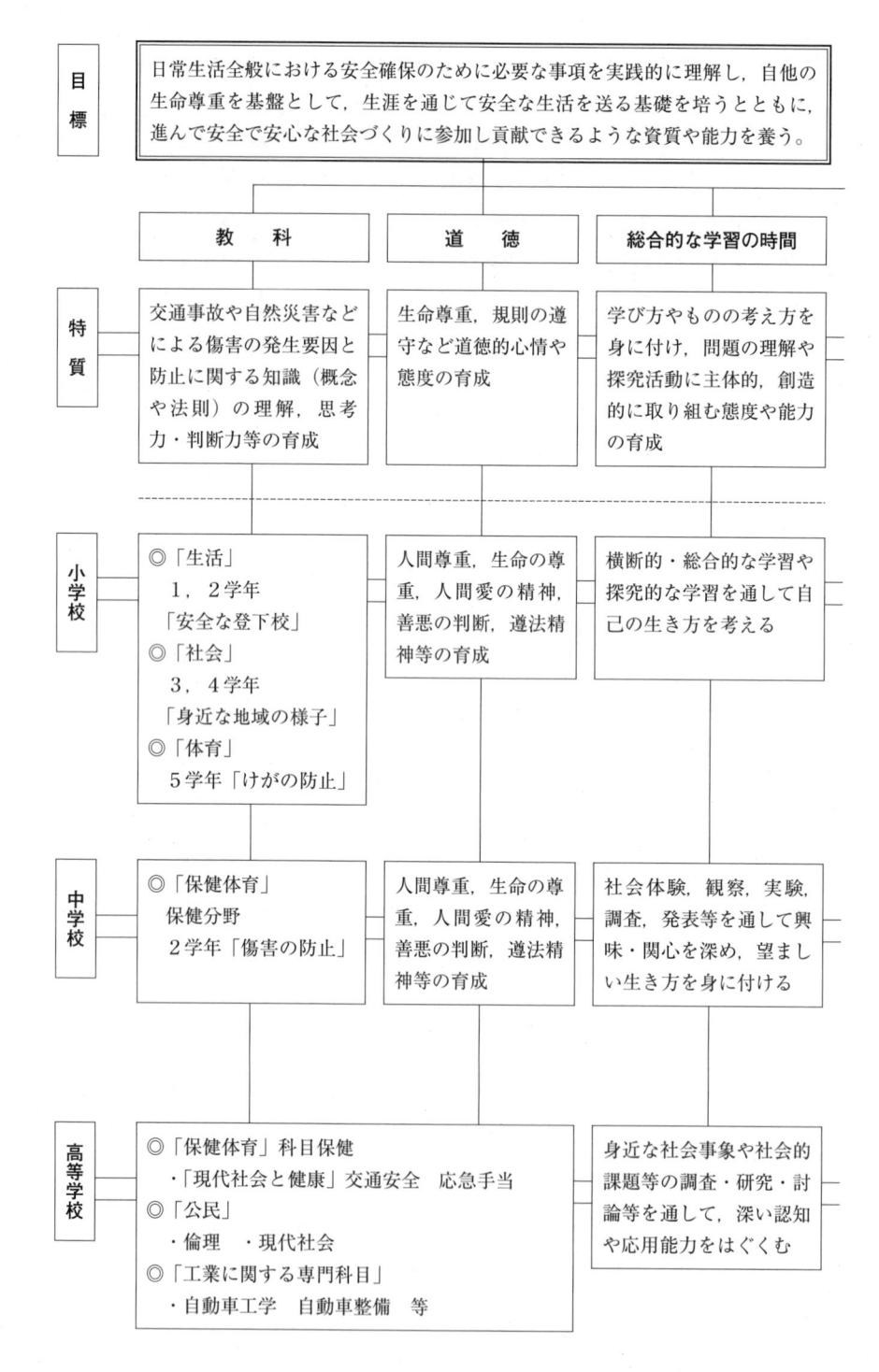

	教科	道徳	総合的な学習の時間
目標	日常生活全般における安全確保のために必要な事項を実践的に理解し，自他の生命尊重を基盤として，生涯を通じて安全な生活を送る基礎を培うとともに，進んで安全で安心な社会づくりに参加し貢献できるような資質や能力を養う。		
特質	交通事故や自然災害などによる傷害の発生要因と防止に関する知識（概念や法則）の理解，思考力・判断力等の育成	生命尊重，規則の遵守など道徳的心情や態度の育成	学び方やものの考え方を身に付け，問題の理解や探究活動に主体的，創造的に取り組む態度や能力の育成
小学校	◎「生活」 　1，2学年 　「安全な登下校」 ◎「社会」 　3，4学年 　「身近な地域の様子」 ◎「体育」 　5学年「けがの防止」	人間尊重，生命の尊重，人間愛の精神，善悪の判断，遵法精神等の育成	横断的・総合的な学習や探究的な学習を通して自己の生き方を考える
中学校	◎「保健体育」 　保健分野 　2学年「傷害の防止」	人間尊重，生命の尊重，人間愛の精神，善悪の判断，遵法精神等の育成	社会体験，観察，実験，調査，発表等を通して興味・関心を深め，望ましい生き方を身に付ける
高等学校	◎「保健体育」科目保健 ・「現代社会と健康」交通安全　応急手当 ◎「公民」 ・倫理　・現代社会 ◎「工業に関する専門科目」 ・自動車工学　自動車整備　等		身近な社会事象や社会的課題等の調査・研究・討論等を通して，深い認知や応用能力をはぐくむ

図7－6　小学校，中学校及び高等学校における安全教育

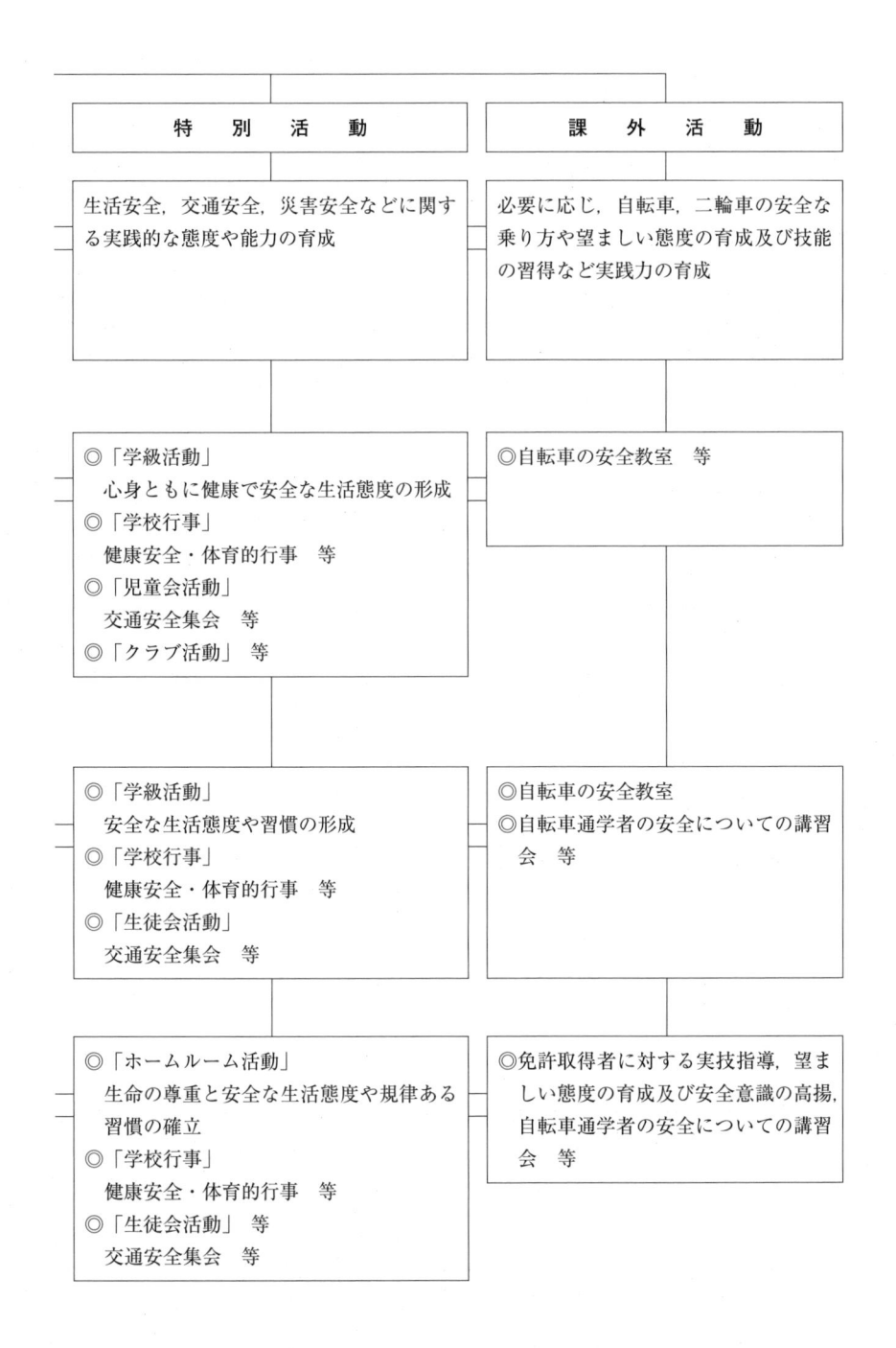

特　別　活　動	課　外　活　動
生活安全，交通安全，災害安全などに関する実践的な態度や能力の育成	必要に応じ，自転車，二輪車の安全な乗り方や望ましい態度の育成及び技能の習得など実践力の育成
◎「学級活動」 　心身ともに健康で安全な生活態度の形成 ◎「学校行事」 　健康安全・体育的行事　等 ◎「児童会活動」 　交通安全集会　等 ◎「クラブ活動」　等	◎自転車の安全教室　等
◎「学級活動」 　安全な生活態度や習慣の形成 ◎「学校行事」 　健康安全・体育的行事　等 ◎「生徒会活動」 　交通安全集会　等	◎自転車の安全教室 ◎自転車通学者の安全についての講習会　等
◎「ホームルーム活動」 　生命の尊重と安全な生活態度や規律ある習慣の確立 ◎「学校行事」 　健康安全・体育的行事　等 ◎「生徒会活動」　等 　交通安全集会　等	◎免許取得者に対する実技指導，望ましい態度の育成及び安全意識の高揚，自転車通学者の安全についての講習会　等

践の育成という道徳の時間の指導本来の目標達成のうえから必要とされている内容であるが，小学校同様安全な生活にとって望ましい態度の形成に役立てていくことが大切である。

特別活動においては，「望ましい集団活動を通して，心身の調和のとれた発達と個性の伸長を図り，集団や社会の一員としてよりよい生活や人間関係を築こうとする自主的，実践的な態度を育てるとともに，人間としての生き方についての自覚を深め，自己を生かす能力を養う。」（中学校学習指導要領）という目標に即して，学級活動には，「心身ともに健康で安全な生活態度や習慣の形成」が，学校行事には，「健康安全・体育的行事」が位置づけられ，また，生徒会活動においても，生徒の自発的，自治的活動を通して安全に対する主体的態度や実践的能力の伸長を目指した指導が行われるようになっている。

これらの中で，特に学級活動は，「生徒指導の全機能が補充，深化，統合される場である」から，学校の教育活動全体を通じて行われる安全に関する指導の中心的な場として進めることが重要である。

また，学校行事の「健康安全・体育的行事」においては，防犯に関する指導，自転車に関する交通安全指導，避難訓練等の活動を計画的に行い，安全な行動を体得させることができるようにすることが大切である。

中学校においても，小学校同様，特別活動の学級活動と学校行事における安全指導に大きな期待が寄せられているということが理解できよう。

3．高等学校

各教科における安全学習は，保健体育科の科目「保健」の「現代社会と健康」において「交通安全」と「応急手当」，「社会生活と健康」において「労働災害」が取り扱われることになっている。また，教科としての「公民」「工業」などにおいても，安全に関する内容が扱われるようになっている。特に「工業」においては，自動車工学，自動車整備に関する科目が設けられている。

特別活動においては，ホームルーム活動，生徒会活動，学校行事においてそれぞれ安全指導が行われるようになっている。すなわち，これらの中で計画的に指導が行われるのは，ホームルーム活動と学校行事であり，ホームルーム活動においては，「生命の尊重と安全な生活態度や規律ある習慣の確立など」が位置づけられ，安全指導が計画的に行われるようになっている。また，学校行事においては，「健康安全・体育的行事」の内容として「交通安全指導」「避難訓練・防災訓練」「防犯など安全に関する意識を高めるための行事」が行われるようになっている。

さらに，生徒会活動においても，全校的立場から生徒の自発的，自治的活動を通して，安全に関する実践的な態度や能力が養われるようにな

っている。

このようにみてくると，高等学校における安全教育も，小学校，中学校と同様，特別活動における計画的，継続的に行われる安全指導に大きな比重が置かれているといえよう。

4節　安全教育の進め方

学校における安全教育は，教育課程のうえで以上のような位置づけがなされており，安全学習は，事実上各教科の学習そのものとして行われるわけであり，安全に関する内容を体系立てて取り扱う体育科や保健体育科における指導でさえ，それは保健学習として行われるものである。

一方，安全指導は，特別活動において教育課程に基づく正規の教育活動として計画的，継続的に行われるわけであり，しかも，安全教育の究極のねらいが児童生徒に対して安全に行動できる態度や能力を身に付けさせることにあることから考えて，学校における安全教育は，すべての教職員によって行われる安全指導に万全を期するようにしなければならないものと考える。

それゆえに，以下安全指導の進め方の要点について述べることにする。

安全教育の目標を達成するための計画的，継続的な指導は，主として特別活動の学級活動・ホームルーム活動の安全指導及び学校行事の健康安全・体育的行事を通して進めなければならないが，さらに，児童会活動・生徒会活動においても児童生徒の自発的，自治的活動を通して行われるものである。

1．学級活動・ホームルーム活動における安全指導

学級活動やホームルーム活動における安全指導は，学校における安全に関する指導の中核的な役割をになうものであるが，学級担任教師によって計画的・継続的に行われるものである。

(1) **指導のねらい**

安全教育の総括的な目標に即して，学級活動・ホームルーム活動における安全指導のねらいについて考えてみると次のとおりである。

---
①日常生活における事故災害や犯罪被害の現状や原因及び防止の仕方について理解を深めさせ，生活環境に即応して安全に行動できるようにする。

②日常生活に潜む様々な危険を予測し，的確な判断のもとに安全に行動できるようにするとともに，自ら危険な環境を改善することができるようにする。

③自他の生命を尊重し，学校・家庭・地域社会における安全活動に進んで参加し，貢献できるようにする。

⑵　**指導の内容**

　指導の内容については，児童生徒の事故災害の発生状況や地域の実情等に即して必要な内容を設定することが求められる。その際，前掲「安全教育の各領域の内容」を手がかりに設定することになるが，児童生徒が現在当面しているか，ごく近い将来当面するであろう行動上の問題をよく把握しておくことが重要である。

①生活安全に関する内容
②交通安全に関する内容
③災害安全に関する内容

⑶　**安全指導の指導計画**

　安全指導の指導計画には，1単位時間もしくは20分程度の時間（小学校の場合）で行う指導があるが，これらの指導を，効果的に進めるためにはどのような内容を，いつ，どのような方法で行うかを見通す「年間指導計画」が必要になってくる。

　年間指導計画は，学校における安全指導の全体計画に基づいて，次の点に留意して立案する必要がある。

①　学校における安全指導の基本的な目標，内容に基づき，学年の指導のねらいや重点を明確にする。

②　生活安全・交通安全・災害安全の内容について，1単位時間で行う内容及び指導の時数を明示するとともに朝や帰りの時間で行う実践化のためのワンポイントガイダンスの題材についても可能な限り明示できるようにする。

③　1単位時間で行う指導については，学年別に題材を設定し，指導のねらいと内容，指導の時期を明確にする。

④　指導の時数については，生命の安全・安心最優先の観点から可能な限り確保できるようにする。

⑤　指導内容の設定に当たっては，文部科学省作成の『「生きる力」をはぐくむ学校での安全教育』の例示（学級活動における目標・内容例）及び筆者らが作成に当たった（社）日本自動車工業会発行の「Safety Action」（高校生の交通安全教育）を参照されたい。

　なお，このような学級活動やホームルーム活動における安全指導の年間指導計画の様式を例示すると次のとおりである。

月別	区分	1単位時間で行う指導			ワンポイントで行う指導	
		題材	ねらい	内容	題材	内容
4	交					
	生					
	災					
3	交					
	生					
	災					

(4) 指導の方法

　安全指導の指導法のうちでも，1単位時間で行う指導法について工夫することが特に大切である。

　1単位時間で行う安全指導は，児童生徒の発達段階に応じて計画的に，しかも比較的系統的な指導が行われるものであり，安全な行動の具現に必要な事柄の理解と日常生活におけるいろいろな危険を予測して，常に的確な判断のもとに，安全に行動できる態度や能力を育てる指導を中心に行うものである。

　特に，交通安全の内容については，このような指導が中心となるものであり，その指導が日常生活に生かされ，実践されるよう導かれるものでなければならない。このためには，朝や帰りの時間などの日常の学校生活における指導との連動を重視し，実践化が図られるようにすることが大切である。

　また，生活安全については，児童生徒の実態や季節及び学校行事などとの関連において，多くの場合は朝や帰りの時間などの短い時間に日常指導として行われるものと考えられるが，1単位時間で行う生活安全の指導においては，それらの指導をさらに補充し，深化して，安全に対する実践的な態度や能力が一層身に付くよう指導がなされる必要がある。

　1単位時間の安全指導を効果的に進めるためには，特に次の事柄に留意する必要がある。

　① 指導内容を精選する。

　児童生徒の安全意識や行動の実態を把握して，ねらいを明確にするとともに，この時間に指導しなければならない内容は何かについて十分検討し，指導内容の精選を図るようにする。

　② 指導過程を工夫し，安全に対する実践的態度や能力が身に付くようにする。

　学級活動やホームルーム活動における安全指導の内容の多くは，実践を指向するものである。したがって，次のような問題解決的学習の学習

過程が最適とされ，広く用いられている。

　③　行動場面における臨場感をもたせるようにする。

　特に，問題提示や場面分析の段階では，指導に具体性をもたせるため，VTR等の視聴覚教材を活用するなど，行動場面における臨場感をもたせるための指導法を工夫する。

　④　訓練・練習を取り入れる。

　特に，交通安全指導における道路の歩行と横断や乗り物の利用などの指導にあたっては，模擬訓練施設等を活用した体験的な指導を行い，理解と行動に錯誤をきたすようなことのないように留意する。

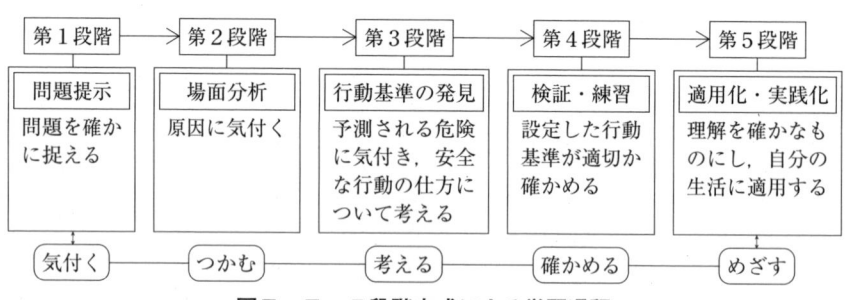

第1段階	第2段階	第3段階	第4段階	第5段階
問題提示 問題を確かに捉える	場面分析 原因に気付く	行動基準の発見 予測される危険に気付き，安全な行動の仕方について考える	検証・練習 設定した行動基準が適切か確かめる	適用化・実践化 理解を確かなものにし，自分の生活に適用する
気付く	つかむ	考える	確かめる	めざす

図7－7　5段階方式による学習過程

2．学校行事における安全指導

　学校行事には，儀式的行事，文化的行事，健康安全・体育的行事，遠足（旅行）・集団宿泊的行事，勤労生産・奉仕的行事がある。

　これらの行事において，安全指導それ自体を目的として計画的に行われる行事は，健康安全・体育的行事であり，これらの行事以外の学校行事においては，それぞれの行事の実施に付随した安全指導が行われる。したがって学校行事における計画的な安全指導は，前者を対象として学年単位以上の全校的な集団活動を通して，より実践的な能力と態度を養うようにしなければならない。

(1)　交通安全指導

　交通安全指導としては，学校安全日や全国交通安全運動などに関連して行われる交通安全の指導が考えられる。この場合には，道路の歩行（個別歩行，集団歩行），道路の横断（個人と集団），自転車の安全な乗り方や自動車の構造，機能及び交通安全施設の利用などについて，学年または全校の児童生徒を対象とした交通安全訓練，その他の実践的な指導を行うようにする。

> ①　実施の時期は，学校全体の安全指導の基本計画を立てる段階で他の学校行事，学級活動やホームルーム活動及び社会的行事，季節や長期休暇などとの関連を考慮して指導の効果が最も高まるような時期を選ぶようにする。

② 行事の計画及び実施に至るまですべて教師が行うべきものであるが，必要によって警察署等関係諸機関等の協力を得ることも考慮する。
③ 指導の場の設定にあたっては，できるだけ具体的な行動場面における臨場感をもたせるよう工夫する。
④ 児童生徒の積極的な参加を促すため，学級活動やホームルーム活動における事前指導との関連を十分考慮する。
⑤ 事故を起こしやすい傾向をもつ児童生徒や心身に問題をもつ児童生徒に対しては，特に個別に配慮を加えるようにする。

(2) **避難訓練**

避難（防災）訓練は，火災，地震，火山活動及び風水（雪）害などの災害に際して，児童生徒が常に安全に避難できるよう，その実践的な能力や態度を養うことを目指して行われるものである。

① 訓練の内容は，火災だけを想定した訓練に偏らないようにする。
② 実施の回数は，年間を通して季節や他の安全指導との関連及び児童生徒の実態を考慮して決める。
③ 訓練は，授業中だけを想定せず，休憩時間中に児童生徒が運動場や廊下などに分散している場合などをも想定し，災害の発生時間の場所に変化をもたせ，いかなる場合にも安全に対処できるようにする。
④ 訓練は，形式的にならないよう，火災を想定した場合には発煙筒をたくなどして実感のこもった方法を工夫する。
⑤ 避難に際して教師の指示で安全にしかも敏速に能率的な集団行動ができるようにするため，平素から朝会，遠足，運動会などの行事における集団行動を重視して指導しておくようにする。

(3) **安全意識を高めるための行事**

安全意識を高めるための行事としては，毎月の学校における交通安全日や，国民安全の日などの社会的行事との関連を図りながら行う講話，映画会，児童生徒の安全に関する作文や調査研究物の発表などが考えられる。

このような行事は，交通安全指導や避難（防災）訓練の導入的な指導の場として，また，学級活動やホームルーム活動，児童生徒活動における安全指導の有力な動機付けの機会として重要な意味をもつものである。したがって，指導計画の作成の段階では，他の教育活動における安全指導との関連を図るようにする。

以上のほか，学校行事には儀式的行事，文化的行事，遠足（旅行）・集団宿泊的行事，勤労生産・奉仕の行事があるが，これらの学校行事が安全に行われるよう，十分な指導を行うようにするとともに，遠足（旅

行)・集団宿泊的行事及び勤労生産・奉仕的行事においては,生活安全や交通安全や現地指導の機会として生かすようにすることが大切である。

5節　安全教育の評価

　安全教育の評価は,それが学校の教育計画の一環として行われる以上,一般の教育評価と同様,指導目標に対して児童生徒がどれだけ接近したかについて測定し,次の指導計画や指導法の改善に生かしていくようにしなければならない。このためには,指導計画,指導方法,指導の成果の評価がその対象となる。
　しかし,安全教育といっても,安全な行動を具現させるという観点に立って,計画的,継続的な指導を行うのは安全指導である。したがって,その範囲も安全指導に限定して考えることが適当であろう。

1．評価の実施

　安全指導の評価は,それが計画的に行われる学級活動・ホームルーム活動における安全指導について行われる必要がある。
　学級活動やホームルーム活動の安全指導は,年間を通じて計画的かつ継続的に指導が行われるものであり,日常の指導の積み重ねによって指導の効果があらわれるものである。したがって,評価も長期にわたって継続的に実施し,その効果を的確に判断できるようにしなければならない。

2．評価の観点

(1) 指導計画
　① 生活安全と交通安全について,児童生徒の実態を考慮して適切な指導内容のもとに計画されているか。
　② 指導の具体的なねらいや内容は,児童生徒の発展段階に応じて計画されているか。
　③ 単位時間の指導と日常の学校生活における指導との関連が図られているか。
　④ 各教科,道徳,総合的な学習の時間及び特別活動の学校行事や児童生徒会活動との関連が図られているか。
　⑤ 指導の時間が適切に確保されているか。

(2) 指導方法
　① 安全な行動の仕方に関する理解にとどまらず,児童生徒が日常生活にひそむ危険に気付いて的確な判断のもとに,安全に行動できる態度や能力を養うことができるような指導方法を工夫しているか。

② 題材に対する問題意識や，問題を解決しようとする意欲をもたせるための指導法が工夫されているか。
　③ 交通安全の訓練・練習が，指導の中に適切に位置づけられ，それが形式的な指導にならないよう工夫されているか。
　④ 児童生徒の自己評価を積極的に取り入れ，児童生徒が自発的に自己の行動を反省し，安全な行動ができるような指導法を用いているか。

(3) **指導の成果**
　① 児童生徒が，日常生活を安全に営むために必要な事柄を理解したか。
　② 児童生徒が，日常生活にひそむいろいろな危険を予測して，常に的確な判断のもとに安全に行動するようになったか。
　③ 児童生徒が，他の人々や学校，家庭及び社会の安全を考えて行動するようになったか。

3．評価の方法

　安全指導は，安全に対する実践的な態度や能力の発達を目指して行われる教育活動であるため，観察法や質問紙法による方法が用いられることが多いものと考えられる。要は，評価の客観性を高めるため，できるだけ多方面から資料を収集するように努めることが大切である。
　① 教師の観察による評価は，単位時間と日常の学校生活における指導を通して，たえず行われるものであるが，その際には評価の観点を明確にし，その結果が指導に十分生かされるようにする。
　② 評価は，以上のような授業の過程などにおいて行うのみならず，月や学期ごと及び学年末などの特定の機会に，学年あるいは全校的立場から総合的に行うようにする。
　③ 行動観察においては，チェックリスト法のみならず，録音，録画その他の視聴覚的方法を用いることを考慮する。
　④ 児童生徒の自己評価，相互評価などの場合には，評価の項目や観点を明確にして実施し，それらの結果についても必要に応じて児童生徒に十分理解させるようにする。
　⑤ 児童生徒の安全な行動の評価には家庭や地域の人々に安全行動観察表などを配布して協力を得ることも有効であるが，この際には，あらかじめ具体的な調査のねらいを明確にしておくことが大切である。

6節　学校安全計画

1．学校安全計画の制度

この計画は，学校保健安全法（平成20年法律第73号）第27条の規定によって策定し実施しなければならないこととされている。

> ＜学校安全計画の策定等＞
> 第27条　学校においては，児童生徒等の安全の確保を図るため，当該学校の施設及び設備の安全点検，児童生徒等に対する通学を含めた学校生活その他の日常生活における安全に関する指導，職員の研修その他学校における安全に関する事項について計画を策定し，これを実施しなければならない。

そして，「学校保健法等の一部を改正する法律の公布について」というスポーツ・青少年局長通知（20文科ス第522号　平成20年7月9日）で，「改正法の概要」と「留意事項」を示しているが，学校安全計画について次のように述べている。

> ＜改正法の概要＞
> 三　学校安全に関する事項
> (2)　総合的な学校安全計画の策定及び実施
> 　学校においては，施設及び設備の安全点検，児童生徒等に対する通学を含めた学校生活その他の日常生活における安全に関する指導等について計画を策定し，これを実施しなければならないこととしたこと。（第27条関係）

> ＜学校安全に関する留意事項＞
> (9)　学校安全計画について（第27条）
> 1　学校安全計画は，学校において必要とされる安全に関する具体的な実施計画であり，毎年度，学校の状況や前年度の学校安全の取組状況等を踏まえ，作成されるべきものであること。
> 2　学校においては，生活安全（防犯を含む。），交通安全及び災害安全（防災）に対応した総合的な安全対策を講ずることが求められており，改正法においては，これらの課題に的確に対応するため，各学校が策定する学校安全計画において，①学校の施設設備の安全点検，②児童生徒等に対する通学を含めた学校生活その他の日常生活における安全指導，③教職員に対する研修に関する事項を必要的記載事項として位置付けたものであること。
> ①　学校の施設設備の安全点検については，校舎等からの落下事故，学校に設置された遊具による事故などが発生していることや近年の地震から想定される被害等も踏まえ，施設設備の不備や危険箇所の点検・確認を行うとともに，

必要に応じて補修，修繕等の改善措置（第28条）を講ずることが求められること。

なお，学校の施設設備の安全管理を行うに当たっては，児童生徒等の多様な行動に対応したものとなるよう留意されたいこと。

② <u>児童生徒等に対する安全指導</u>については，児童生徒等に安全に行動する能力を身に付けさせることを目的として行うものであり，児童生徒等を取り巻く環境を安全に保つ活動である<u>安全管理と一体的に取り組むことが重要である</u>こと。近年，学校内外において児童生徒等が巻き込まれる事件・事故・災害等が発生していることを踏まえ，防犯教室や交通安全教室の開催，避難訓練の実施，通学路の危険箇所を示したマップの作成など<u>安全指導の一層の充実</u>に努められたいこと。

③ <u>教職員の研修</u>については，<u>学校安全に関する取組がすべての教職員の連携協力により学校全体として行われることが必要であること</u>を踏まえ，文部科学省が作成している安全教育参考資料や独立行政法人日本スポーツ振興センターが作成している事故事例集等も活用しつつ，また，必要に応じて警察等の関係機関との連携を図りながら，<u>学校安全に関する教職員の資質の向上に努められたいこと</u>。

以上のことから学校安全計画を次のように受け止め，作成する必要がある。

(1) 安全管理だけでなく，安全教育及び学校安全に関する組織活動を含む総合的な実施計画として作成しなければならないものであること。
(2) そのためには，全体計画，年間を見通した総合的な基本計画としての年間計画及び活動ごとの展開計画の作成が必要であること。

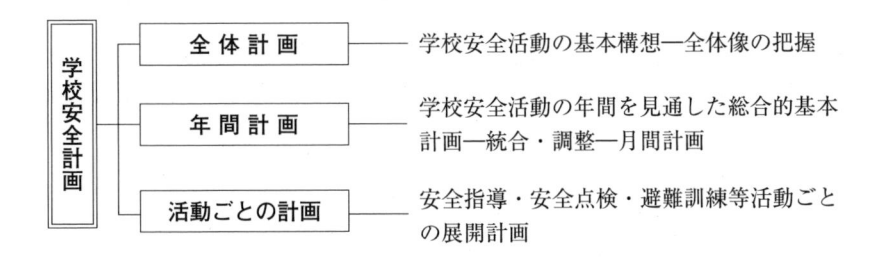

```
              ┌─ 全 体 計 画 ──── 学校安全活動の基本構想―全体像の把握
学校          │
安全    ──────┼─ 年 間 計 画 ──── 学校安全活動の年間を見通した総合的基本
計画          │                    計画―統合・調整―月間計画
              │
              └─ 活動ごとの計画 ── 安全指導・安全点検・避難訓練等活動ごと
                                    の展開計画
```

2．全体計画

この計画は，その年度の基本構想を明らかにし，学校安全活動の全体像を全教職員が把握しやすいようにするために必要な計画である。

したがって，学校教育目標，学校安全目標，年度の重点，安全教育，安全管理及び組織活動の重点内容を明示することになる。

```
          ┌──────────┐
          │ 学校教育目標 │
          └────┬─────┘
          ┌────┴─────┐
          │ 学校安全目標 │
          └────┬─────┘
          ┌────┴─────┐
          │ 活動の重点  │
          └────┬─────┘
          ┌────┴──────┐
          │ 学年の重点目標 │
          └────┬──────┘
```

安全教育	安全管理	組織活動
教科・領域ごとの重点内容	対人・対物管理の重点内容	教職員の校内研修，保護者の啓発，地域の関係機関・団体等との連携

```
          ┌──────────┐
          │ 学校安全計画 │
          └──────────┘
```

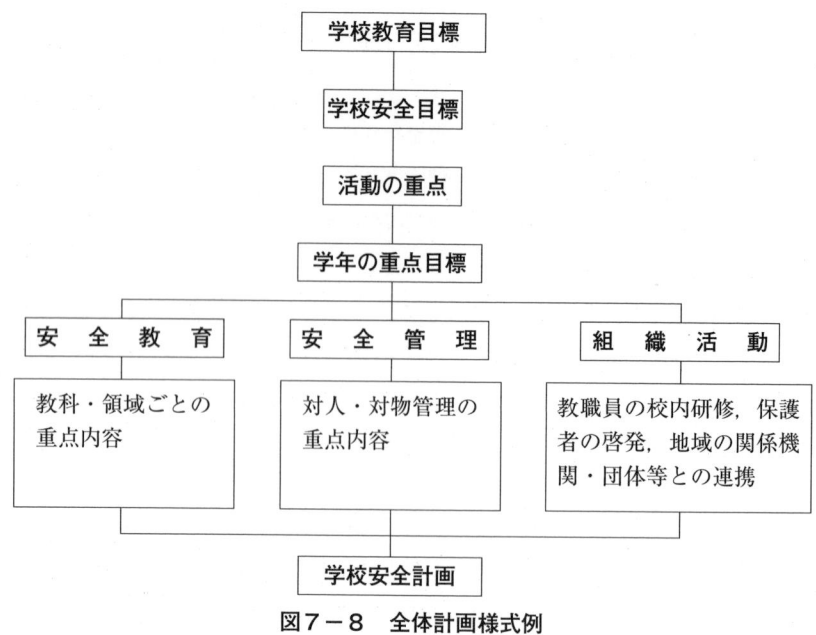

図7-8　全体計画様式例

3．年間計画

全体計画に基づいて作成されることになるが，従前から「学校安全活動の年間を見通した総合的基本計画」として作成されているもので，学校安全計画の中核的役割をもつものである。

(1) 統合と調整の機能

安全教育，安全管理及び安全に関する組織活動で構成される学校安全活動は，家庭，地域社会との連携を図りながら，すべての教職員によって教育活動の全体を通じて展開されるものである。それだけに，いつ，どこで，どのような活動が行われるかが，教職員や保護者によく理解され，確かな見通しをもって，活動が効率よく展開され，学校安全の年度の目標を容易に達成できるようにする必要がある。つまり，この計画には，「統合と調整」の機能があることを前提に様式を工夫する必要がある。

(2) 計画の内容

盛り込むべき内容については，文部科学省が作成した安全教育参考資料『「生きる力」をはぐくむ学校での安全教育』（平成13年11月）に基本的な内容が例示されているので参考までに紹介する。

1　安全教育
　(1) 学年別・月別の関連教科，道徳の時間，総合的な学習の時間における安全に関する指導事項

(2) 学年別・月別の安全指導の指導事項
(3) 学級活動・ホームルーム活動，学校行事，児童会活動・生徒会活動，クラブ活動等での安全に関して予想される活動に関する指導事項
(4) 課外における指導事項
(5) 個別指導に関する事項
(6) その他必要な事項

2　安全管理
(1) 生活安全
① 施設・設備，器具・用具等の安全点検
② 各教科，学校行事，クラブ活動・部活動，休憩時間その他における学校生活の安全のきまり・約束，安全確保のための方法等に関する事項
③ 生活安全に関する意識や行動，事故災害の発生状況等の調査
④ 校内及び地域における誘拐・暴力等の犯罪防止対策及び緊急通報等の体制
⑤ その他必要な事項
(2) 交通安全
① 通学路の設定と安全点検
② 通学に関する安全のきまり・約束等の設定
③ 自転車，二輪車，自動車（定時制高校の場合）の使用に関するきまりの設定
④ 交通安全に関する意識や行動，交通事故の発生状況等の調査
⑤ その他必要な事項
なお，通学に関しては，誘拐・暴力のような犯罪防止という生活安全の観点も考慮することとする。
(3) 災害安全
① 防災のための組織づくり，連絡方法の設定
② 避難場所，避難経路の設定と点検・確保
③ 防災設備の点検，防災情報の活用方法の設定
④ 防災に関する意識や行動，過去の災害発生状況等の調査
⑤ その他必要な事項
なお，災害安全では，自然災害以外の火災や原子力災害なども取り上げることとする。

3　組織活動
(1) 教職員や保護者等を対象とした安全指導，応急手当，防災等の研修に関する事項

(2)　家庭，地域社会と連携した防犯，防災，交通安全などに関する具体的な活動
　(3)　家庭，地域社会との連携を密にするための学校安全委員会等の開催
　(4)　その他必要な事項

(この項筆者が一部改変)

(3) 計画の様式

　計画の様式については，特に法令上の規定がないので各学校において適宜工夫して作成することになる。この計画の性格や盛り込まれる内容などから次のような様式を例示しておく。

＜学校安全計画（年間計画）様式例＞
※本年度の学校安全目標・重点

区分＼月	月の重点	安全管理		安全教育						道徳の時間	総合的な学習	組織活動
		対人管理	対物管理	安全学習			安全指導					
				生活	理科	体育・保健体育	学級活動・HR活動	主な学校行事	生徒会活動 児童会活動			
月							学　年					

(注)・安全管理の各欄には，通学路の設定・点検，通学方法の点検，学校生活の安全のきまり作成など活動名を書くようにする。
　　・安全学習は，各教科の安全に関する内容を記入し，体育・保健体育については，体育と保健に関する内容を別々に取り上げてもよい。
　　・学校行事については，避難訓練や交通安全指導などの安全に関する行事のほか，行事の安全確保の観点から必要な行事名を取り上げるようにする。
　　・高校は，道徳の項目を削除し，安全学習に公民を含む。
　　・学校安全は，学校における安全教育と安全管理をいうという法令上の規定があるが，学校安全計画は学校保健安全法の規定に基づくものであることから安全管理を先に位置付けることにした。
　　・縦書きでも横書きでも，記入しやすく，見やすい様式がよい。

(4) 計画の事例

　参考までに年間計画の事例として高等学校と特別支援学校の場合を紹介しておく。
　　事例1　香川県立高松西高等学校（pp.166～169）
　　事例2　特別支援学校（pp.170～171）

(5) 月間計画

　学校安全活動の一層の充実を図るため，年間計画に基づく月間計画を作成し，学校安全活動に万全を期している学校も少なくない。学校によっては，毎月「安全の日」を設けて絶えず安全意識の高揚に努めている

場合もあり，月ごとの安全目標の具現化に向けた月間計画の作成は極めて重要である。

4．活動ごとの計画

活動ごとの計画としては，次のような事柄が考えられる。

(1) 学級活動・ホームルーム活動等における安全指導の年間指導計画・題材ごとの指導計画
(2) 安全点検実施要領（定期・臨時・日常）
(3) 危険等発生時対処要領（心のケアを含む）
(4) 避難訓練実施要領
(5) 通学路の設定と通学の安全指導要領
(6) その他必要な事項

（吉田瑩一郎）

＜参考文献＞

(1) A. E. Florio, G. T. Stafford : Safety Education McGrow-Hill, 1962
(2) 文部省『小学校安全指導の手引　三訂版』日本体育・学校健康センター，1993
(3) 文部省『中学校安全指導の手引　三訂版』日本体育・学校健康センター，1994
(4) 文部科学省『「生きる力」をはぐくむ学校での安全教育』日本体育・学校健康センター，2001
(5) 須藤春一監修『安全教育の科学』帝国地方行政学会，1969
(6) 須藤春一『21世紀の安全教育』帝国地方行政学会，1972
(7) 文部科学省『小学校学習指導要領解説　特別活動編』東洋館出版，2008
(8) 文部科学省『中学校学習指導要領解説　特別活動編』ぎょうせい，2008
(9) 文部科学省『高等学校学習指導要領解説　特別活動編』海文堂出版，2009
(10) 吉田瑩一郎，柏茂夫編著『学級指導における安全指導の展開』帝国地方行政学会，1972
(11) 吉田瑩一郎編著『新しい安全教育』小学校安全教育双書　教育出版，1971
(12) 吉田瑩一郎，三枝源一郎編著『新しい安全教育』中学校安全教育双書　教育出版，1973
(13) （財）日本交通安全教育普及協会「交通安全教育の新たな展開」2000
(14) 吉田瑩一郎，南哲編著『現代学校保健全集第5巻　学校安全』ぎょうせい，1982
(15) 吉田瑩一郎「学校における交通安全教育の歩みと展望」交通安全教育 No.456，（財）日本交通安全教育普及協会，2004

<事例1> 学 校 安 全

学校安全目標：自らの安全確保はもとより，友人・家族・地域社会の安全にも理解を深め，災害時のボラン

月	月の重点目標	関係行事	安全管理		安
			対人管理	対物管理	安　全
					保健体育
4	安全な通学	入学式 始業式 学年団引継ぎ会 生徒支援連絡会 交通安全週間（一週間） 青少年健全育成協議会 地区交通安全推進協議会 防災委員会① 交通講話①	・モデル通学路の周知 ・自転車通学路概念図作成 ・自転車通学者，通学状況調査 ・自転車保険加入手続き ・交通安全マップ作成 ・危険等発生時対処要領の作成 ・不審者情報確認 ・校内 LAN による安全情報の提供 ・"ひやり，ハットマップ" 作成 　（心のケア・PTSD 対応） ・傷病記録集計 ・スポーツテスト時の健康管理	・モデル通学路の安全点検 ・自転車置き場の整備 ・車体安全点検 　（合格証，通学許可証貼付） ・運動器具の安全点検整備 　（運動場，体育館，武道場， 　トレーニングルーム，部室） ・施設等の安全点検 ・防災施設設備の点検 ・大掃除 ・保健室薬品類安全管理 ・実験用薬品類安全管理	1年（週2時間×35） 2年（週3時間×35） 3年（週2時間×35） 〈1年〉体育理論・体つくり運動 〈2年〉体育理論・体つくり運動 〈3年〉体育理論・体つくり運動 　　　民謡
5	体育祭における安全	体育祭 更衣移行期間 生徒支援連絡会 地域補導 中央補導 交通安全週間 防災訓練（避難訓練）	・独立行政法人日本スポーツ振興センター災害共済給付加入手続き ・体育祭安全対策 ・光化学スモッグ対応 ・害虫駆除（ゴキブリ） ・不審者情報確認 ・校内 LAN による安全情報の提供 ・"ひやり，ハットマップ" 作成 　（心のケア・PTSD 対応） ・傷病記録集計	・除草① ・プール清掃 ・プール安全点検 ・自動体外式除細動器（AED）点検 ・施設等の安全点検 ・防災施設設備の点検 ・大掃除 ・保健室薬品類安全管理 ・実験用薬品類安全管理 ・エアコンフィルター清掃	〈1年〉器械運動，陸上競技，水泳 〈2年〉柔道，剣道，ダンス 〈3年〉バドミントン，バレーボール，卓球，ソフトボール，テニス
6	野外活動時の安全	宿泊学習（1年） 修学旅行（2年） 遠足（3年） 総合体育大会 通学路清掃奉仕活動① 生徒支援連絡会 地域補導 中央補導 広域補導 特別補導（通学列車） 交通安全週間	・水泳指導健康管理 ・熱中症対策 ・生徒引率安全確認 ・災害時の避難経路の確認 ・光化学スモッグ対応 ・害虫駆除（ハエ） ・不審者情報確認 ・校内 LAN による安全情報の提供 ・"ひやり，ハットマップ" 作成 　（心のケア・PTSD 対応） ・傷病記録集計	・プールの美化，安全点検 ・消火器，消火栓，火災報知器，防火用扉の点検 ・緊急放送設備点検 ・テレビ，パソコン等落下防止対策 ・施設等の安全点検 ・防災施設設備の点検 ・大掃除 ・実験用薬品類安全管理	〈1年〉器械運動，陸上競技，水泳 〈2年〉柔道，剣道，ダンス 〈3年〉バドミントン，バレーボール，卓球，ソフトボール，テニス
7・8	夏の事故防止	球技大会（クラスマッチ）① 学習合宿（3年） 高校野球応援 保護者懇談会 生徒支援連絡会 薬物乱用防止指導者研修会 現職教育 （心肺蘇生法・AED 使用法） 地域補導 広域補導 中央補導 交通安全週間	・熱中症対策 ・光化学スモッグ対応 ・害虫駆除（ダニ） ・野球応援に伴う生徒移動の安全 ・長期休業前の安全指導 ・合宿，遠征時の安全指導 ・不審者情報確認 ・校内 LAN による安全情報の提供 ・"ひやり，ハットマップ" 作成 　（心のケア・PTSD 対応） ・傷病記録集計	・屋上庭園整備 ・プール安全点検 ・AED 点検 ・施設等の安全点検 ・防災施設設備の点検 ・大掃除 ・保健室薬品類安全管理 ・実験用薬品類安全管理	〈1年〉器械運動，陸上競技，水泳 〈2年〉柔道，剣道，ダンス 〈3年〉バドミントン，バレーボール，卓球，ソフトボール，テニス
9	学校祭における安全	始業式 西高祭 美化週間 学校保健（安全）委員会① 生徒支援連絡会 青少年健全育成協議会 地区交通安全推進協議会 地域補導 中央補導 交通安全週間	・西高祭安全対策 ・光化学スモッグ対応 ・害虫駆除（ハエ） ・災害（台風）発生時の対応 ・不審者情報確認 ・校内 LAN による安全情報の提供 ・"ひやり，ハットマップ" 作成 　（心のケア・PTSD 対応） ・傷病記録集計	・除草② ・プール安全点検 ・西高祭用具の点検，整備 ・台風情報や災害情報の入手 ・施設等の安全点検 ・防災施設設備の点検 ・大掃除 ・保健室薬品類安全管理 ・実験用薬品類安全管理	〈1年〉柔道，剣道，ダンス，テニス，バレーボール，卓球，バドミントン，サッカー，バスケットボール 〈2年〉柔道，剣道，ダンス，ソフトボール，テニス，バレーボール，卓球，バドミントン 〈3年〉バドミントン，バレーボール，卓球，ソフトボール，テニス

年 間 計 画（平成21年度）

ティア活動に積極的に参加しようとする生徒を育成する。

香川県立高松西高等学校

全　　　教　　　育					総合的な学習の時間 （安全の分野）	組織活動
学　習（教科）	安全指導（特別活動）					
関連教科	ホームルーム活動	学年	生徒交通安全委員会			
家庭（家庭基礎） 〈1年〉共に生きる	交通安全教室（LHR） 春の交通安全運動（SHR） 交通安全学習① 　　　　　　（学年集会）	全 全 1	・交通委員会 ・自転車置き場点検 ・自転車車体検査 　（ブレーキ・ライト） ・事故事例のまとめ ・交通マナー実態調査①		1年 ・マイドリームプロジェクト（MDP）とは何か 2年 ・自己生活管理 3年 ・現代的課題別探究	職員交通安全委員会 ・交通指導年間計画作成 ・登下校時交通安全指導 ・通学状況調査と問題点の検討 ・春の交通安全運動参加 ・学校警察相互連絡会 ・職員研修 PTA活動 ・地区交通安母の会情報交換 地域連携活動 （自治会・育成センター・派出所・地域の学校） ・特別補導研修会 ・不審者情報提供
家庭（家庭基礎） 〈1年〉共に生きる	体育祭の事故防止（LHR） 除草に伴う危険防止 　　　　　　　（SHR） ゴミゼロの日（SHR） 交通安全学習②（SHR） 自転車検定	全 全 全 全 1	・生徒総会 ・交通委員会 ・自転車置き場点検 ・事故事例のまとめ		1年 ・職業研究 2年 ・自己生活管理 3年 ・現代的課題別探究	職員交通安全委員会 ・学級PTA指導資料作成 ・登下校時交通安全指導 PTA活動 ・PTA総会 ・学級PTA開催 ・交通立哨（2回） 地域連携活動 （自治会・育成センター・派出所・地域の学校） ・反射鏡清掃 ・不審者情報提供
家庭（家庭基礎） 〈1年〉豊かな生涯へ 〈2年〉住まう	校外学習時の安全（LHR） 防災演習（LHR） 水泳プールの事故防止 　　　　　　　（SHR） 梅雨期の交通安全（SHR） 交通安全学習③（SHR）	全 全 全 全 1	・交通委員会 ・自転車置き場点検 ・事故事例のまとめ		1年 ・社会人講師と語り合う会 2年 ・自己生活管理 3年 ・現代的課題別探究	職員交通安全委員会 ・登下校時交通安全指導 ・学校警察相互連絡会 PTA活動 ・地区交通安母の会情報交換 地域連携活動 （自治会・育成センター・派出所・地域の学校） ・青少年健全育成協議会総会 ・不審者情報提供
家庭（家庭基礎） 〈1年〉豊かな生涯へ	球技大会の事故防止 　　　　　　　（LHR） 国際青少年デー（SHR） 長期休業時の安全（SHR） 交通安全学習④（SHR）	全 全 全 1	・交通委員会 ・自転車置き場点検 ・事故事例のまとめ		1年 ・社会人講師と語り合う会 2年 ・ロジカルソートⅠ 　（論理的思考） 3年 ・現代的課題別探究	職員交通安全委員会 ・薬物乱用防止教室開催 ・登下校時交通安全指導 PTA活動 ・薬物乱用防止教室参加 ・交通立哨（2回） ・交通安全「無言キャンペーン」実施 地域連携活動 （自治会・育成センター・派出所・地域の学校） ・青少年健全育成協議会研修会 ・特別補導研修会 ・不審者情報提供
家庭（家庭基礎） 〈2年〉住まう	西高祭の事故防止（LHR） 薬物乱用防止教室（LHR） 除草に伴う危険防止 　　　　　　　（SHR） 防災の日（SHR） 救急の日（SHR） 秋の交通安全運動（SHR） 交通安全学習⑤（SHR） 交通安全教室 　　　　（自転車検定） 防災講話	全 3 全 全 全 全 1 1 全	・交通委員会 ・自転車置き場点検 ・事故事例のまとめ ・交通マナー実態調査②		1年 ・大学学部研究 ・職業研究 2年 ・ロジカルソートⅠ 　（論理的思考） 3年 ・現代的課題別探究	職員交通安全委員会 ・登下校時交通安全指導 ・秋の交通安全運動参加 ・学校警察相互連絡会 ・職員研修 PTA活動 ・地区交通安母の会情報交換 地域連携活動 （自治会・育成センター・派出所・地域の学校） ・反射鏡清掃 ・不審者情報提供

	月の重点目標	関係行事	安全管理		安
			対人管理	対物管理	安　全
					保健体育
10	球技大会における安全	更衣移行期間 生徒支援連絡会 地域補導 広域補導 列車補導 交通安全週間 地域学校保健委員会	・光化学スモッグ対応 ・害虫駆除（ハチ） ・不審者情報確認 ・校内LANによる安全情報の提供 ・"ひやり，ハッとマップ"作成 （心のケア・PTSD対応） ・傷病記録集計	・AED点検 ・備品点検 ・運動器具の安全点検整備 （運動場，体育館，武道場，トレーニングルーム，部室） ・施設等の安全点検 ・防災施設設備の点検 ・大掃除 ・保健室薬品類安全管理 ・実験用薬品類安全管理	〈1年〉柔道，剣道，ダンス，テニス，バレーボール，卓球，バドミントン，サッカー，バスケットボール 〈2年〉柔道，剣道，ダンス，ソフトボール，テニス，バレーボール，卓球，バドミントン 〈3年〉ソフトバレー，バスケットボール，サッカー，テニス
11	登下校時の安全	生徒支援連絡会 防災委員会② 地域補導 中央補導 特別補導（通学列車） 交通安全週間	・害虫駆除（ハチ） ・不審者情報確認 ・校内LANによる安全情報の提供 ・"ひやり，ハッとマップ"作成 （心のケア・PTSD対応） ・傷病記録集計	・エアコンフィルター清掃 ・施設等の安全点検 ・防災施設設備の点検 ・大掃除 ・保健室薬品類安全管理 ・実験用薬品類安全管理	〈1年〉柔道，剣道，ダンス，テニス，バレーボール，卓球，バドミントン，サッカー，バスケットボール 〈2年〉柔道，剣道，ダンス，ソフトボール，テニス，バレーボール，卓球，バドミントン 〈3年〉ソフトバレー，バスケットボール，サッカー，テニス
12	安全な行動	通学路清掃奉仕活動② 防災訓練（降下訓練） 保護者懇談会（1・2年） 学校保健（安全）委員会② 生徒支援連絡会 広域補導 中央補導 交通安全週間 終業式	・長期休業前の生活指導 ・害虫駆除（ゴキブリ） ・不審者情報確認 ・校内LANによる安全情報の提供 ・"ひやり，ハッとマップ"作成 （心のケア・PTSD対応） ・傷病記録集計	・屋上庭園整備 ・暖房施設の安全点検 ・AED点検 ・緊急放送設備点検 ・施設等の安全点検 ・防災施設設備の点検 ・大掃除 ・保健室薬品類安全管理 ・実験用薬品類安全管理	〈1年〉柔道，剣道，ダンス，テニス，バレーボール，卓球，バドミントン，サッカー，バスケットボール 〈2年〉テニス，サッカー，バスケットボール，ソフトバレー 〈3年〉ソフトバレー，バスケットボール，サッカー，テニス
1	冬の事故防止	始業式 保護者懇談会（3年） 生徒支援連絡会 青少年健全育成協議会 地区交通安全推進協議会 中央補導 交通安全週間	・害虫駆除（ゴキブリ） ・長距離走実施前の健康管理 ・不審者情報確認 ・校内LANによる安全情報の提供 ・"ひやり，ハッとマップ"作成 （心のケア・PTSD対応） ・傷病記録集計	・灯油保管状況点検 ・長距離走コースの安全点検 ・施設等の安全点検 ・防災施設設備の点検 ・大掃除 ・保健室薬品類安全管理 ・実験用薬品類安全管理	〈1年〉長距離走 テニス，バレーボール，卓球，バドミントン，サッカー，バスケットボール 〈2年〉テニス，サッカー，バスケットボール，ソフトバレー，長距離走 〈3年〉ソフトバレー，バスケットボール，サッカー，テニス
2	学校内における事故防止	推薦入試学力検査 3年生自宅学習開始 学校保健（安全）委員会③ 生徒支援連絡会 地域補導 広域補導 特別補導（通学列車） 交通安全週間	・害虫駆除（ゴキブリ） ・長距離走実施前の健康管理 ・不審者情報確認 ・校内LANによる安全情報の提供 ・"ひやり，ハッとマップ"作成 （心のケア・PTSD対応） ・傷病記録集計	・浄化水槽点検 ・下水道一斉清掃 ・AED点検 ・長距離走コースの安全点検 ・施設等の安全点検 ・防災施設設備の点検 ・大掃除 ・保健室薬品類安全管理 ・実験用薬品類安全管理	〈1年〉長距離走 テニス，バレーボール，卓球，バドミントン，サッカー，バスケットボール 〈2年〉テニス，サッカー，バスケットボール，ソフトバレー，長距離走
3	1年間の安全生活の反省	卒業式 球技大会（クラスマッチ）② 高校入試学力検査 合格者召集周知会 終業式 生徒支援連絡会 地区補導 中央補導 交通安全週間 交通講話②	・長距離走実施前の健康管理 ・長期休業前の生活指導 ・年度末統計処理（医療費支払請求） ・諸表簿の整理 ・不審者情報確認 ・校内LANによる安全情報の提供 ・"ひやり，ハッとマップ"作成 （心のケア・PTSD対応） ・傷病記録集計	・長距離走コースの安全点検 ・机，椅子の整備 ・清掃用具の点検・整備 ・樹木の剪定 ・窓ガラス一斉清掃 ・施設等の安全点検 ・防災施設設備の点検 ・大掃除 ・保健室薬品類安全管理 ・実験用薬品類安全管理	〈1年〉長距離走 テニス，バレーボール，卓球，バドミントン，サッカー，バスケットボール 〈2年〉テニス，サッカー，バスケットボール，ソフトバレー，長距離走

7章　学校における安全教育

全	教	育		総合的な学習の時間（安全の分野）	組織活動
学習（教科）	安全指導（特別活動）				
関連教科	ホームルーム活動	学年	生徒交通安全委員会		
家庭（家庭基礎）〈1年〉豊かな生涯へ 保健〈2年〉健康で安全な社会づくり	交通安全学習⑥（SHR）	全	・交通委員会 ・自転車置き場点検 ・自転車車体検査（ブレーキ・ライト） ・事故事例のまとめ	1年 ・大学訪問，取材，体験学習 ・記録，資料のまとめ 2年 課題研究 ・生活安全，交通安全，災害安全関係の探究活動（グループ活動） 3年 ・ロジカルソートⅡ（論理的な文章構築）	職員交通安全委員会 ・登下校時交通安全指導 PTA活動 ・交通立哨（2回） 地域連携活動 （自治会・育成センター・派出所・地域の学校） ・不審者情報提供
家庭（家庭基礎）〈2年〉消費生活を考える	登下校時の安全（SHR） 児童虐待防止推進月間（SHR） 交通安全学習⑦（SHR）	全 全 1	・交通委員会 ・自転車置き場点検 ・事故事例のまとめ	1年 ・発表スライド原稿作成 2年 課題研究 ・生活安全，交通安全，災害安全関係の探究活動（グループ活動） 3年 ・ロジカルソートⅡ（論理的な文章構築）	職員交通安全委員会 ・登下校時交通安全指導 ・学校警察相互連絡会 PTA活動 ・地区交通安全母の会情報交換 地域連携活動 （自治会・育成センター・派出所・地域の学校） ・青少年健全育成協議会研修会 ・地区交通安全推進協議会 ・不審者情報提供
保健〈1年〉交通事故の現状と要因 交通事故を防ぐために	年末年始の安全（SHR） 交通安全学習⑧（SHR）	全 1	・交通委員会 ・自転車置き場点検 ・交通マナー実態調査③ ・事故事例のまとめ	1年 ・研究成果発表会 2年 課題研究 ・生活安全，交通安全，災害安全関係の探究活動（グループ活動） 3年 ・ロジカルソートⅡ（論理的な文章構築）	職員交通安全委員会 ・PTA新聞投稿 ・登下校時交通安全指導 PTA活動 ・PTA新聞投稿 ・交通立哨（2回） 地域連携活動 （自治会・育成センター・派出所・地域の学校） ・反射鏡清掃 ・不審者情報提供
保健〈1年〉交通事故の現状と要因	防災とボランティアの日（SHR） 交通安全学習⑨（SHR）	全 1・2	・交通委員会 ・自転車置き場点検 ・事故事例のまとめ	1年 ・個人発表（パワーポイント） 2年 ・課題研究のまとめ	職員交通安全委員会 ・登下校時交通安全指導 ・学校警察相互連絡会 ・職員研修 PTA活動 ・地区交通安全母の会情報交換 地域連携活動 （自治会・育成センター・派出所・地域の学校） ・不審者情報提供
保健〈1年〉交通事故を防ぐために 応急手当の意義と日常的な応急手当 〈2年〉食品の安全を守る活動	長距離走実施前の健康管理（SHR） 交通安全学習⑩（SHR）	1・2 1	・交通委員会 ・自転車置き場点検 ・交通マナー実態調査④ ・事故事例のまとめ	1年 ・課題研究発表見学 ・交通講話 2年 ・課題研究発表会	職員交通安全委員会 ・登下校時交通安全指導 PTA活動 ・交通立哨（2回） 地域連携活動 （自治会・育成センター・派出所・地域の学校） ・反射鏡清掃 ・不審者情報提供 ・特別補導研修会
家庭（家庭基礎）〈1年〉食べる 保健〈1年〉心肺蘇生法の原理と手順 心肺蘇生法のおこない方	球技大会の事故防止（LHR） 交通安全学習⑪（SHR）	1・2 1・2	・交通委員会 ・自転車置き場点検 ・事故事例集作成 ・安全生活のまとめと次年度の計画	1年 ・相互評価と自己評価 ・次年度への考察 2年 ・相互評価と自己評価 ・次年度への考察	職員交通安全委員会 ・球技大会援助 ・年度末統計 ・年間評価と次年度の方針 ・登下校時交通安全指導 ・学校警察相互連絡会 PTA活動 ・今年度の反省と次年度の引継事項のまとめ 地域連携活動 （自治会・育成センター・派出所・地域の学校） ・不審者情報提供 ・今年度の反省と次年度の引継事項のまとめ

<事例２> 学校安全計画例

項目			月	4	5	6	7・8	9
	月 の 重 点			新しい環境に慣れよう	生活環境を把握しよう	プールでの事故に気を付けよう	夏休みを安全に過ごそう	危険を予測し安全に過ごそう
安全教育	安全学習	教科	技術	技術室の使用	のこぎり等工具の使い方	電気工具の使い方	厚紙の裁断機の使い方	技術室の整理整とん
			家庭	家庭科室の使用	調理器具の使い方	電気器具の使い方	調理実習の衛生と安全	家庭科室の整理整とん
			体育	体育施設の適切な使用	体育用具の安全な使い方	水泳の事故防止	器械運動における安全	体育祭練習時における安全
			保健	健全な男女交際	けが等の予防	救急法	1学期のまとめ	応急処置の仕方（消毒・包帯）
		学級活動		通学における交通安全	男女交際の在り方	火災時の避難の仕方	性的被害の予防	命の尊厳
	安全指導	通学指導		・通学指導と通学観察指導 ──────────────────────────▶ ・寄宿舎生の帰省指導 ────────────────────────▶ ・駅からのバス通学指導 ───────────────────────▶				
		学級活動	1年	通学の安全 子ども110番の家 誘拐等の防止	避難経路を知る 宿泊生活訓練における安全	火災の予防 校内実習時の安全 水泳の安全	夏休みの生活と安全（含防犯）	交通事故の予防
			2年	2年生になって 通学の安全 子ども110番の家	避難経路を知る 宿泊生活訓練における安全	火災の予防 産業現場等における実習の安全	夏休みの生活と安全（含防犯）	夏バテ予防と応急手当
			3年	3年生になって 通学の安全 子ども110番の家	避難経路を知る 宿泊生活訓練における安全	火災の予防	夏休みの生活と安全（含防犯） 運動不足と成人病	けがをしたときの応急手当
	学校行事等			入学式	健康診断 宿泊生活訓練	火災避難（防災）訓練（消防署招来） 産業現場等における実習		
				部活動を週3日，放課後に40〜70分間活動，安全に配慮し，知，徳，体を身に付ける				
安全管理	対人管理			疾病のある生徒の把握（発作・運動制限）	救急体制の見直し	健康観察の徹底 心肺蘇生法の確認	夏休み中の事故防止	健康観察の徹底
	対物管理			施設・設備点検 机・いすの点検	便所・洗面所の衛生管理・点検 避難経路の点検	プール水質検査 ──────────▶		飲料水検査
							期末大掃除	掃除
				安全点検（通年）			安全点検・修理報告	防災関係設備点検
学校安全に関する組織活動					・学校安全（保健）委員会	・職員研修会（救急救命法）		・学校安全（保健）委員会
				保健安全部会（毎月） PTA・地域との連携				

文部科学省 「生きる力」をはぐくむ学校での安全教育（平成13年11月）より引用

特別支援学校（知的障害）高等部

10	11	12	1	2	3	到達目標
実習時の安全に気を付けよう	火災を予防し安全に過ごそう	冬休みを安全に過ごそう	快適な環境を維持しよう	教室環境の管理をしよう	春休みを安全に過ごそう	安全で健康な生活を送る
木工材料の取扱い（切断・研磨等）	→	塗料の使用と暖房と換気	金属材料の取扱い（切断・研磨等）	→	塗料の使用と換気	安全な器具の使い方や塗料の使用の仕方を身に付ける
ガスコンロの使い方	調理実習の衛生と安全	電磁調理器等の使い方	調理実習の衛生と安全	もちつきにおける衛生と安全	家庭における調理器具の確認	
体育祭における安全	ミニホッケーにおける安全	サッカーにおける安全	マラソン練習時の安全	マラソン大会における安全	バスケットボールにおける安全	自分を含め，周囲の安全に気を付ける
健康管理と運動の関係	校外における異性との接し方	2学期のまとめ	健康管理と運動の関係	一人で行動するときの心構え	3学期のまとめ	性被害を防止するとともに健全な性の在り方を理解する
地震時の対応と避難の仕方	助け合って生きる	火災への対応（初期消火）	知らない人からの誘いへの対応	地震火災時における避難の仕方	自転車の安全な乗り方	災害への対応を身に付ける

・通学指導と通学観察指導 ──────────────→　自分の判断で安全に配慮し，交通ルールを守る態度を育成する
・寄宿舎生の帰省指導 ──────────────→
・駅からのバス通学指導 ──────────────→

10	11	12	1	2	3	到達目標
地震への対応	火災予防と安全 校内実習の安全	冬休みの生活と安全	冬の安全対策	避難訓練の徹底 教室の整理整とん	身体の健康	健康や事故防止について理解する
地震への対応 産業現場等における実習の安全	火災予防と安全	冬休みの生活と安全	タバコの害	避難訓練の徹底 寒さに負けない体づくり	2年生の反省	健康で安全な生活を送る力を身に付ける
地震への対応	火災予防と安全 タバコの害 修学旅行における安全	冬休みの生活と安全	日常生活と健康管理	避難訓練の徹底 社会に出るに当たって	卒業を控えて	社会人として，自覚をもって行動する
地震避難（防災）訓練 体育祭 産業現場等における実習	修学旅行（3年）	文化祭	防災の日	地震火災避難（防災）訓練 マラソン大会	卒業式	学校行事における安全の徹底

部活動を週3日，放課後に40～70分間活動，安全に配慮し，知，徳，体を身に付ける

10	11	12	1	2	3	到達目標
		冬休み中の事故防止	健康観察の徹底		健康管理の反省 春休み中の事故防止	健康状態の的確な把握 健康維持と健康の増進 事故の防止
照度検査	飲料水検査		教室の自然換気・CO_2濃度検査		健康管理の反省	安全で快適な学校環境 学校薬剤師との連携
				照度検査		
掃除		期末大掃除	掃除		期末大掃除	
		安全点検・修理報告			防災関係設備点検	学校施設・設備の安全管理

・学校安全（保健）委員会

保健安全部会（毎月）
PTA・地域との連携

実力確認問題

中学校学習指導要領　学習指導要領の改訂

【解答】

1 総説

1．改訂の経緯　A

文中の空欄にあてはまる語句を選択肢から選び記号で答えよ。

21世紀は，新しい知識・（ ① ）・技術が政治・経済・文化をはじめ社会のあらゆる領域での活動の基盤として飛躍的に重要性を増す，いわゆる「（ ② ）」の時代であると言われている。このような（ ② ）や（ ③ ）は，（ ④ ）など知識そのものや人材をめぐる（ ⑤ ）を加速させる一方で，異なる文化や文明との（ ⑥ ）や（ ⑦ ）の必要性を増大させている。このような状況において，（ ⑧ ），（ ⑨ ），（ ⑩ ）の調和を重視する「生きる力」をはぐくむことがますます重要になっている。

【選択肢】

ア．共存　イ．アイディア　ウ．知識基盤社会　エ．健やかな体
オ．確かな学力　カ．情報　キ．国際競争　ク．豊かな心
ケ．グローバル化　コ．国際協力

1.
①カ　②ウ　③ケ
④イ　⑤キ　⑥ア
⑦コ　⑧オ　⑨ク
⑩エ

2．OECD（経済協力開発機構）のPISA調査など各種の調査からは，我が国の児童生徒について，どのような課題が見られたのか。3点簡潔にまとめよ。

2.
①思考力・判断力・表現力等を問う読解力や記述式問題，知識・技能を活用する問題に課題　②読解力で成績分布の分散が拡大しており，その背景には家庭での学習時間などの学習意欲，学習習慣・生活習慣に課題　③自分への自信の欠如や自らの将来への不安，体力の低下といった課題

3．改善の基本方針　A

文中の空欄にあてはまる語句を選択肢から選び記号で答えよ。

保健については，「生涯を通じて自らの健康を適切に管理し改善していく資質や能力を育成するため，一層の内容の改善を図る。その際，小・中・高等学校を通じて（ ① ）のある指導ができるように，子どもたちの（ ② ）を踏まえて保健の内容の（ ③ ）を図る。また，（ ④ ）の乱れや（ ⑤ ）などが健康に影響することを学ぶことが重要であり，健康の概念や課題などの内容を明確に示すとともに，（ ⑥ ）と健康，

（⑦）などの疾病の予防，（⑧）の活用，（⑨），（⑩）としての安全などの内容の改善を図る。特に，小学校低学年においては，運動を通して健康の認識がもてるよう指導の在り方を改善する。」としている。

【選択肢】

ア．傷害の防止　イ．系統性　ウ．健康と環境　エ．発達の段階
オ．心身の発育・発達　カ．ストレス　キ．生活習慣病
ク．生活習慣　ケ．保健医療制度　コ．体系化

【解答】

3.
①イ　②エ　③コ
④ク　⑤カ　⑥オ
⑦キ　⑧ケ　⑨ウ
⑩ア

4．改善の具体的事項　A

文中の空欄にあてはまる語句を選択肢から選び記号で答えよ。

保健分野については，（①）における健康・安全に関する内容を重視する観点から，（②）によって生じる傷害，（③）に関する内容について取り上げるなど，指導内容を改善する。また，自らの健康を適切に（④）し（⑤）していく（⑥）・（⑦）などの資質や能力を育成する観点から，小学校の内容を踏まえた（⑧）のある指導ができるよう（⑨）や課題に関する内容を明確にし，（⑩）する学習活動を取り入れるなどの指導方法の工夫を行うものとする。

【選択肢】

ア．知識を活用　イ．二次災害　ウ．系統性　エ．判断力
オ．改善　カ．個人生活　キ．健康の概念　ク．医薬品　ケ．管理
コ．思考力

4.
①カ　②イ　③ク
④ケ　⑤オ　⑥コ
⑦エ　⑧ウ　⑨キ
⑩ア

5．内容及び内容の取扱いの改善について　A

(1) 内容の改訂

文中の空欄にあてはまる語句を選択肢から選び記号で答えよ。

中学校における基礎的事項を明確にするとともに，（①）の乱れや（②）などが健康に影響することを学ぶことができるよう，（③）や課題などの内容を明確に示すとともに，新たに，（④）によって生じる傷害に関する内容，（⑤）に関する内容を取り扱うこととした。

その際，心身の健康の保持増進にかかわる資質や能力を育成するため，基礎的・基本的な知識の（⑥）や（⑦）にとどまらず，（⑧）する学習活動によって（⑨）・（⑩）などの資質や能力が育成されるよう，実習や実験などの指導方法の工夫を行うことを示した。

また，小学校及び高等学校の「保健」の内容を踏まえた系統性ある指導ができるよう，次のような改訂を行った。

【解　答】

5.
(1) ①ケ　②キ
③オ　④ウ　⑤ア
⑥イ　⑦エ　⑧カ
⑨ク　⑩コ

【選択肢】

ア．医薬品　イ．暗記　ウ．二次災害　エ．再現　オ．健康の概念
カ．知識を活用　キ．ストレス　ク．思考力　ケ．生活習慣
コ．判断力

(2) 心身の機能の発達と心の健康　A

「心身の機能の発達と心の健康」については，内容を明確化した。

具体的には，（①）に伴う身体の器官の（②）と機能の（③）を（④），（⑤）を中心に取り上げるとともに，発達の時期やその程度には（⑥）があること，また，思春期には（⑦）が成熟し，（⑧）に伴う変化に対応した適切な行動が必要となることなどについて取り扱うこととした。

その際，心の健康については，（⑨）の視点から精神と身体は相互に影響を与え，かかわっていることを示し，自己の形成及び欲求やストレスへの対処に関する内容は引き続き重視するとともに，体育分野の「（⑩）」の指導とも関連を図って取り扱うこととした。

(2) ①キ　②ア
③イ　④ク　⑤ウ
⑥エ　⑦ケ　⑧オ
⑨カ　⑩コ

【選択肢】

ア．発育　イ．発達　ウ．循環器　エ．個人差　オ．成熟
カ．系統性　キ．発育・発達　ク．呼吸器　ケ．生殖機能
コ．体ほぐしの運動

(3) 健康と環境　A

「健康と環境」については，指導内容を明確に示す視点から，身体の（①）を超えた環境は健康に影響を及ぼすことがあること，（②）や（③）を衛生的に保つには（④）に適合するように管理する必要があること，（⑤）は衛生的に処理する必要があることなどを示した。

(3) ①オ　②ア
③ウ　④イ　⑤エ

【選択肢】

ア．飲料水　イ．基準　ウ．空気　エ．廃棄物　オ．適応能力

(4) 傷害の防止　A

「傷害の防止」については，（①）の視点から，（②）によって生じる傷害を明確に示した。また，応急手当には（③）等があることを示した。

なお，応急手当を適切に行うことによって，（④）を防止することができることを，（③）等の実習を通して理解できるようにした。ま

た，引き続き，（⑤）など体育分野の指導との関連を図った指導を行うものとした。
【選択肢】
ア．二次災害　イ．傷害の悪化　ウ．災害安全　エ．心肺蘇生
オ．水泳

【解答】
(4) ①ウ　②ア
③エ　④イ　⑤オ

(5) 健康な生活と疾病の予防　A
「健康な生活と疾病の予防」については，指導内容の（①）及び明確に示す視点から，健康の保持増進には，年齢，（②）等に応じた（③），運動，（④）の調和のとれた生活を続ける必要があること，また，食事の（⑤）の偏り，（⑥），休養や睡眠の不足などの（⑦）の乱れは（⑧）などの要因となることを示した。喫煙，飲酒，（⑨）に関する内容については，人間関係，（⑩）が影響することから，それぞれの要因に適切に対処する必要があることについて示した。
また，（⑪）及び（⑫）については，引き続き取り上げることとした。
さらに，（⑬）は正しく使用することを示すとともに，（⑭）の健康は，健康を保持増進するための（⑮）な取組と密接なかかわりがあることについて示した。
【選択肢】
ア．生活習慣病　イ．社会環境　ウ．休養及び睡眠　エ．運動不足
オ．性感染症　カ．個人　キ．食事　ク．系統性　ケ．生活習慣
コ．社会的　サ．医薬品　シ．生活環境　ス．量や質
セ．薬物乱用防止　ソ．後天性免疫不全症候群（エイズ）

(5) ①ク　②シ
③キ　④ウ　⑤ス
⑥エ　⑦ケ　⑧ア
⑨セ　⑩イ　⑪ソ
⑫オ　⑬サ　⑭カ
⑮コ

6．指導計画の作成等の改善について　A
文中の空欄にあてはまる数字を答えよ。
(1) 年間授業時数
今回の改訂においては，子どもたちの体力が低下する中で，中学校段階は生徒の体の発達も著しい時期であるため，授業時数を増加する必要があるとされ，各学年とも年間標準授業時数を（①）単位時間としていたものが，（②）単位時間に改められた。
体育分野及び保健分野に配当する年間の授業時数は，（③）学年間を通して，体育分野は（④）単位時間程度，保健分野は（⑤）単位時間程度とすることとした。

6.
(1) ①90　②105
③3　④267
⑤48

【解　答】

6.
(2) ①オ　②イ
　③ア　④エ　⑤ウ

1.
(1) ①ウ　②ア
　③オ　④イ　⑤エ

(2) 学校における体育・健康に関する指導との関連　B
　文中の空欄にあてはまる語句を選択肢から選び記号で答えよ。
　指導計画の作成に当たっては，第1章総則第1の3に示す「学校における体育・健康に関する指導」の趣旨を生かし，関連の教科や（ ① ），（ ② ）のほか，（ ③ ），（ ④ ）などとの関連を図り，日常生活における体育・健康に関する活動が適切かつ（ ⑤ ）に実践できるように留意することとした。

【選択肢】

ア．総合的な学習の時間　イ．特別活動　ウ．継続的
エ．運動部の活動　オ．道徳

2　保健体育科の目標及び内容

〔保健分野〕

1．目標
　文中の空欄にあてはまる語句を選択肢から選び記号で答えよ。

(1) 目標　A
　（ ① ）における（ ② ）に関する理解を通して，（ ③ ）自らの健康を適切に（ ④ ）し，（ ⑤ ）していく資質や能力を育てる。

【選択肢】

ア．健康・安全　イ．管理　ウ．個人生活　エ．改善
オ．生涯を通じて

(2) 目標の解説　B
　「個人生活における健康・安全に関する理解を通して」は，（ ① ）の発達の仕方及び（ ② ）の発達や（ ③ ），欲求や（ ④ ）への対処などの心の健康，（ ⑤ ）を中心とした環境と心身の健康とのかかわり，健康に適した（ ⑥ ）の維持と改善，傷害の（ ⑦ ）とその防止及び（ ⑧ ）並びに健康な（ ⑨ ）の実践と（ ⑩ ）について，（ ⑪ ）を中心として（ ⑫ ）に理解できるようにすることを示したものである。
　その際，学習の展開の基本的な方向として，小学校での実践的に理解できるようにするという考え方を生かすとともに，（ ⑬ ）な思考なども可能になるという（ ⑭ ）を踏まえて，心身の健康の保持増進に関する（ ⑮ ）な内容について（ ⑫ ）に思考し，理解できるようにすることを目指したものである。
　「生涯を通じて自らの健康を適切に管理し，改善していく資質や能力

を育てる」は，健康・安全について（⑫）に理解できるようにすることを通して，現在及び（⑯）において（⑰）の課題に直面した場合に的確な（⑱）を行うことができるよう，自らの健康を適切に管理し改善していく（⑲）・（⑳）などの資質や能力を育成することを目指している。

【選択肢】

> ア．精神機能　イ．発生要因　ウ．科学的　エ．健康・安全
> オ．自然環境　カ．疾病の予防　キ．基礎的・基本的　ク．判断力
> ケ．心身の機能　コ．快適な環境　サ．個人生活　シ．将来の生活
> ス．自己形成　セ．応急手当　ソ．抽象的　タ．思考・判断
> チ．ストレス　ツ．生活行動　テ．発達の段階　ト．思考力

【解　答】

(2) ①ケ　②ア
③ス　④チ　⑤オ
⑥コ　⑦イ　⑧セ
⑨ツ　⑩カ　⑪サ
⑫ウ　⑬ソ　⑭テ
⑮キ　⑯シ　⑰エ
⑱タ　⑲ト　⑳ク

2．心身の機能の発達と心の健康

文中の空欄にあてはまる語句を選択肢から選び記号で答えよ。

(1) 心身の機能の発達と心の健康についての理解。B

ア　身体には，多くの器官が（①）し，それに伴い，様々な機能が（②）する時期があること。また，（③）の時期やその程度には，（④）があること。

イ　思春期には，（⑤）の働きによって（⑥）にかかわる機能が成熟すること。また，成熟に伴う変化に対応した（⑦）が必要となること。

ウ　（⑧），（⑨），（⑩）などの精神機能は，（⑪）などの影響を受けて発達すること。また，思春期においては，（⑫）が深まり，（⑬）がなされること。

エ　精神と身体は，相互に影響を与え，かかわっていること。
　　欲求や（⑭）は，心身に影響を与えることがあること。また，心の健康を保つには，欲求や（⑭）に適切に（⑮）する必要があること。

【選択肢】

> ア．ストレス　イ．自己の認識　ウ．社会性　エ．知的機能
> オ．生殖　カ．発育　キ．発育・発達　ク．内分泌　ケ．対処
> コ．自己形成　サ．生活経験　シ．情意機能　ス．適切な行動
> セ．発達　ソ．個人差

(1) ①カ　②セ
③キ　④ソ　⑤ク
⑥オ　⑦ス　⑧エ
⑨シ　⑩ウ　⑪サ
⑫イ　⑬コ　⑭ア
⑮ケ

(2) 心身の機能の発達と心の健康の解説　C
　小学校では，体の（①）の一般的な現象や（②），（③）の体つ

【解　答】

きの変化や（④），（⑤）などを学習している。また，（⑥）も体と同様に発達し，（⑦）は相互に影響し合うことなどを学習している。

　ここでは，健康の保持増進を図るための基礎として，心身の機能は（⑧）などの影響を受けながら（⑨）とともに発達することについて理解できるようにする必要がある。また，これらの（⑩）とともに，心の健康を保持増進する方法についても理解できるようにする必要がある。

　このため，本内容は，年齢に伴って身体の各器官が（⑪）し，機能が（⑫）することを（⑬），（⑭）を中心に取り上げるとともに，（①）の時期や程度には（②）があること，また，（③）は，身体的には（⑮）にかかわる機能が（⑯）し，精神的には（⑰）の時期であること，さらに，精神と身体は互いに影響し合うこと，心の健康を保つには欲求やストレスに（⑱）することなどを中心として構成している。

(2) ①オ　②コ
③ソ　④シ　⑤ケ
⑥エ　⑦セ　⑧ツ
⑨ク　⑩ウ　⑪ス
⑫チ　⑬キ　⑭イ
⑮カ　⑯ア　⑰サ
⑱タ

【選択肢】
ア．成熟　イ．循環器　ウ．発達の仕方　エ．心　オ．発育・発達
カ．生殖　キ．呼吸器　ク．年齢　ケ．精通　コ．個人差
サ．自己形成　シ．初経　ス．発育　セ．心と体　ソ．思春期
タ．適切に対処　チ．発達　ツ．生活経験

(3)　身体機能の発達　B

　身体の発育・発達には，（①）や（②），（③）や（④）などの器官が急速に（⑤）し，（⑥），（⑦）などの機能が（⑧）する時期があること，また，その時期や（⑨）には，（⑩）があることを理解できるようにする。

(3) ①コ　②キ
③エ　④ア　⑤ケ
⑥オ　⑦イ　⑧ク
⑨カ　⑩ウ

【選択肢】
ア．心臓　イ．循環器系　ウ．人によって違い　エ．肺
オ．呼吸器系　カ．程度　キ．筋肉　ク．発達　ケ．発育　コ．骨

(4)　生殖にかかわる機能の成熟　C

　思春期には，（①）から分泌される（②）の働きにより（③）の発育とともに（④）が発達し，男子では（⑤），女子では（⑥）が見られ，妊娠が可能となることを理解できるようにする。また，身体的な成熟に伴う性的な発達に対応し，（⑦）が生じたり，（⑧）などが高まったりすることなどから，（⑨），（⑩）への対処など性に関する（⑪）や（⑫）が必要となることを理解できるようにする。

178

なお，指導に当たっては，（⑬）を踏まえること，（⑭）で共通理解を図ること，（⑮）の理解を得ることなどに配慮することが大切である。

【選択肢】

ア．生殖器　イ．異性の尊重　ウ．適切な態度　エ．保護者
オ．下垂体　カ．射精　キ．異性への関心　ク．行動の選択
ケ．性腺刺激ホルモン　コ．月経　サ．性情報　シ．学校全体
ス．生殖機能　セ．性衝動　ソ．発達の段階

精神機能の発達と自己形成

(5) 知的機能，情意機能，社会性の発達　C

　心は，（①），（②），（③）等の精神機能の総体としてとらえられ，それらは（④）や（⑤）などの影響を受けながら，（⑥）の発達とともに発達することを理解できるようにする。

　その際，（①）については（⑦），（⑧），（⑨），（⑩）など，（②）については（⑪）や（⑫）などがあり，それらは人や社会との様々なかかわりなどの（④）や（⑤）などにより発達することを理解できるようにする。また，（③）については，（⑬）や（⑭）などを取り上げ，それらへの依存の状態は，（④）や（⑤）などの影響を受けながら変化し，（⑮）しようとする傾向が強くなることを理解できるようにする。

【選択肢】

ア．家族関係　イ．判断　ウ．認知　エ．生活経験　オ．知的機能
カ．社会性　キ．大脳　ク．言語　ケ．意志　コ．自立
サ．友人関係　シ．感情　ス．記憶　セ．学習　ソ．情意機能

(6) 自己形成　C

　自己形成については，（①）になると，自己を（②）に見つめたり，他人の（③）や（④）を理解できるようになったりするとともに，（⑤）や興味・関心を広げ，次第に（⑥）し自分なりの（⑦）をもてるようになるなど（⑧）がなされることを理解できるようにする。

　その際，自己は，様々な経験から学び，悩んだり，（⑨）を繰り返したりしながら（⑩）の発達とともに確立していくことにも触れるようにする。

【解　答】

(4) ①オ　②ケ
③ア　④ス　⑤カ
⑥コ　⑦セ　⑧キ
⑨イ　⑩サ　⑪ウ
⑫ク　⑬ソ　⑭シ
⑮エ

(5) ①オ　②ソ
③カ　④エ　⑤セ
⑥キ　⑦ウ　⑧ス
⑨ク　⑩イ　⑪シ
⑫ケ　⑬ア　⑭サ
⑮コ

【解答】

(6) ①ケ ②エ ③キ ④イ ⑤コ ⑥オ ⑦ク ⑧ウ ⑨カ ⑩ア

【選択肢】
> ア．社会性　イ．考え方　ウ．自己の形成　エ．客観的
> オ．自己を認識　カ．試行錯誤　キ．立場　ク．価値観
> ケ．思春期　コ．物の考え方

欲求やストレスへの対処と心の健康

(7) 心と体のかかわり　C

精神と身体には，密接な関係があり，互いに様々な影響を与え合っていることを理解できるようにする。また，（ ① ）が体にあらわれたり，（ ② ）が心にあらわれたりするのは，（ ③ ）などの働きによることを理解できるようにする。例えば，人前に出て緊張したときに（ ④ ）が速くなったり口が渇いたりすること，体に痛みがあるときに（ ⑤ ）できなかったりすることなどを適宜取り上げ理解できるようにする。

(7) ①イ ②ア ③オ ④ウ ⑤エ

【選択肢】
> ア．体の状態　イ．心の状態　ウ．脈拍　エ．集中　オ．神経

(8) 欲求やストレスへの対処と心の健康　C

心の健康を保つには，欲求やストレスに（ ① ）することが必要であることを理解できるようにする。

欲求には，（ ② ）な欲求と（ ③ ），（ ④ ）な欲求があること，また，精神的な安定を図るには，欲求の（ ⑤ ）に向けて取り組んだり，自分や周囲の状況からよりよい方法を見付けたりすることなどがあることを理解できるようにする。

また，ここでいうストレスとは，（ ⑥ ）からの様々な刺激により心身に（ ⑦ ）がかかった状態であることを意味し，ストレスを感じることは，（ ⑧ ）なことであること，個人にとって（ ⑨ ）なストレスは，（ ⑩ ）必要なものであることを理解できるようにする。

ストレスへの適切な対処には，（ ⑪ ）の方法を身に付けること，（ ⑫ ）等で（ ⑬ ）の方法を身に付けること，（ ⑭ ）をもつことなど自分自身でできることがあること，また，友達や周囲の大人などに話したり，相談したりするなどいろいろな方法があり，自分に合った（ ⑮ ）を身に付けることが大切であることを理解できるようにする。

(8) ①イ ②ス ③シ ④サ ⑤キ ⑥オ ⑦コ ⑧カ ⑨ケ ⑩ソ ⑪ウ ⑫セ ⑬エ ⑭ク ⑮ア

【選択肢】
> ア．対処法　イ．適切に対処　ウ．コミュニケーション
> エ．リラクセーション　オ．外界　カ．自然　キ．実現　ク．趣味

ケ．適度　コ．負担　サ．社会的　シ．心理的　ス．生理的
セ．体ほぐしの運動　ソ．精神発達上

3．健康と環境

文中の空欄にあてはまる語句を選択肢から選び記号で答えよ。

(1) 健康と環境についての理解。B

ア　身体には，環境に対してある程度まで（①）があること。身体の（①）を超えた環境は，健康に影響を及ぼすことがあること。また，（②）で（③）のよい生活を送るための（④），（⑤）や（⑥）には（⑦）があること。

イ　（⑧）や（⑨）は，健康と密接なかかわりがあること。また，（⑧）や（⑨）を（⑩）に保つには，（⑪）に（⑫）するよう（⑬）する必要があること。

ウ　人間の生活によって生じた（⑭）は，（⑮）に十分配慮し，環境を汚染しないように衛生的に処理する必要があること。

【選択肢】

ア．基準　イ．能率　ウ．適合　エ．温度　オ．明るさ　カ．快適
キ．廃棄物　ク．環境の保全　ケ．飲料水　コ．管理　サ．衛生的
シ．湿度　ス．空気　セ．適応能力　ソ．一定の範囲

(2) 健康と環境の解説　C

小学校では，毎日を健康に過ごすためには，（①）の調節や（②）などの（③）を整えることが必要であることを学習している。

ここでは，人間の健康は，個人を取り巻く環境から深く影響を受けており，健康を保持増進するためには，（④）に対する（⑤）について理解できるようにする必要がある。

このため，本内容は，主として身体に直接かかわりのある環境を取り上げ，人間の身体は（⑥）に対してある程度まで（⑦）する（⑧）な機能を有すること，また，身体の（⑨）を超えた環境は（⑩）や健康に影響を及ぼすことがあること，さらに，（⑪）や（⑫）を（⑬）的に保ったり，生活によって生じた（⑭）は（⑮）に処理したりする必要があることなどを中心として構成している。

【選択肢】

ア．換気　イ．適応　ウ．空気　エ．衛生的　オ．明るさ

【解　答】

3．
(1) ①セ　②カ
③イ　④エ　⑤シ
⑥オ　⑦ソ　⑧ケ
⑨ス　⑩サ　⑪ア
⑫ウ　⑬コ　⑭キ
⑮ク

(2) ①オ　②ア
③サ　④ソ　⑤キ
⑥ス　⑦イ　⑧カ
⑨シ　⑩コ　⑪ク

【解　答】
⑫ウ　⑬ケ　⑭セ
⑮エ

カ．生理的　キ．環境の影響　ク．飲料水　ケ．衛生　コ．生命
サ．生活環境　シ．適応能力　ス．環境の変化　セ．廃棄物
ソ．心身の健康

身体の環境に対する適応能力・至適範囲

(3) 気温の変化に対する適応能力とその限界　C

　（①）の変化に対する（②）の機能を例として取り上げ，身体には，環境の変化に対応した（③）があり，（④）で環境の変化に（⑤）する能力があることを理解できるようにする。また，（⑥）や山や海での（⑦）などを取り上げ，体温を（⑧）に保つ身体の（⑨）には（⑩）があること，その（⑩）を超えると健康に重大な影響が見られることを理解できるようにする。

【選択肢】

ア．熱中症　イ．限界　ウ．体温調節　エ．一定
オ．一定の範囲内　カ．適応　キ．気温　ク．遭難　ケ．適応能力
コ．調節機能

(3) ①キ　②ウ
③コ　④オ　⑤カ
⑥ア　⑦ク　⑧エ
⑨ケ　⑩イ

(4) 温熱条件や明るさの至適範囲　C

　室内の（①），（②），（③）の（④）には，人間が活動しやすい（⑤）があること，（④）の（⑤）は，体温を容易に（⑥）に保つことができる範囲であることを理解できるようにする。その際，これらの範囲は，学習や作業及び（⑦）の種類によって異なること，その範囲を超えると，学習や作業の（⑧）や（⑨）の低下が見られることにも触れるようにする。

　明るさについては，（⑩）を行う際には，物がよく見え，目が疲労しにくい（⑤）があること，その範囲は，学習や作業などの種類により異なることを理解できるようにする。

【選択肢】

ア．至適範囲　イ．スポーツの記録　ウ．湿度　エ．スポーツ活動
オ．気流　カ．温熱条件　キ．一定　ク．視作業　ケ．温度
コ．能率

(4) ①ケ　②ウ
③オ　④カ　⑤ア
⑥キ　⑦エ　⑧コ
⑨イ　⑩ク

飲料水や空気の衛生的管理

(5) 飲料水の衛生的管理　C

　水は，人間の（①）や健康及び（②）と密接なかかわりがあり重

要な役割を果たしていること，（ ③ ）の水質については（ ④ ）が設けられており，（ ⑤ ）を設けて（ ⑥ ）な水を確保していることの意義を理解できるようにするとともに，（ ③ ）としての（ ⑦ ）は（ ⑧ ）な方法によって（ ⑨ ）し，（ ⑩ ）されていることを理解できるようにする。

【選択肢】

ア．適否　イ．一定の基準　ウ．生命の維持　エ．管理
オ．科学的　カ．生活　キ．衛生的　ク．飲料水　ケ．検査
コ．水道施設

(5) ①ウ　②カ
③ク　④イ　⑤コ
⑥キ　⑦ア　⑧オ
⑨ケ　⑩エ

(6) 空気の衛生的管理　C

室内の（ ① ）は，人体の（ ② ）や物質の（ ③ ）により増加すること，そのため，室内の（ ④ ）が汚れてきているという（ ⑤ ）となること，定期的な（ ⑥ ）は室内の（ ① ）の（ ⑦ ）を衛生的に管理できることを理解できるようにする。

また，空気中の（ ⑧ ）は，主に物質の（ ⑨ ）によって発生し，吸入すると（ ⑩ ）を容易に起こし，人体に有害であることを理解できるようにするとともに，そのために基準が決められていることにも触れるようにする。

【選択肢】

ア．濃度　イ．二酸化炭素　ウ．一酸化炭素　エ．燃焼　オ．指標
カ．一酸化炭素中毒　キ．換気　ク．空気　ケ．不完全燃焼
コ．呼吸作用

(6) ①イ　②コ
③エ　④ク　⑤オ
⑥キ　⑦ア　⑧ウ
⑨ケ　⑩カ

(7) 生活に伴う廃棄物の衛生的管理　C

人間の（ ① ）に伴って生じた（ ② ）やごみなどの（ ③ ）は，その種類に即して（ ④ ）を汚染しないように（ ⑤ ）に（ ⑥ ）されなければならないことを理解できるようにする。また，ごみの（ ⑦ ）や（ ⑧ ）などの（ ⑨ ）の取組が，（ ④ ）の汚染を防ぎ，（ ③ ）の（ ⑩ ）につながることにも触れるようにする。

【選択肢】

ア．廃棄物　イ．処理　ウ．個人　エ．減量　オ．し尿
カ．自然環境　キ．生活　ク．衛生的　ケ．分別　コ．衛生的管理

(7) ①キ　②オ
③ア　④カ　⑤ク
⑥イ　⑦エ　⑧ケ
⑨ウ　⑩コ

【解　答】

傷害の防止

(8) 傷害の防止について理解を深めること。B
ア　交通事故や自然災害などによる傷害は，（①）や（②）などがかかわって発生すること。
イ　交通事故などによる傷害の多くは，（③），（④）によって防止できること。
ウ　自然災害による傷害は，（⑤）だけでなく，（⑥）によっても生じること。また，自然災害による傷害の多くは，災害に備えておくこと，（⑦）することによって防止できること。
エ　（⑧）を適切に行うことによって，（⑨）を防止することができること。また，（⑧）には，（⑩）等があること。

(8) ①ウ　②ク
③オ　④コ　⑤ア
⑥カ　⑦エ　⑧イ
⑨ケ　⑩キ

【選択肢】
ア．災害発生時　イ．応急手当　ウ．人的要因　エ．安全に避難
オ．安全な行動　カ．二次災害　キ．心肺蘇生　ク．環境要因
ケ．傷害の悪化　コ．環境の改善

(9) 傷害の防止の解説　C

小学校では，交通事故や身の回りの生活の危険が原因となって起こるけがの防止，（①）や（②）などの簡単な手当などを学習している。

ここでは，（③）には様々な要因があり，それらに対する適切な対策によって傷害の多くは防止できること，また，応急手当は（④）を防止することができることを理解できるようにする必要がある。

このため，本内容は，交通事故や自然災害などによる傷害は（⑤），（⑥）及びそれらの相互のかかわりによって発生すること，交通事故などの傷害の多くはこれらの要因に対する適切な対策を行うことによって防止できること，また，自然災害による傷害の多くは災害に備えておくこと，（⑦）及び（⑧）に周囲の状況に応じて（⑨）すること，（⑩）を把握することで防止できること，及び適切な応急手当は（④）を防止することができることなどを中心として構成している。

(9) ①イ　②ク
③コ　④オ　⑤キ
⑥ア　⑦ウ　⑧カ
⑨ケ　⑩エ

【選択肢】
ア．環境要因　イ．すり傷　ウ．災害発生時　エ．災害情報
オ．傷害の悪化　カ．発生後　キ．人的要因　ク．鼻出血
ケ．安全に行動　コ．傷害の発生

(10) 交通事故や自然災害などによる傷害の発生要因　C

交通事故や自然災害などによる傷害は，（①），（②）及びそれら

の相互のかかわりによって発生すること，（①）としては，人間の心身の状態や（③）について，（②）としては，（④）における施設・設備の状態や（⑤）などについて理解できるようにする。

【選択肢】

　ア．生活環境　イ．行動の仕方　ウ．人的要因　エ．気象条件
　オ．環境要因

【解答】

(10) ①ウ　②オ
　　③イ　④ア　⑤エ

(11) 交通事故などによる傷害の防止　C

　交通事故などによる傷害を防止するためには，（①）や（②）にかかわる危険を（③）し，それぞれの要因に対して（④）を行うことが必要であることを理解できるようにする。（①）に対しては，（⑤）や（⑥）を把握し，判断して，（⑦）すること，（②）に対しては，（⑧）にするために，道路などの（⑨）などの整備，改善をすることがあることなどについて理解できるようにする。

　その際，（⑩）については，中学生期には（⑪）の事故が多く発生することを，具体的な事例などを適宜取り上げ理解できるようにする。また，（⑩）を防止するためには，（⑫）や（⑬）の特性を知り，（⑭）を守り，車両，道路，（⑮）などの周囲の状況に応じ，（⑦）することが必要であることを理解できるようにする。

　なお，指導に当たっては，必要に応じて，（⑯）をはじめ（⑰）の生活の危険が原因となって起こる傷害を適宜取り上げ，（⑱）・（⑲）の能力を身に付けることが必要であることについて理解できるよう配慮するものとする。

【選択肢】

　ア．自動車　イ．予測　ウ．安全に行動　エ．交通環境
　オ．自転車乗車中　カ．適切な対策　キ．気象条件　ク．危険回避
　ケ．自転車　コ．危険予測　サ．周囲の状況　シ．交通事故
　ス．交通法規　セ．犯罪被害　ソ．環境要因　タ．心身の状態
　チ．人的要因　ツ．環境を安全　テ．身の回り

(11) ①チ　②ソ
　　③イ　④カ　⑤タ
　　⑥サ　⑦ウ　⑧ツ
　　⑨エ　⑩シ　⑪オ
　　⑫ケ　⑬ア　⑭ス
　　⑮キ　⑯セ　⑰テ
　　⑱コ　⑲ク

(12) 自然災害による傷害の防止　C

　自然災害による傷害は，例えば，（①）が発生した場合に（②）や（③），転倒などによる危険が原因となって生じること，また，（①）に伴って，（④），土砂崩れ，地割れ，火災などによる（⑤）によっても生じることを理解できるようにする。

　自然災害による傷害が（⑥）だけでなく，（⑤）によっても生じ

【解　答】

ることから，その防止には，日頃から災害時の（⑦）に備えておくこと，（①）などが発生した時や発生した後，周囲の状況を的確に判断し，冷静・迅速・安全に行動すること，（⑧）やテレビ，ラジオ等による（⑨）を把握する必要があることを理解できるようにする。

なお，地域の実情に応じて，（⑩）などを適宜取り上げることにも配慮するものとする。

(12) ①キ　②イ
　　 ③コ　④ウ　⑤カ
　　 ⑥ア　⑦ク　⑧エ
　　 ⑨ケ　⑩オ

【選択肢】

　ア．災害発生時　イ．家屋の倒壊　ウ．津波　エ．事前の情報
　オ．気象災害　カ．二次災害　キ．地震　ク．安全の確保
　ケ．災害情報　コ．家具の落下

応急手当

(13) 応急手当の意義　C

傷害が発生した際に，その場に居合わせた人が行う応急手当としては，傷害を受けた人の（①）等（②）と同時に，（③），傷害の状態に応じた手当が基本であり，適切な手当は（④）を防止できることを理解できるようにする。

また，必要に応じて医師や（⑤）などへの連絡を行うことについても触れるようにする。

(13) ①ウ　②オ
　　 ③ア　④エ　⑤イ

【選択肢】

　ア．周囲の人への連絡　イ．医療機関　ウ．反応の確認
　エ．傷害の悪化　オ．状況の把握

(14) 応急手当の方法　C

応急手当は，患部の保護や（①）を適切に行うことによって傷害の悪化を防止できることを理解できるようにする。ここでは，（②），（③）としての（④）などを取り上げ，実習を通して理解できるようにする。

また，（⑤）に陥った人に遭遇したときの応急手当としては，（⑥），（⑦），（⑧）などの（⑨）を取り上げ，実習を通して理解できるようにする。

なお，必要に応じて（⑩）にも触れるようにする。

(14) ①ウ　②キ
　　 ③オ　④カ　⑤ア
　　 ⑥ケ　⑦エ　⑧コ
　　 ⑨イ　⑩ク

【選択肢】

　ア．心肺停止　イ．心肺蘇生法　ウ．固定，止血　エ．人工呼吸
　オ．止血法　カ．直接圧迫法　キ．包帯法

ク．AED（自動体外式除細動器）　ケ．気道確保　コ．胸骨圧迫

4．健康な生活と疾病の予防

文中の空欄にあてはまる語句を選択肢から選び記号で答えよ。

(1) 健康な生活と疾病の予防について理解を深めること。B

ア　健康は、主体と環境の（①）の下に成り立っていること。また、疾病は、（②）と（③）がかかわり合って発生すること。

イ　健康の保持増進には、年齢、生活環境等に応じた食事、運動、（④）の（⑤）のとれた生活を続ける必要があること。また、食事の（⑥）の（⑦）、（⑧）、休養や睡眠の不足などの生活習慣の乱れは、（⑨）などの要因となること。

ウ　喫煙、飲酒、（⑩）などの行為は、心身に様々な影響を与え、健康を損なう原因となること。また、これらの行為には、個人の（⑪）や（⑫）、（⑬）が影響することから、それぞれの要因に適切に対処する必要があること。

エ　感染症は、（⑭）が主な要因となって発生すること。また、感染症の多くは、（⑮）をなくすこと、（⑯）を遮断すること、主体の（⑰）を高めることによって予防できること。

オ　健康の保持増進や疾病の予防には、（⑱）を有効に利用することがあること。また、（⑲）は、正しく使用すること。

カ　（⑳）は、健康を保持増進するための社会の取組と密接なかかわりがあること。

【選択肢】

ア．環境の要因　イ．調和　ウ．運動不足　エ．薬物乱用
オ．病原体　カ．主体の要因　キ．人間関係　ク．休養及び睡眠
ケ．抵抗力　コ．医薬品　サ．相互作用　シ．社会環境
ス．発生源　セ．生活習慣病　ソ．個人の健康　タ．心理状態
チ．量や質　ツ．感染経路　テ．偏り　ト．保健・医療機関

(2) 健康な生活と疾病の予防の解説　C

小学校では、（①）や（②）、（③）や（④）などについて学習している。

ここでは、人間の健康は、主体と（⑤）がかかわり合って成り立つこと、健康を（⑥）し、（⑦）するためには、それにかかわる（⑧）に対する適切な対策があることについて理解できるようにする必要がある。

【解答】

4．
(1) ①サ　②カ
③ア　④ク　⑤イ
⑥チ　⑦テ　⑧ウ
⑨セ　⑩エ　⑪タ
⑫キ　⑬シ　⑭オ
⑮ス　⑯ツ　⑰ケ
⑱ト　⑲コ　⑳ソ

【解 答】

　このため，本内容は，健康の（⑥）や疾病の予防をするためには，調和のとれた食事，（⑨），（⑩）が必要であること，（⑪）と健康に関する内容として喫煙，飲酒，（⑫）を取り上げ，これらと健康との関係を理解できるようにすること，また，疾病は主体と（⑤）がかかわりながら発生するが，疾病はそれらの（⑧）に対する適切な対策，例えば，（⑬）や（⑭）を有効に利用することなどによって予防できること，（⑮）な取組も有効であることなどを中心として構成している。

【選択肢】

> ア．要因　イ．環境　ウ．休養及び睡眠　エ．医薬品
> オ．健康によい生活　カ．保持増進　キ．生活行動　ク．社会的
> ケ．保健・医療機関　コ．疾病を予防　サ．健康の大切さ
> シ．薬物乱用　ス．適切な運動　セ．病気の起こり方　ソ．予防

(2) ①サ　②オ
　　③セ　④ソ　⑤イ
　　⑥カ　⑦コ　⑧ア
　　⑨ス　⑩ウ　⑪キ
　　⑫シ　⑬ケ　⑭エ
　　⑮ク

(3) 健康の成り立ちと疾病の発生要因　C

　健康は，（①）と（②）を良好な状態に保つことにより成り立っていること，また，健康が阻害された状態の一つが（③）であることを理解できるようにする。

　また，疾病は，（④）と（⑤）とが相互にかかわりながら発生することを理解できるようにする。その際，（④）には，年齢，性，（⑥），（⑦）などの（⑧）と，生後に獲得された食事，運動，休養及び（⑨）を含む生活上の様々な（⑩）などがあることを理解できるようにする。（⑤）には，温度，湿度や（⑪）などの（⑫）環境，ウイルスや細菌などの（⑬）環境及び（⑭）や保健・医療機関などの（⑮）環境などがあることを理解できるようにする。

【選択肢】

> ア．有害化学物質　イ．免疫　ウ．疾病　エ．社会的　オ．睡眠
> カ．生物学的　キ．環境　ク．主体の要因　ケ．遺伝
> コ．習慣や行動　ス．物理的・化学的　サ．素因　シ．主体
> セ．人間関係　ソ．環境の要因

(3) ①シ　②キ
　　③ウ　④ク　⑤ソ
　　⑥イ　⑦ケ　⑧サ
　　⑨オ　⑩コ　⑪ア
　　⑫ス　⑬カ　⑭セ
　　⑮エ

生活行動・生活習慣と健康

(4) 食生活と健康　C

　健康を保持増進するためには，毎日（①）に食事をすること，また，年齢や（②）に応じて栄養素の（③）や（④）などに配慮すること及び運動によって消費された（⑤）を食事によって補給することが

必要であることを理解できるようにする。
【選択肢】

> ア．食事の量　イ．運動量　ウ．エネルギー　エ．適切な時間
> オ．バランス

【解　答】
(4) ①エ　②イ
③オ　④ア　⑤ウ

(5) 運動と健康　C

運動には，身体の各器官の（ ① ）を刺激し，その（ ② ）を促すとともに，（ ③ ）が図られるなど，（ ④ ）にもよい効果があること，健康を保持増進するためには日常生活において（ ⑤ ）を続けることが必要であることを理解できるようにする。
【選択肢】

> ア．精神的　イ．発達　ウ．適切な運動　エ．機能　オ．気分転換

(5) ①エ　②イ
③オ　④ア　⑤ウ

(6) 休養及び睡眠と健康　C

健康を保持増進するためには，休養及び睡眠によって（ ① ）を回復することが必要であることを理解できるようにする。

その際，（ ② ），運動，作業などは，（ ③ ）をもたらし，その徴候は（ ④ ）の変化として現れること，これらは運動や学習などの（ ⑤ ）によって，また（ ⑥ ）や個人によって（ ⑦ ）に違いがあることについて取り上げ，適切な休養及び睡眠によって疲労を蓄積させないようにすることが大切であることに触れるようにする。

なお，必要に応じて，（ ⑧ ）など情報機器の使用による（ ⑨ ）や（ ⑩ ）など健康とのかかわりについても取り上げることにも配慮する。
【選択肢】

> ア．現れ方　イ．疲労　ウ．休憩の取り方　エ．コンピュータ
> オ．心身の状態　カ．長時間の学習　キ．量と質
> ク．疲労の現れ方　ケ．環境条件　コ．心身の疲労

(6) ①コ　②カ
③イ　④オ　⑤キ
⑥ケ　⑦ア　⑧エ
⑨ク　⑩ウ

(7) 調和のとれた生活と生活習慣病　C

人間の健康は（ ① ）と深くかかわっており，健康を保持増進するためには，年齢，（ ② ）等に応じた食事，（ ③ ），休養及び睡眠の調和のとれた生活を続けることが必要であることを理解できるようにする。また，（ ④ ）の乱れ，（ ⑤ ），（ ⑥ ）の減少などの（ ⑦ ）な（ ⑧ ）は，やせや（ ⑨ ）などを引き起こしたり，また，（ ⑩ ）を引き起こす要因となったりし，生涯にわたる心身の健康に様々な影響があ

【解答】
(7) ①ウ ②コ
③オ ④イ ⑤キ
⑥エ ⑦ア ⑧カ
⑨ケ ⑩ク

ることを理解できるようにする。
【選択肢】
> ア．不適切　イ．食生活　ウ．生活行動　エ．睡眠時間
> オ．適切な運動　カ．生活習慣　キ．運動不足　ク．生活習慣病
> ケ．肥満　コ．生活環境

喫煙，飲酒，薬物乱用と健康

(8) 喫煙と健康　C

喫煙については，たばこの煙の中には（①），タール及び（②）などの有害物質が含まれていること，それらの作用により，（③）の収縮，（④）への負担，（⑤）の低下など様々な（⑥）が現れること，また，（⑦）な喫煙により，肺がんや心臓病など様々な病気を起こしやすくなることを理解できるようにする。特に，（⑧）の喫煙については，身体に大きな影響を及ぼし，（①）の作用などにより（⑨）になりやすいことを理解できるようにする。

(8) ①イ ②エ
③オ ④カ ⑤ア
⑥ウ ⑦キ ⑧ク
⑨ケ

【選択肢】
> ア．運動能力　イ．ニコチン　ウ．急性影響　エ．一酸化炭素
> オ．毛細血管　カ．心臓　キ．常習的　ク．未成年者　ケ．依存症

(9) 飲酒と健康　C

飲酒については，酒の主成分の（①）が（②）の働きを低下させ，思考力や（③）を低下させたり（④）を起こしたりすること，急激に大量の飲酒をすると（⑤）を起こし（⑥）や死に至ることもあることを理解できるようにする。また，（⑦）な飲酒により，（⑧）や脳の病気など様々な病気を起こしやすくなることを理解できるようにする。特に，（⑨）の飲酒については，身体に大きな影響を及ぼし，（①）の作用などにより（⑩）になりやすいことを理解できるようにする。

(9) ①キ ②コ
③ウ ④ア ⑤カ
⑥イ ⑦ク ⑧オ
⑨ケ ⑩エ

【選択肢】
> ア．運動障害　イ．意識障害　ウ．自制力　エ．依存症
> オ．肝臓病　カ．急性中毒　キ．エチルアルコール　ク．常習的
> ケ．未成年者　コ．中枢神経

(10) 薬物乱用と健康　C

薬物乱用については，（①）や（②）を取り上げ，摂取によって

（ ③ ）を伴った激しい急性の（ ④ ）や（ ⑤ ）などを引き起こすこと，薬物の連用により（ ⑥ ）が現れ，（ ⑦ ）すると精神や身体に苦痛を感じるようになるなど様々な障害が起きることを理解できるようにする。

　また，薬物乱用は，個人の心身の健全な発育や（ ⑧ ）を阻害するだけでなく，社会への（ ⑨ ）や（ ⑩ ）の発達を妨げるため，暴力，（ ⑪ ），犯罪など家庭・学校・地域社会にも深刻な影響を及ぼすこともあることを理解できるようにする。

　喫煙，飲酒，薬物乱用などの行為は，好奇心，なげやりな気持ち，過度のストレスなどの（ ⑫ ），周囲の人々の影響や人間関係の中で生じる断りにくい心理，（ ⑬ ）や（ ⑭ ）などの（ ⑮ ）などによって助長されること，また，それらに適切に対処する必要があることを理解できるようにする。

【選択肢】

　ア．急死　イ．心理状態　ウ．幻覚　エ．入手のし易さ
　オ．責任感　カ．人格の形成　キ．大麻　ク．依存症状
　ケ．社会環境　コ．錯乱状態　サ．適応能力　シ．覚せい剤
　ス．性的非行　セ．中断　ソ．宣伝・広告

【解　答】

(10) ①シ　②キ
③ウ　④コ　⑤ア
⑥ク　⑦セ　⑧カ
⑨サ　⑩オ　⑪ス
⑫イ　⑬ソ　⑭エ
⑮ケ

感染症の予防

(11) 感染症の原因とその予防　C

　感染症は，（ ① ）が環境を通じて（ ② ）へ感染することで起こる病気であり，適切な対策を講ずることにより予防できることを，例えば，結核，コレラ，（ ③ ）による（ ④ ），麻疹，（ ⑤ ）などを適宜取り上げ理解できるようにする。

　（ ① ）には，細菌やウイルスなどの（ ⑥ ）があるが，温度，湿度などの自然環境，住居，人口密度，交通などの（ ⑦ ），また，（ ② ）の（ ⑧ ）や（ ⑨ ）などの条件が相互に複雑に関係する中で，（ ① ）が身体に侵入し，感染症が発病することを理解できるようにする。

　感染症を予防するには，消毒や殺菌等により（ ⑩ ）をなくすこと，周囲の環境を（ ⑪ ）に保つことにより（ ⑫ ）を遮断すること，（ ⑨ ）を良好にしたり，（ ⑬ ）の実施により（ ⑭ ）を付けたりするなど身体の（ ⑧ ）を高めることが有効であることを理解できるようにする。

【選択肢】

　ア．風疹　イ．主体　ウ．感染性胃腸炎　エ．衛生的

(11) ①キ　②イ
③サ　④ウ　⑤ア
⑥コ　⑦シ　⑧セ
⑨カ　⑩ク　⑪エ

【解答】
⑫ケ ⑬オ ⑭ス

オ．予防接種　カ．栄養状態　キ．病原体　ク．発生源
ケ．感染経路　コ．微生物　サ．ノロウィルス　シ．社会環境
ス．免疫　セ．抵抗力

⑿　エイズ及び性感染症の予防　C
　エイズ及び性感染症の（①）とその（②）が社会問題になっていることから，その（③）や（④）について理解できるようにする。また，（⑤）を身に付ける必要があることを理解できるようにする。例えば，エイズの病原体は（⑥）であり，その主な（④）は（⑦）であることから，感染を予防するには（⑦）をしないこと，（⑧）を使うことなどが有効であることにも触れるようにする。
　なお，指導に当たっては，（⑨）を踏まえること，学校全体で共通理解を図ること，（⑩）の理解を得ることなどに配慮することが大切である。

⑿ ①ウ ②オ
③コ ④カ ⑤イ
⑥ク ⑦エ ⑧キ
⑨ア ⑩ケ

【選択肢】
ア．発達の段階　イ．予防方法　ウ．増加傾向　エ．性的接触
オ．低年齢化　カ．感染経路　キ．コンドーム
ク．ヒト免疫不全ウイルス(HIV)　ケ．保護者　コ．疾病概念

⒀　保健・医療機関や医薬品の有効利用　C
　（①）には，人々の健康の保持増進や（②）の役割を担っている（③），（④），医療機関などがあることを理解できるようにする。健康の保持増進と疾病の予防には，各機関がもつ機能を有効に利用する必要があることを理解できるようにする。
　また，医薬品には，（⑤）と（⑥）があることを理解できるようにする。医薬品には，使用（⑦），使用（⑧），（⑨）などの使用法があり，（⑩）する必要があることについて理解できるようにする。

⒀ ①キ ②ウ
③オ ④コ ⑤イ
⑥カ ⑦ア ⑧ク
⑨エ ⑩ケ

【選択肢】
ア．回数　イ．主作用　ウ．疾病予防　エ．使用量　オ．保健所
カ．副作用　キ．地域　ク．時間　ケ．正しく使用
コ．保健センター

⒁　個人の健康を守る社会の取組　C
　健康の保持増進や疾病の予防には，人々の健康を支える（①）な取組が有効であることを理解できるようにする。ここでは，住民の

（ ② ）や心身の健康に関する（ ③ ）などを取り上げ，地域における健康増進，（ ④ ）及び感染症の予防のための地域の（ ⑤ ）が行われていることを理解できるようにする。

【選択肢】
ア．健康診断　イ．生活習慣病　ウ．社会的　エ．相談
オ．保健活動

【解　答】

⒁ ①ウ　②ア
　③エ　④イ　⑤オ

3．内容の取扱い

文中の空欄にあてはまる語句を選択肢から選び記号で答えよ。

指導に当たっては，事例などを用いたディスカッション，（ ① ），心肺蘇生法などの実習，実験，（ ② ）などを取り入れること，また，必要に応じて（ ③ ）等を活用すること，地域や学校の実情に応じて（ ④ ）や（ ⑤ ），（ ⑥ ）など専門性を有する教職員等の参加・協力を推進することなど多様な指導方法の工夫を行うよう配慮することを示したものである。

実習を取り入れる際には，（ ⑦ ）の意義や手順など，該当する指導内容を理解できるようにすることに留意する必要がある。

また，実験を取り入れるねらいは，（ ⑧ ）を習得することではなく，内容について仮説を設定し，これを検証したり，解決したりするという（ ⑨ ）な問題解決を自ら行う活動を重視し，（ ⑩ ）や法則といった指導内容を理解できるようにすることに主眼を置くことが大切である。

【選択肢】
ア．応急手当　イ．栄養教諭　ウ．課題学習　エ．実験の方法
オ．科学的な事実　カ．学校栄養職員　キ．ブレインストーミング
ク．コンピュータ　ケ．実証的　コ．養護教諭

3．
①キ　②ウ　③ク
④コ　⑤イ　⑥カ
⑦ア　⑧エ　⑨ケ
⑩オ

高等学校学習指導要領　学習指導要領の改訂

第2　保健

1．目標　A

空欄にあてはまる語句を答えよ。
（①）及び（②）における（③）について理解を深めるようにし，生涯を通じて自らの健康を適切に（④）し，（⑤）していく資質や能力を育てる。

2．内容

文中の空欄にあてはまる語句を選択肢より選び記号で答えよ。

(1) 現代社会と健康　B

我が国の（①）や（②）に対応して，健康を保持増進するためには，個人の（③）やそれを支える（④）などが大切であるという（⑤）の考え方を生かし，人々が自らの健康を適切に管理すること及び環境を改善していくことが重要であることを理解できるようにする。

【選択肢】

　ア．社会環境づくり　イ．疾病構造　ウ．ヘルスプロモーション
　エ．行動選択　オ．社会の変化

ア　健康の考え方　B

　健康の（①）は，国民の（②）の向上や（③）の変化に伴って変わってきていること。また，健康は，様々な（④）の影響を受けながら，（⑤）と環境の（⑥）の下に成り立っていること。
　健康の保持増進には，健康に関する（⑦）の適切な（⑧）や（⑨）及び（⑩）がかかわること。

【選択肢】

　ア．疾病構造　イ．個人　ウ．相互作用　エ．健康水準
　オ．環境づくり　カ．主体　キ．考え方　ク．要因　ケ．行動選択
　コ．意志決定

イ　健康の保持増進と疾病の予防　B

　健康の保持増進と生活習慣病の予防には，食事，運動，休養及び睡眠の調和のとれた生活を実践する必要があること。

【解　答】

1．
①個人　②社会生活　③健康・安全
④管理　⑤改善

2．
(1) ①イ　②オ
③エ　④ア　⑤ウ

ア．
①キ　②エ　③ア
④ク　⑤カ　⑥ウ
⑦イ　⑧コ　⑨ケ
⑩オ

喫煙と飲酒は，（ ① ）の要因になること。また，（ ② ）は，心身の健康や社会に深刻な影響を与えることから行ってはならないこと。それらの対策には，個人や（ ③ ）への対策が必要であること。

感染症の発生や（ ④ ）には，時代や地域によって違いがみられること。その予防には，個人的及び（ ⑤ ）な対策を行う必要があること。

【選択肢】
ア．社会環境　イ．社会的　ウ．生活習慣病　エ．流行
オ．薬物乱用

イ．
①ウ　②オ　③ア
④エ　⑤イ

ウ　精神の健康　B

人間の欲求と（ ① ）には，様々な種類があること。（ ② ）と身体には，密接な関連があること。また，（ ③ ）を保持増進するには，欲求や（ ④ ）に適切に対処するとともに，（ ⑤ ）を図るよう努力していくことが重要であること。

【選択肢】
ア．適応機制　イ．自己実現　ウ．ストレス　エ．精神
オ．精神の健康

ウ．
①ア　②エ　③オ
④ウ　⑤イ

エ　交通安全　B

交通事故を防止するには，（ ① ）の理解，（ ② ）や歩行など（ ③ ），自他の生命を尊重する態度，（ ④ ）の整備などがかかわること。また，交通事故には責任や（ ⑤ ）が生じること。

【選択肢】
ア．適切な行動　イ．安全な運転　ウ．交通環境　エ．補償問題
オ．車両の特性

エ．
①オ　②イ　③ア
④ウ　⑤エ

オ　応急手当

適切な応急手当は，傷害や疾病の悪化を軽減できること。応急手当には，正しい（ ① ）や（ ② ）があること。また，（ ③ ）等の応急手当は，傷害や疾病によって身体が（ ④ ）とともに損なわれていく場合があることから，（ ⑤ ）に行う必要があること。

【選択肢】
ア．心肺蘇生　イ．速やか　ウ．手順　エ．時間の経過　オ．方法

オ．
①ウ　②オ　③ア
④エ　⑤イ

【解　答】

(2) ①ウ　②オ
③イ　④ア　⑤エ

ア．
①ア　②ウ　③イ
④エ

イ．
①オ　②ウ　③イ
④ア　⑤エ

ウ．
①健康課題　②保健活動

(2)　生涯を通じる健康　B

　生涯の（①）において健康についての（②）があり，自らこれに適切に（③）する必要があること及び我が国の（④）制度や（⑤）を適切に活用することが重要であることについて理解できるようにする。

【選択肢】

　ア．保健・医療　イ．対応　ウ．各段階　エ．機関　オ．課題

ア　生涯の各段階における健康　B

　生涯にわたって健康を保持増進するには，生涯の（①）の（②）に応じた自己の（③）及び（④）がかかわっていること。

【選択肢】

　ア．各段階　イ．健康管理　ウ．健康課題　エ．環境づくり

イ　保健・医療制度及び地域の保健・医療機関　B

　生涯を通じて健康の保持増進をするには，保健・医療制度や地域の（①），（②），医療機関などを適切に活用することが重要であること。
　また，医薬品は，（③）や（④）が審査されており，販売には制限があること。疾病からの回復や悪化の防止には，医薬品を（⑤）することが有効であること。

【選択肢】

　ア．安全性　イ．有効性　ウ．保健センター　エ．正しく使用
　オ．保健所

ウ　様々な保健活動や対策　B

　空欄にあてはまる語句を答えよ。
　我が国や世界では，（①）に対応して様々な（②）や対策などが行われていること。

(3)　社会生活と健康　B

　文中の空欄にあてはまる語句を選択肢より選び記号で答えよ。
　社会生活における健康の保持増進には，（①），（②）などが深くかかわっていることから，（③），（④）の保健，（⑤）にかかわる活動や対策が重要であることについて理解できるようにする。

【選択肢】
- ア．環境と食品　イ．労働　ウ．環境や食品　エ．労働と健康
- オ．環境と健康

【解答】
(3) ①ウ　②イ
　　③オ　④ア　⑤エ

ア　環境と健康　B

人間の（①）や（②）は，（③）を汚染し健康に影響を及ぼすこともあること。それらを防ぐには，（④）及び（⑤）をとる必要があること。

【選択肢】
- ア．産業活動　イ．改善の対策　ウ．汚染の防止　エ．生活
- オ．自然環境

ア．
①エ　②ア　③オ
④ウ　⑤イ

イ　環境と食品の保健　B

（①）は，学校や地域の（②）を健康に適したものとするよう（③）が設定され，それに基づき行われていること。また，（④）は，食品の（⑤）を確保するよう基準が設定され，それに基づき行われていること。

【選択肢】
- ア．安全性　イ．環境衛生活動　ウ．基準　エ．食品衛生活動
- オ．環境

イ．
①イ　②オ　③ウ
④エ　⑤ア

ウ　労働と健康　B

労働災害の防止には，（①）や（②）の変化に起因する傷害や（③）などを踏まえた適切な（④）及び（⑤）をする必要があること。

【選択肢】
- ア．作業環境　イ．健康管理　ウ．作業形態　エ．職業病
- オ．安全管理

ウ．
①ウ　②ア　③エ
④イ　⑤オ

資料１　小学校，中学校，高等学校の保健学習の変遷（戦後）

年次	教科名等	根　　拠	概　　要	摘　　要
昭22	体育科 （小，中，高）	学校体育指導要綱 （CIEの指導のもとに出版）	体錬科から体育科となる。小学校から大学まで，「運動」と「衛生」が課せられ，「衛生」の内容は今日の保健学習の前身ともいえるものである。	・昭和24年に副読本が市販される
昭24	保健体育科 （中，高）	中等学校保健計画実施要領（試案） （CIEの指導のもとに政府刊行物として出版）	中学校，高等学校の保健学習の内容が健康教育として示され，教科名も「保健体育」となる。（通達）履修時間は，3か年を通じて70時間とされる。	・昭和26年に我が国はじめての保健の検定教科書が誕生，使用される
昭25	教育活動全体	小学校保健計画実施要領（試案） （CIEの指導のもとに政府刊行物として出版）	小学校の保健に関する内容が「健康教育」として示され，昭和26年度から教育活動の全体で行うこととされた。（学習指導要領一般編）	
昭31	保健体育科 科目保健 （高等学校）	高等学校学習指導要領　保健体育科編	高等学校の保健が保健体育科の「科目保健」となり，学習指導要領の中でその目標・内容が示された。	・昭和33年度から，保健体育の教科書（体育理論を含む）となる
	保健体育科 （中学校）	文部省　初中局長通達（昭和31年3月30日）	高等学校の学習指導要領保健体育科編が出されたことに伴い，中学校の目標・内容等について初等中等局長通達で示された。（これまでは保健計画実施要領によって，中・高一本で示されていた）	・昭和33年度より，教科書の内容となる（昭和33～36年までは保健のみの教科書）
昭33	体　　育	小学校学習指導要領	体育科の領域（「体育や保健に関する知識」）として，第5学年，第6学年で，年間10～11時間行うこととされた。	・昭和36年4月実施
	保健体育 （保健分野）	中学校学習指導要領	保健体育科の「保健分野」となり，履修学年も第2学年，第3学年とされ，毎週1時間の指導が可能となった。	・昭和37年4月実施 ・教科書は，体育に関する知識を加える
昭35	保健体育 （科目保健）	高等学校学習指導要領	学習内容の精選と再構成が行われ，履修学年が第2学年，第3学年とされた。	・昭和38年4月実施
昭43	体　　育 （領域保健）	小学校学習指導要領	領域名が「保健」に改められ，内容の精選・統合が行われた。	・昭和46年4月実施，特別活動に「保健指導」「安全指導」入る

資料1　小学校，中学校，高等学校の保健学習の変遷（戦後）

昭44	保健体育 （保健分野）	中学校学習指導要領	履修学年が，第1学年から第3学年まで，各学年を通じて行うこととされた。	・昭和47年4月実施
昭45	保健体育 （科目保健）	高等学校学習指導要領	履修学年が，第1学年と第2学年とされた。	・昭和48年4月から逐年実施
昭52	体育 （領域保健）	小学校学習指導要領	「身近な生活における健康・安全の理解」が鮮明にされ，内容は叙述概念で示された。	・昭和55年4月実施
	保健体育 （保健分野）	中学校学習指導要領	授業時間の削減という教育課程全体の方針に沿って，3学年を通じて55時間となった。また，第3学年の選択教科に保健体育が加えられた。	・昭和56年4月実施
昭53	保健体育 （科目保健）	高等学校学習指導要領	小，中，高の一貫性を図るうえから学習内容の精選と再構成が行われ，大項目が4項目となった。	・昭和57年4月から逐年実施，ホームルームの内容に「健康で安全な生活に関すること」が加えられた
平元	体育 （保健領域）	小学校学習指導要領	「体の発育」の内容に「心の発達」が加えられた。	・平成4年度から完全実施 ・平成4年度から「保健」の教科書が供給されることとなった
	保健体育 （保健分野）	中学校学習指導要領	傷害の防止と疾病の予防がそれぞれ大項目とされ，全体として5項目となった。また，選択教科として第2学年から履修できるようになった。	・平成5年度から完全実施
	保健体育 （科目保健）	高等学校学習指導要領	疾病構造や社会の変化に対応して，目標を個人及び集団の健康を高める能力と態度を育てることとし，内容の再構成が行われた。	・平成6年度の第1学年から逐年実施
平10	体育 （保健領域）	小学校学習指導要領	第3学年，第4学年に保健領域が新設された。 授業時数は，3・4学年が各4単位時間，5・6学年で各8単位時間とされた。	・平成14年度から完全実施 ・「保健」の教科書は第3学年から供給されることとなった
	保健体育 （保健分野）	中学校学習指導要領	大項目が5項目から4項目に再構成され，授業時数は3年間で48時間とされた。	・平成14年度から完全実施 ・3学年間を通して行うこととされた
平11	保健体育 （科目保健）	高等学校学習指導要領	大項目が4項目から3項目に再構成されたが，履修学年は第1・第2学年，単位数は2単位のままと	・平成15年度の第1学年から逐年実施

			された。	
平20	体　育 （保健領域）	小学校学習指導要領	内容の構成や標準授業時数等は従前同様。新たに第3学年の「健康な生活」の内容として健康観の基礎的事項が，第6学年の「病気の予防」で地域の保管活動が取り上げられた。小，中，高校を通じて，知識を活用する学習活動を取り入れることが強調された。	・平成23年度から完全実施
	保健体育 （保健分野）	中学校学習指導要領	内容の構成や標準時数等は，従前同様。新たに「傷害の防止」の内容として二次災害に伴う傷害の防止が，「健康な生活と疾病予防」で医薬品の有効利用が取り上げられた。	・平成23年度から完全実施
平21	保健体育 （科目保健）	高等学校学習指導要領	内容の構成や標準単位数等は，従前同様。新たに中学校の内容との一貫性を図るうえから「生涯を通じる健康」で医薬品の承認制度や販売規制が取り上げられた。	・平成24年度から完全実施

（吉田瑩一郎）

資料２　学校教育法施行規則（抄）

昭和二十二年五月二十三日文部省令第十一号
一部改正：平成二十年三月二十八日文部科学省令第五号

第四章　小学校

第二節　教育課程

第五十条　小学校の教育課程は，国語，社会，算数，理科，生活，音楽，図画工作，家庭及び体育の各教科（以下この節において「各教科」という。），道徳，外国語活動，総合的な学習の時間並びに特別活動によつて編成するものとする。

2　私立の小学校の教育課程を編成する場合は，前項の規定にかかわらず，宗教を加えることができる。この場合においては，宗教をもつて前項の道徳に代えることができる。

第五十一条　小学校の各学年における各教科，道徳，外国語活動，総合的な学習の時間及び特別活動のそれぞれの授業時数並びに各学年におけるこれらの総授業時数は，別表第一に定める授業時数を標準とする。

第五十二条　小学校の教育課程については，この節に定めるもののほか，教育課程の基準として文部科学大臣が別に公示する小学校学習指導要領によるものとする。

第五十三条　小学校においては，必要がある場合には，一部の各教科について，これらを合わせて授業を行うことができる。

第五十四条　児童が心身の状況によつて履修することが困難な各教科は，その児童の心身の状況に適合するように課さなければならない。

第五十五条　小学校の教育課程に関し，その改善に資する研究を行うため特に必要があり，かつ，児童の教育上適切な配慮がなされていると文部科学大臣が認める場合においては，文部科学大臣が別に定めるところにより，第五十条第一項，第五十一条又は第五十二条の規定によらないことができる。

第五十五条の二　文部科学大臣が，小学校において，当該小学校又は当該小学校が設置されている地域の実態に照らし，より効果的な教育を実施するため，当該小学校又は当該地域の特色を生かした特別の教育課程を編成して教育を実施する必要があり，かつ，当該特別の教育課程について，教育基本法（平成十八年法律第百二十号）及び学校教育法第三十条第一項の規定等に照らして適切であり，児童の教育上適切な配慮がなされているものとして文部科学大臣が定める基準を満たしていると認める場合においては，文部科学大臣が別に定めるところにより，第五十条第一項，第五十一条又は第五十二条の規定の全部又は一部によらないことができる。

第五十六条　小学校において，学校生活への適応が困難であるため相当の期間小学校を欠席していると認められる児童を対象として，その実態に配慮した特別の教育課程を編成して教育を実施する必要があると文部科学大臣が認める場合においては，文部科学大臣が別に定めるところにより，第五十条第一項，第五十一条又は第五十二条の規定によらないことができる。

第三節　学年及び授業日

第六十一条　公立小学校における休業日は，次のとおりとする。ただし，第三号に掲げる日を除き，特別の必要がある場合は，この限りでない。
　一　国民の祝日に関する法律（昭和二十三年法律第百七十八号）に規定する日
　二　日曜日及び土曜日
　三　学校教育法施行令第二十九条の規定により教育委員会が定める日

第六十二条　私立小学校における学期及び休業日は，当該学校の学則で定める。

第五章　中学校

第七十二条　中学校の教育課程は，国語，社会，数学，理科，音楽，美術，保健体育，技術・家庭及び外国語の各教科（以下本章及び第七章中「各教科」という。），道徳，総合的な学習の時間並びに特別活動によつて編成するものとする。

第七十三条　中学校（併設型中学校及び第七十五条第二項に規定する連携型中学校を除く。）の各学年における各教科，道徳，総合的な学習の時間及び特別活動のそれぞれの授業時数並びに各学年におけるこれらの総授業時数は，別表第二に定める授業時数を標準とする。

第七十四条　中学校の教育課程については，この章に定めるもののほか，教育課程の基準として文部科学大臣が別に公示する中学校学習指導要領によるものとする。

第七十九条　第四十一条から第四十九条まで，第五十条第二項，第五十四条から第六十八条までの規定は，中学校に準用する。この場合において，第四十二条中「五学級」とあるのは「二学級」と，第五十五条から第五十六条までの規定中「第五十条第一項，第五十一条又は第五十二条」とあるのは「第七十二条，第七十三条（併設型中学校にあつては第百十七条において準用する第百七条，連携型中学校にあつては第七十六条）又は第七十四条」と，第五十五条の二中「第三十条第一項」とあるのは「第四十六条」と読み替えるものとする。

第六章　高等学校

第一節　設備，編制，学科及び教育課程

第八十三条　高等学校の教育課程は，別表第三に定める各教科に属する科目，総合的な学習の時間及び特別活動によつて編成するものとする。

第八十四条　高等学校の教育課程については，この章に定めるもののほか，教育課程の基準として文部科学大臣が別に公示する高等学校学習指導要領によるものとする。

第八十五条　高等学校の教育課程に関し，その改善に資する研究を行うため特に必要があり，かつ，生徒の教育上適切な配慮がなされていると文部科学大臣が認める場合においては，文部科学大臣が別に定めるところにより，前二条の規定によらないことができる。

第八十五条の二　文部科学大臣が，高等学校において，当該高等学校又は当該高等学校が設

置されている地域の実態に照らし，より効果的な教育を実施するため，当該高等学校又は当該地域の特色を生かした特別の教育課程を編成して教育を実施する必要があり，かつ，当該特別の教育課程について，教育基本法及び学校教育法第五十一条の規定等に照らして適切であり，生徒の教育上適切な配慮がなされているものとして文部科学大臣が定める基準を満たしていると認める場合においては，文部科学大臣が別に定めるところにより，第八十三条又は第八十四条の規定の全部又は一部によらないことができる。

第八十六条　高等学校において，学校生活への適応が困難であるため，相当の期間高等学校を欠席していると認められる生徒，高等学校を退学し，その後高等学校に入学していないと認められる者又は学校教育法第五十七条に規定する高等学校の入学資格を有するが，高等学校に入学していないと認められる者を対象として，その実態に配慮した特別の教育課程を編成して教育を実施する必要があると文部科学大臣が認める場合においては，文部科学大臣が別に定めるところにより，第八十三条又は第八十四条の規定によらないことができる。

第八章　特別支援教育

第百三十八条　小学校若しくは中学校又は中等教育学校の前期課程における特別支援学級に係る教育課程については，特に必要がある場合は，第五十条第一項，第五十一条及び第五十二条の規定並びに第七十二条から第七十四条までの規定にかかわらず，特別の教育課程によることができる。

第百四十条　小学校若しくは中学校又は中等教育学校の前期課程において，次の各号のいずれかに該当する児童又は生徒（特別支援学級の児童及び生徒を除く。）のうち当該障害に応じた特別の指導を行う必要があるものを教育する場合には，文部科学大臣が別に定めるところにより，第五十条第一項，第五十一条及び第五十二条の規定並びに第七十二条から第七十四条までの規定にかかわらず，特別の教育課程によることができる。
　一　言語障害者
　二　自閉症者
　三　情緒障害者
　四　弱視者
　五　難聴者
　六　学習障害者
　七　注意欠陥多動性障害者
　八　その他障害のある者で，この条の規定により特別の教育課程による教育を行うことが適当なもの

第百四十一条　前条の規定により特別の教育課程による場合においては，校長は，児童又は生徒が，当該小学校，中学校又は中等教育学校の設置者の定めるところにより他の小学校，中学校，中等教育学校の前期課程又は特別支援学校の小学部若しくは中学部において受けた授業を，当該小学校若しくは中学校又は中等教育学校の前期課程において受けた当該特別の教育課程に係る授業とみなすことができる。

資料3　学習指導要領（抄）

小学校学習指導要領

第1章　総　則

第1　教育課程編成の一般方針

1　各学校においては，教育基本法及び学校教育法その他の法令並びにこの章以下に示すところに従い，児童の人間として調和のとれた育成を目指し，地域や学校の実態及び児童の心身の発達の段階や特性を十分考慮して，適切な教育課程を編成するものとし，これらに掲げる目標を達成するよう教育を行うものとする。

　学校の教育活動を進めるに当たっては，各学校において，児童に生きる力をはぐくむことを目指し，創意工夫を生かした特色ある教育活動を展開する中で，基礎的・基本的な知識及び技能を確実に習得させ，これらを活用して課題を解決するために必要な思考力，判断力，表現力その他の能力をはぐくむとともに，主体的に学習に取り組む態度を養い，個性を生かす教育の充実に努めなければならない。その際，児童の発達の段階を考慮して，児童の言語活動を充実するとともに，家庭との連携を図りながら，児童の学習習慣が確立するよう配慮しなければならない。

2　学校における道徳教育は，道徳の時間を要（かなめ）として学校の教育活動全体を通じて行うものであり，道徳の時間はもとより，各教科，外国語活動，総合的な学習の時間及び特別活動のそれぞれの特質に応じて，児童の発達の段階を考慮して，適切な指導を行わなければならない。

　道徳教育は，教育基本法及び学校教育法に定められた教育の根本精神に基づき，人間尊重の精神と生命に対する畏敬（い）の念を家庭，学校，その他社会における具体的な生活の中に生かし，豊かな心をもち，伝統と文化を尊重し，それらをはぐくんできた我が国と郷土を愛し，個性豊かな文化の創造を図るとともに，公共の精神を尊び，民主的な社会及び国家の発展に努め，他国を尊重し，国際社会の平和と発展や環境の保全に貢献し未来を拓（ひら）く主体性のある日本人を育成するため，その基盤としての道徳性を養うことを目標とする。

　道徳教育を進めるに当たっては，教師と児童及び児童相互の人間関係を深めるとともに，児童が自己の生き方についての考えを深め，家庭や地域社会との連携を図りながら，集団宿泊活動やボランティア活動，自然体験活動などの豊かな体験を通して児童の内面に根ざした道徳性の育成が図られるよう配慮しなければならない。その際，特に児童が基本的な生活習慣，社会生活上のきまりを身に付け，善悪を判断し，人間としてしてはならないことをしないようにすることなどに配慮しなければならない。

3　学校における体育・健康に関する指導は，児童の発達の段階を考慮して，学校の教育活動全体を通じて適切に行うものとする。特に，学校における食育の推進並びに体力の向上に関する指導，安全に関する指導及び心身の健康の保持増進に関する指導については，体

育科の時間はもとより，家庭科，特別活動などにおいてもそれぞれの特質に応じて適切に行うよう努めることとする。また，それらの指導を通して，家庭や地域社会との連携を図りながら，日常生活において適切な体育・健康に関する活動の実績を促し，生涯を通じて健康・安全で活力ある生活を送るための基礎が培われるよう配慮しなければならない。

第2章　第9節　体　育

第1　目　標

心と体を一体としてとらえ，適切な運動の経験と健康・安全についての理解を通して，生涯にわたって運動に親しむ資質や能力の基礎を育てるとともに健康の保持増進と体力の向上を図り，楽しく明るい生活を営む態度を育てる。

第2　各学年の目標及び内容

〔第3学年及び第4学年〕
1　目　標
(1) 活動を工夫して各種の運動を楽しくできるようにするとともに，その基本的な動きや技能を身に付け，体力を養う。
(2) 協力，公正などの態度を育てるとともに，健康・安全に留意し，最後まで努力して運動をする態度を育てる。
(3) 健康な生活及び体の発育・発達について理解できるようにし，身近な生活において健康で安全な生活を営む資質や能力を育てる。

2　内　容
G　保　健
(1) 健康の大切さを認識するとともに，健康によい生活について理解できるようにする。
　ア　心や体の調子がよいなどの健康の状態は，主体の要因や周囲の環境の要因がかかわっていること。
　イ　毎日を健康に過ごすには，食事，運動，休養及び睡眠の調和のとれた生活を続けること，また，体の清潔を保つことなどが必要であること。
　ウ　毎日を健康に過ごすには，明るさの調節，換気などの生活環境を整えることなどが必要であること。
(2) 体の発育・発達について理解できるようにする。
　ア　体は，年齢に伴って変化すること。また，体の発育・発達には，個人差があること。
　イ　体は，思春期になると次第に大人の体に近づき，体つきが変わったり，初経，精通などが起こったりすること。また，異性への関心が芽生えること。
　ウ　体をよりよく発育・発達させるには，調和のとれた食事，適切な運動，休養及び睡眠が必要であること。

3　内容の取扱い
(3) 内容の「G保健」については，(1)を第3学年，(2)を第4学年で指導するものとする。
(4) 内容の「G保健」の(1)については，学校でも，健康診断や学校給食など様々な活動が行われていることについて触れるものとする。
(5) 内容の「G保健」の(2)については，自分と他の人では発育・発達などに違いがあることに気付き，それらを肯定的に受け止めることが大切であることについて触れるものとする。

〔第5学年及び第6学年〕
1　目　標
(1) 活動を工夫して各種の運動の楽しさや喜びを味わうことができるようにするとともに，その特性に応じた基本的な技能を身に付け，体力を高める。
(2) 協力，公正などの態度を育てるとともに，健康・安全に留意し，自己の最善を尽くして運動をする態度を育てる。
(3) 心の健康，けがの防止及び病気の予防について理解できるようにし，健康で安全な生活を営む資質や能力を育てる。

2　内　容
G　保　健
(1) 心の発達及び不安，悩みへの対処について理解できるようにする。
　ア　心は，いろいろな生活経験を通して，年齢に伴って発達すること。
　イ　心と体は，相互に影響し合うこと。
　ウ　不安や悩みへの対処には，大人や友達に相談する，仲間と遊ぶ，運動をするなどいろいろな方法があること。
(2) けがの防止について理解するとともに，けがなどの簡単な手当ができるようにする。
　ア　交通事故や身の回りの生活の危険が原因となって起こるけがの防止には，周囲の危険に気付くこと，的確な判断の下に安全に行動すること，環境を安全に整えることが必要であること。
　イ　けがの簡単な手当は，速やかに行う必要があること。
(3) 病気の予防について理解できるようにする。
　ア　病気は，病原体，体の抵抗力，生活行動，環境がかかわり合って起こること。
　イ　病原体が主な要因となって起こる病気の予防には，病原体が体に入るのを防ぐことや病原体に対する体の抵抗力を高めることが必要であること。
　ウ　生活習慣病など生活行動が主な要因となって起こる病気の予防には，栄養の偏りのない食事をとること，口腔の衛生を保つことなど，望ましい生活習慣を身に付ける必要があること。
　エ　喫煙，飲酒，薬物乱用などの行為は，健康を損なう原因となること。
　オ　地域では，保健にかかわる様々な活動が行われていること。

3 内容の取扱い
 (5) 内容の「G保健」については，(1)及び(2)を第5学年，(3)を第6学年で指導するものとする。
 (6) 内容の「A体つくり運動」の(1)のアと「G保健」の(1)のウについては，相互の関連を図って指導するものとする。
 (7) 内容の「G保健」の(3)のエの薬物については，有機溶剤の心身への影響を中心に取り扱うものとする。また，覚せい剤等についても触れるものとする。

第3　指導計画の作成と内容の取扱い

1　指導計画の作成に当たっては，次の事項に配慮するものとする。
 (1) 地域や学校の実態を考慮するとともに，個々の児童の運動経験や技能の程度などに応じた指導や児童自らが運動の課題の解決を目指す活動を行えるよう工夫すること。
 (2) 一部の領域の指導に偏ることのないよう授業時数を配当すること。
 (3) 第2の第3学年及び第4学年の内容の「G保健」に配当する授業時数は，2学年間で8単位時間程度，また，第2の第5学年及び第6学年の内容の「G保健」に配当する授業時数は，2学年間で16単位時間程度とすること。
 (4) 第2の第3学年及び第4学年の内容の「G保健」並びに第5学年及び第6学年の内容の「G保健」（以下「保健」という。）については，効果的な学習が行われるよう適切な時期に，ある程度まとまった時間を配当すること。
 (5) 第1章総則の第1の2及び第3章道徳の第1に示す道徳教育の目標に基づき，道徳の時間などとの関連を考慮しながら，第3章道徳の第2に示す内容について，体育科の特質に応じて適切な指導をすること。
2　第2の内容の取扱いについては，次の事項に配慮するものとする。
 (1) 「A体つくり運動」の(1)のアについては，各学年の各領域においてもその趣旨を生かした指導ができること。
 (2) 「D水遊び」，「D浮く・泳ぐ運動」及び「D水泳」の指導については，適切な水泳場の確保が困難な場合にはこれらを取り扱わないことができるが，これらの心得については，必ず取り上げること。
 (3) 集合，整頓，列の増減などの行動の仕方を身に付け，能率的で安全な集団としての行動ができるようにするための指導については，「A体つくり運動」をはじめとして，各学年の各領域（保健を除く。）において適切に行うこと。
 (4) 自然とのかかわりの深い雪遊び，氷上遊び，スキー，スケート，水辺活動などの指導については，地域や学校の実態に応じて積極的に行うことに留意すること。
 (5) 保健の内容のうち食事，運動，休養及び睡眠については，食育の観点も踏まえつつ健康的な生活習慣の形成に結び付くよう配慮するとともに，保健を除く第3学年以上の各領域及び学校給食に関する指導においても関連した指導を行うよう配慮すること。
 (6) 保健の指導に当たっては，知識を活用する学習活動を取り入れるなどの指導方法の工夫を行うこと。

中学校学習指導要領

第1章　総　則

第1　教育課程編成の一般方針

1　各学校においては，教育基本法及び学校教育法その他の法令並びにこの章以下に示すところに従い，生徒の人間として調和のとれた育成を目指し，地域や学校の実態及び生徒の心身の発達の段階や特性等を十分考慮して，適切な教育課程を編成するものとし，これらに掲げる目標を達成するよう教育を行うものとする。

　　学校の教育活動を進めるに当たっては，各学校において，生徒に生きる力をはぐくむことを目指し，創意工夫を生かした特色ある教育活動を展開する中で，基礎的・基本的な知識及び技能を確実に習得させ，これらを活用して課題を解決するために必要な思考力，判断力，表現力その他の能力をはぐくむとともに，主体的に学習に取り組む態度を養い，個性を生かす教育の充実に努めなければならない。その際，生徒の発達の段階を考慮して，生徒の言語活動を充実するとともに，家庭との連携を図りながら，生徒の学習習慣が確立するよう配慮しなければならない。

2　学校における道徳教育は，道徳の時間を要として学校の教育活動全体を通じて行うものであり，道徳の時間はもとより，各教科，総合的な学習の時間及び特別活動のそれぞれの特質に応じて，生徒の発達の段階を考慮して，適切な指導を行わなければならない。

　　道徳教育は，教育基本法及び学校教育法に定められた教育の根本精神に基づき，人間尊重の精神と生命に対する畏敬の念を家庭，学校，その他社会における具体的な生活の中に生かし，豊かな心をもち，伝統と文化を尊重し，それらをはぐくんできた我が国と郷土を愛し，個性豊かな文化の創造を図るとともに，公共の精神を尊び，民主的な社会及び国家の発展に努め，他国を尊重し，国際社会の平和と発展や環境の保全に貢献し未来を拓く主体性のある日本人を育成するため，その基盤としての道徳性を養うことを目標とする。

　　道徳教育を進めるに当たっては，教師と生徒及び生徒相互の人間関係を深めるとともに，生徒が道徳的価値に基づいた人間としての生き方についての自覚を深め，家庭や地域社会との連携を図りながら，職場体験活動やボランティア活動，自然体験活動などの豊かな体験を通して生徒の内面に根ざした道徳性の育成が図られるよう配慮しなければならない。その際，特に生徒が自他の生命を尊重し，規律ある生活ができ，自分の将来を考え，法やきまりの意義の理解を深め，主体的に社会の形成に参画し，国際社会に生きる日本人としての自覚を身に付けるようにすることなどに配慮しなければならない。

3　学校における体育・健康に関する指導は，生徒の発達の段階を考慮して，学校の教育活動全体を通じて適切に行うものとする。特に，学校における食育の推進並びに体力の向上に関する指導，安全に関する指導及び心身の健康の保持増進に関する指導については，保健体育科の時間はもとより，技術・家庭科，特別活動などにおいてもそれぞれの特質に応じて適切に行うよう努めることとする。また，それらの指導を通して，家庭や地域社会と

の連携を図りながら，日常生活において適切な体育・健康に関する活動の実践を促し，生涯を通じて健康・安全で活力ある生活を送るための基礎が培われるよう配慮しなければならない。

第2章　第7節　保健体育

第1　目標

心と体を一体としてとらえ，運動や健康・安全についての理解と運動の合理的な実践を通して，生涯にわたって運動に親しむ資質や能力を育てるとともに健康の保持増進のための実践力の育成と体力の向上を図り，明るく豊かな生活を営む態度を育てる。

第2　各分野の目標及び内容

〔保健分野〕
1　目標
　個人生活における健康・安全に関する理解を通して，生涯を通じて自らの健康を適切に管理し，改善していく資質や能力を育てる。

2　内　容
(1)　心身の機能の発達と心の健康について理解できるようにする。
　ア　身体には，多くの器官が発育し，それに伴い，様々な機能が発達する時期があること。また，発育・発達の時期やその程度には，個人差があること。
　イ　思春期には，内分泌の働きによって生殖にかかわる機能が成熟すること。また，成熟に伴う変化に対応した適切な行動が必要となること。
　ウ　知的機能，情意機能，社会性などの精神機能は，生活経験などの影響を受けて発達すること。また，思春期においては，自己の認識が深まり，自己形成がなされること。
　エ　精神と身体は，相互に影響を与え，かかわっていること。
　　　欲求やストレスは，心身に影響を与えることがあること。また，心の健康を保つには，欲求やストレスに適切に対処する必要があること。
(2)　健康と環境について理解できるようにする。
　ア　身体には，環境に対してある程度まで適応能力があること。身体の適応能力を超えた環境は，健康に影響を及ぼすことがあること。また，快適で能率のよい生活を送るための温度，湿度や明るさには一定の範囲があること。
　イ　飲料水や空気は，健康と密接なかかわりがあること。また，飲料水や空気を衛生的に保つには，基準に適合するよう管理する必要があること。
　ウ　人間の生活によって生じた廃棄物は，環境の保全に十分配慮し，環境を汚染しないように衛生的に処理する必要があること。
(3)　傷害の防止について理解を深めることができるようにする。
　ア　交通事故や自然災害などによる傷害は，人的要因や環境要因などがかかわって発生

すること。
　　イ　交通事故などによる傷害の多くは，安全な行動，環境の改善によって防止できること。
　　ウ　自然災害による傷害は，災害発生時だけでなく，二次災害によっても生じること。また，自然災害による傷害の多くは，災害に備えておくこと，安全に避難することによって防止できること。
　　エ　応急手当を適切に行うことによって，傷害の悪化を防止することができること。また，応急手当には，心肺蘇生等があること。
(4) 健康な生活と疾病の予防について理解を深めることができるようにする。
　　ア　健康は，主体と環境の相互作用の下に成り立っていること。また，疾病は，主体の要因と環境の要因がかかわり合って発生すること。
　　イ　健康の保持促進には，年齢，生活環境等に応じた食事，運動，休養及び睡眠の調和のとれた生活を続ける必要があること。また，食事の量や質の偏り，運動不足，休養や睡眠の不足などの生活習慣の乱れは，生活習慣病などの要因となること。
　　ウ　喫煙，飲酒，薬物乱用などの行為は，心身に様々な影響を与え，健康を損なう原因となること。また，これらの行為には，個人の心理状態や人間関係，社会環境が影響することから，それぞれの要因に適切に対処する必要があること。
　　エ　感染症は，病原体が主な要因となって発生すること。また，感染症の多くは，発生源をなくすこと，感染経路を遮断すること，主体の抵抗力を高めることによって予防できること。
　　オ　健康の保持増進や疾病の予防には，保健・医療機関を有効に利用することがあること。また，医薬品は，正しく使用すること。
　　カ　個人の健康は，健康を保持増進するための社会の取組と密接なかかわりがあること。

3　内容の取扱い

(1) 内容の(1)は第1学年，内容の(2)及び(3)は第2学年，内容の(4)は第3学年で取り扱うものとする。
(2) 内容の(1)のアについては，呼吸器，循環器を中心に取り扱うものとする。
(3) 内容の(1)のイについては，妊娠や出産が可能となるような成熟が始まるという観点から，受精・妊娠までを取り扱うものとし，妊娠の経過は取り扱わないものとする。また，身体の機能の成熟とともに，性衝動が生じたり，異性への関心が高まったりすることなどから，異性の尊重，情報への適切な対処や行動の選択が必要となることについて取り扱うものとする。
(4) 内容の(1)のエについては，体育分野の内容の「A体つくり運動」の(1)のアの指導との関連を図って指導するものとする。
(5) 内容の(2)については，地域の実態に即して公害と健康との関係を取り扱うことも配慮するものとする。また，生態系については，取り扱わないものとする。
(6) 内容の(3)のエについては，包帯法，止血法など傷害時の応急手当も取り扱い，実習を

行うものとする。また，効果的な指導を行うため，水泳など体育分野の内容との関連を図るものとする。
(7) 内容の(4)のイについては，食育の観点も踏まえつつ健康的な生活習慣の形成に結び付くよう配慮するとともに，必要に応じて，コンピュータなどの情報機器の使用と健康とのかかわりについて取り扱うことも配慮するものとする。
(8) 内容の(4)のウについては，心身への急性影響及び依存性について取り扱うこと。また，薬物は，覚せい剤や大麻等を取り扱うものとする。
(9) 内容の(4)のエについては，後天性免疫不全症候群（エイズ）及び性感染症についても取り扱うものとする。
(10) 保健分野の指導に際しては，知識を活用する学習活動を取り入れるなどの指導方法の工夫を行うものとする。

第3 指導計画の作成と内容の取扱い

1 指導計画の作成に当たっては，次の事項に配慮するものとする。
(1) 授業時数の配当については，次のとおり取り扱うこと。
　ア　保健分野の授業時数は，3学年間で，48単位時間程度を配当すること。
　イ　体育分野の授業時数は，各学年にわたって適切に配当すること。その際，体育分野の内容の「A体つくり運動」については，各学年で7単位時間以上を，「H体育理論」については，各学年で3単位時間以上を配当すること。
　ウ　体育分野の内容の「B器械運動」から「Gダンス」までの領域の授業時数は，その内容の習熟を図ることができるよう考慮して配当すること。
　エ　保健分野の授業時数は，3学年間を通して適切に配当し，各学年において効果的な学習が行われるよう適切な時期にある程度まとまった時間を配当すること。
(2) 第1章総則第1の3に示す学校における体育・健康に関する指導の趣旨を生かし，特別活動，運動部の活動などとの関連を図り，日常生活における体育・健康に関する活動が適切かつ継続的に実践できるよう留意すること。なお，体力の測定については，計画的に実施し，運動の指導及び体力の向上に活用するようにすること。
(3) 第1章総則の第1の2及び第3章道徳の第1に示す道徳教育の目標に基づき，道徳の時間などとの関連を考慮しながら，第3章道徳の第2に示す内容について，保健体育科の特質に応じて適切な指導をすること。

高等学校学習指導要領

第1章　総　則

第1款　教育課程編成の一般方針

1　各学校においては，教育基本法及び学校教育法その他の法令並びにこの章以下に示すところに従い，生徒の人間として調和のとれた育成を目指し，地域や学校の実態，課程や学科の特色，生徒の心身の発達の段階及び特性等を十分考慮して，適切な教育課程を編成するものとし，これらに掲げる目標を達成するよう教育を行うものとする。

　学校の教育活動を進めるに当たっては，各学校において，生徒に生きる力をはぐくむことを目指し，創意工夫を生かした特色ある教育活動を展開する中で，基礎的・基本的な知識及び技能を確実に習得させ，これらを活用して課題を解決するために必要な思考力，判断力，表現力その他の能力をはぐくむとともに，主体的に学習に取り組む態度を養い，個性を生かす教育の充実に努めなければならない。その際，生徒の発達の段階を考慮して，生徒の言語活動を充実するとともに，家庭との連携を図りながら，生徒の学習習慣が確立するよう配慮しなければならない。

2　学校における道徳教育は，生徒が自己探求と自己実現に努め国家・社会の一員としての自覚に基づき行為しうる発達の段階にあることを考慮し人間としての在り方生き方に関する教育を学校の教育活動全体を通じて行うことにより，その充実を図るものとし，各教科に属する科目，総合的な学習の時間及び特別活動のそれぞれの特質に応じて，適切な指導を行わなければならない。

　道徳教育は，教育基本法及び学校教育法に定められた教育の根本精神に基づき，人間尊重の精神と生命に対する畏敬の念を家庭，学校，その他社会における具体的な生活の中に生かし，豊かな心をもち，伝統と文化を尊重し，それらをはぐくんできた我が国と郷土を愛し，個性豊かな文化の創造を図るとともに，公共の精神を尊び，民主的な社会及び国家の発展に努め，他国を尊重し，国際社会の平和と発展や環境の保全に貢献し未来を拓く主体性のある日本人を育成するため，その基盤としての道徳性を養うことを目標とする。

　道徳教育を進めるに当たっては，特に，道徳的実践力を高めるとともに，自他の生命を尊重する精神，自律の精神及び社会連帯の精神並びに義務を果たし責任を重んずる態度及び人権を尊重し差別のないよりよい社会を実現しようとする態度を養うための指導が適切に行われるよう配慮しなければならない。

3　学校における体育・健康に関する指導は，生徒の発達の段階を考慮して，学校の教育活動全体を通じて適切に行うものとする。特に，学校における食育の推進並びに体力の向上に関する指導，安全に関する指導及び心身の健康の保持増進に関する指導については，保健体育科はもとより，家庭科，特別活動などにおいてもそれぞれの特質に応じて適切に行うよう努めることとする。また，それらの指導を通して，家庭や地域社会との連携を図りながら，日常生活において適切な体育・健康に関する活動の実践を促し，生涯を通じて健

康・安全で活力ある生活を送るための基礎が培われるよう配慮しなければならない。
4　学校においては，地域や学校の実態等に応じて，就業やボランティアにかかわる体験的な学習の指導を適切に行うようにし，勤労の尊さや創造することの喜びを体得させ，望ましい勤労観，職業観の育成や社会奉仕の精神の涵養に資するものとする。

第2章　第6節　保健体育

第1款　目標

心と体を一体としてとらえ，健康・安全や運動についての理解と運動の合理的，計画的な実践を通して，生涯にわたって豊かなスポーツライフを継続する資質や能力を育てるとともに健康の保持増進のための実践力の育成と体力の向上を図り，明るく豊かで活力ある生活を営む態度を育てる。

第2款　各科目

第2　保健

1　目標

個人及び社会生活における健康・安全について理解を深めるようにし，生涯を通じて自らの健康を適切に管理し，改善していく資質や能力を育てる。

2　内容
(1) 現代社会と健康
　　我が国の疾病構造や社会の変化に対応して，健康を保持増進するためには，個人の行動選択やそれを支える社会環境づくりなどが大切であるというヘルスプロモーションの考え方を生かし，人々が自らの健康を適切に管理すること及び環境を改善していくことが重要であることを理解できるようにする。
　ア　健康の考え方
　　　健康の考え方は，国民の健康水準の向上や疾病構造の変化に伴って変わってきていること。また，健康は，様々な要因の影響を受けながら，主体と環境の相互作用の下に成り立っていること。
　　　健康の保持増進には，健康に関する個人の適切な意志決定や行動選択及び環境づくりがかかわること。
　イ　健康の保持増進と疾病の予防
　　　健康の保持増進と生活習慣病の予防には，食事，運動，休養及び睡眠の調和のとれた生活を実践する必要があること。
　　　喫煙と飲酒は，生活習慣病の要因になること。また，薬物乱用は，心身の健康や社会に深刻な影響を与えることから行ってはならないこと。それらの対策には，個人や社会環境への対策が必要であること。
　　　感染症の発生や流行には，時代や地域によって違いがみられること。その予防には，

個人的及び社会的な対策を行う必要があること。
　ウ　精神の健康
　　　人間の欲求と適応機制には，様々な種類があること。精神と身体には，密接な関連があること。また，精神の健康を保持増進するには，欲求やストレスに適切に対処するとともに，自己実現を図るよう努力していくことが重要であること。
　エ　交通安全
　　　交通事故を防止するには，車両の特性の理解，安全な運転や歩行など適切な行動，自他の生命を尊重する態度，交通環境の整備などがかかわること，また，交通事故には責任や補償問題が生じること。
　オ　応急手当
　　　適切な応急手当は，傷害や疾病の悪化を軽減できること。応急手当には，正しい手順や方法があること。また，心肺蘇生等の応急手当は，傷害や疾病によって身体が時間の経過とともに損なわれていく場合があることから，速やかに行う必要があること。
(2)　生涯を通じる健康
　　生涯の各段階において健康についての課題があり，自らこれに適切に対応する必要があること及び我が国の保健・医療制度や機関を適切に活用することが重要であることについて理解できるようにする。
　ア　生涯の各段階における健康
　　　生涯にわたって健康を保持増進するには，生涯の各段階の健康課題に応じた自己の健康管理及び環境づくりがかかわっていること。
　イ　保健・医療制度及び地域の保健・医療機関
　　　生涯を通じて健康の保持増進をするには，保健・医療制度や地域の保健所，保健センター，医療機関などを適切に活用することが重要であること。
　　　また，医薬品は，有効性や安全性が審査されており，販売には制限があること。疾病からの回復や悪化の防止には，医薬品を正しく使用することが有効であること。
　ウ　様々な保健活動や対策
　　　我が国や世界では，健康課題に対応して様々な保健活動や対策などが行われていること。
(3)　社会生活と健康
　　社会生活における健康の保持増進には，環境や食品，労働などが深くかかわっていることから，環境と健康，環境と食品の保健，労働と健康にかかわる活動や対策が重要であることについて理解できるようにする。
　ア　環境と健康
　　　人間の生活や産業活動は，自然環境を汚染し健康に影響を及ぼすこともあること。それらを防ぐには，汚染の防止及び改善の対策をとる必要があること。
　イ　環境と食品の保健
　　　環境衛生活動は，学校や地域の環境を健康に適したものとするよう基準が設定され，それに基づき行われていること。また，食品衛生活動は，食品の安全性を確保するよ

う基準が設定され，それに基づき行われていること。
　　ウ　労働と健康
　　　労働災害の防止には，作業形態や作業環境の変化に起因する傷害や職業病などを踏まえた適切な健康管理及び安全管理をする必要があること。

3　内容の取扱い
(1) 内容の(1)のイ及び(3)のイについては，食育の観点を踏まえつつ，健康的な生活習慣の形成に結び付くよう配慮するものとする。
(2) 内容の(1)のイの喫煙と飲酒，薬物乱用については，疾病との関連，社会への影響などについて総合的に取り扱い，薬物については，麻薬，覚せい剤，大麻等を扱うものとする。
(3) 内容の(1)のウについては，大脳の機能，神経系及び内分泌系の機能について必要に応じ関連付けて扱う程度とする。また，「体育」における体ほぐしの運動との関連を図るよう配慮するものとする。
(4) 内容の(1)のエについては，二輪車及び自動車を中心に取り上げるものとする。また，自然災害などによる傷害の防止についても，必要に応じ関連付けて扱うよう配慮するものとする。
(5) 内容の(1)のオについては，実習を行うものとし，呼吸器系及び循環器系の機能については，必要に応じ関連付けて扱う程度とする。また，効果的な指導を行うため，「体育」の「D　水泳」などとの関連を図るよう配慮するものとする。
(6) 内容の(2)のアについては，思春期と健康，結婚生活と健康及び加齢と健康を取り扱うものとする。また，生殖に関する機能については，必要に応じ関連付けて扱う程度とする。責任感を涵養（かん）することや異性を尊重する態度が必要であること，及び性に関する情報等への適切な対処についても扱うよう配慮するものとする。
(7) 内容の(3)のアについては，廃棄物の処理と健康についても触れるものとする。
(8) 指導に際しては，知識を活用する学習活動を取り入れるなどの指導方法の工夫を行うものとする。

第3款　各科目にわたる指導計画の作成と内容の取扱い

1　指導計画の作成に当たっては，次の事項に配慮するものとする。
(1) 第1章総則第1款の3に示す学校における体育・健康に関する指導の趣旨を生かし，特別活動，運動部の活動などとの関連を図り，日常生活における体育・健康に関する活動が適切かつ継続的に実践できるよう留意するものとする。なお，体力の測定については，計画的に実施し，運動の指導及び体力の向上に活用するものとする。
(2) 「体育」は，各年次継続して履修できるようにし，各年次の単位数はなるべく均分して配当するものとする。なお，内容の「A　体つくり運動」に対する授業時数については，各年次で7～10単位時間程度を，内容の「H　体育理論」に対する授業時数については，各年次で6単位時間以上を配当するとともに，内容の「B　器械運動」から「G　ダン

ス」までの領域に対する授業時数の配当については，その内容の習熟を図ることができるよう考慮するものとする。
 (3) 「保健」は，原則として入学年次及びその次の年次の２か年にわたり履修させるものとする。
2 　各科目の指導に当たっては，その特質を踏まえ，必要に応じて，コンピュータや情報通信ネットワークなどを適切に活用し，学習の効果を高めるよう配慮するものとする。

資料4　学校保健安全法

第1章　総　則

（目　的）
第1条　この法律は，学校における児童生徒等及び職員の健康の保持増進を図るため，学校における保健管理に関し必要な事項を定めるとともに，学校における教育活動が安全な環境において実施され，児童生徒等の安全の確保が図られるよう，学校における安全管理に関し必要な事項を定め，もつて学校教育の円滑な実施とその成果の確保に資することを目的とする。

（定　義）
第2条　この法律において「学校」とは，学校教育法（昭和22年法律第26号）第1条に規定する学校をいう。
2　この法律において「児童生徒等」とは，学校に在学する幼児，児童，生徒又は学生をいう。

（国及び地方公共団体の責務）
第3条　国及び地方公共団体は，相互に連携を図り，各学校において保健及び安全に係る取組が確実かつ効果的に実施されるようにするため，学校における保健及び安全に関する最新の知見及び事例を踏まえつつ，財政上の措置その他の必要な施策を講ずるものとする。
2　国は，各学校における安全に係る取組を総合的かつ効果的に推進するため，学校安全の推進に関する計画の策定その他所要の措置を講ずるものとする。
3　地方公共団体は，国が講ずる前項の措置に準じた措置を講ずるように努めなければならない。

第2章　学校保健

第1節　学校の管理運営等

（学校保健に関する学校の措置者の責務）
第4条　学校の設置者は，その設置する学校の児童生徒及び職員の心身の健康の保持増進を図るため，当該学校の施設及び設備並びに管理運営体制の整備充実その他の必要な措置を講ずるよう努めるものとする。

（学校保健計画の策定等）
第5条　学校においては，児童生徒等及び職員の心身の健康の保持増進を図るため，児童生徒等及び職員の健康診断，環境衛生検査，児童生徒等に対する指導その他保健に関する事項について計画を策定し，これを実施しなければならない。

(学校環境衛生基準)
第6条　文部科学大臣は，学校における換気，採光，照明，保温，清潔保持その他環境衛生に係る事項（学校給食法（昭和29年法律第160号）第9条第1項（夜間課程を置く高等学校における学校給食に関する法律（昭和31年法律第157号）第7条及び特別支援学校の幼稚部及び高等部における学校給食に関する法律（昭和32年法律第118号）第6条において準用する場合を含む。）に規定する事項を除く。）について，児童生徒等及び職員の健康を保護する上で維持されることが望ましい基準（以下この条において「学校環境衛生基準」という。）を定めるものとする。

2　学校の設置者は，学校環境衛生基準に照らしてその設置する学校の適切な環境の維持に努めなければならない。

第7条　学校には，健康診断，健康相談，保健指導，救急処置その他の保健に関する措置を行うため，保健室を設けるものとする。

第2節　健康相談等

(健康相談)
第8条　学校においては，児童生徒等の心身の健康に関し，健康相談を行うものとする。

(保健指導)
第9条　養護教諭その他の職員は，相互に連携して，健康相談又は児童生徒等の健康状態の日常的な観察により，児童生徒等の心身の状況を把握し，健康上の問題があると認めるときは，遅滞なく，当該児童生徒等に対して必要な指導を行うとともに，必要に応じ，その保護者（学校教育法第16条に規定する保護者をいう。第24条及び第30条において同じ。）に対して必要な助言を行うものとする。

(地域の医療機関等との連携)
第10条　学校においては，救急処置，健康相談又は保健指導を行うに当たつては，必要に応じ，当該学校の所在する地域の医療機関その他の関係機関との連携を図るよう努めるものとする。

第3節　健康診断

(就学時の健康診断)
第11条　市（特別区を含む。以下同じ。）町村の教育委員会は，学校教育法第17条第1項の規定により翌学年の初めから同項に規定する学校に就学させるべき者で，当該市町村の区域内に住所を有するものの就学に当たつて，その健康診断を行わなければならない。

第12条　市町村の教育委員会は，前条の健康診断の結果に基づき，治療を勧告し，保健上必

要な助言を行い，及び学校教育法第17条第1項に規定する義務の猶予若しくは免除又は特別支援学校への就学に関し指導を行う等適切な措置をとらなければならない。

(児童生徒等の健康診断)
第13条　学校においては，毎学年定期に，児童生徒等（通信による教育を受ける学生を除く。）の健康診断を行わなければならない。

2　学校においては，必要があるときは，臨時に，児童生徒等の健康診断を行うものとする。

第14条　学校においては，前条の健康診断の結果に基づき，疾病の予防処置を行い，又は治療を指示し，並びに運動及び作業を軽減する等適切な措置をとらなければならない。

(職員の健康診断)
第15条　学校の設置者は，毎学年定期に，学校の職員の健康診断を行わなければならない。

2　学校の設置者は，必要があるときは，臨時に，学校の職員の健康診断を行うものとする。

第16条　学校の設置者は，前条の健康診断の結果に基づき，治療を指示し，及び勤務を軽減する等適切な措置をとらなければならない。

(健康診断の方法及び技術的基準等)
第17条　健康診断の方法及び技術的基準については，文部科学省令で定める。

2　第11条から前条までに定めるもののほか，健康診断の時期及び検査の項目その他健康診断に関し必要な事項は，前項に規定するものを除き，第11条の健康診断に関するものについては政令で，第13条及び第15条の健康診断に関するものについては，文部科学省令で定める。

3　前2項の文部科学省令は，健康増進法（平成14年法律第103号）第9条第1項に規定する健康診査等指針と調和が保たれたものでなければならない。

第18条　学校の設置者は，この法律の規定による健康診断を行おうとする場合その他政令で定める場合においては，保健所と連絡するものとする。

第4節　感染症の予防

(出席停止)
第19条　校長は，感染症にかかつており，かかつている疑いがあり，又はかかるおそれのある児童生徒等があるときは，政令で定めるところにより，出席を停止させることができる。

（臨時休業）

第20条　学校の設置者は，感染症の予防上必要があるときは，臨時に，学校の全部又は一部の休業を行うことができる。

（文部科学省令への委任）

第21条　前2条（第19条の規定に基づく政令を含む。）及び感染症の予防及び感染症の患者に対する医療に関する法律（平成10年法律第114号）その他感染症の予防に関して規定する法律（これらの法律に基づく命令を含む。）に定めるもののほか，学校における感染症の予防に関し必要な事項は，文部科学省令で定める。

第5節　学校保健技師並びに学校医，学校歯科医及び学校薬剤師

（学校保健技師）

第22条　都道府県の教育委員会の事務局に，学校保健技師を置くことができる。

2　学校保健技師は，学校における保健管理に関する専門的事項について学識経験がある者でなければならない。

3　学校保健技師は，上司の命を受け，学校における保健管理に関し，専門的技術的指導及び技術に従事する。

（学校医，学校歯科医及び学校薬剤師）

第23条　学校には，学校医を置くものとする。

2　大学以外の学校には，学校歯科医及び学校薬剤師を置くものとする。

3　学校医，学校歯科医及び学校薬剤師は，それぞれ医師，歯科医師又は薬剤師のうちから，任命し，又は委嘱する。

4　学校医，学校歯科医及び学校薬剤師は，学校における保健管理に関する専門的事項に関し，技術及び指導に従事する。

5　学校医，学校歯科医及び学校薬剤師の職務執行の準則は，文部科学省令で定める。

第6節　地方公共団体の援助及び国の補助

（地方公共団体の援助）

第24条　地方公共団体は，その設置する小学校，中学校，中等教育学校の前期課程又は特別支援学校の小学部若しくは中学部の児童又は生徒が，感染性又は学習に支障を生ずるおそれのある疾病で政令で定めるものにかかり，学校において治療の指示を受けたときは，当

該児童又は生徒の保護者で次の各号のいずれかに該当するものに対して，その疾病の治療のための医療に要する費用について必要な援助を行うものとする。
1．生活保護法（昭和25年法律第144号）第6条第2項に規定する要保護者
2．生活保護法第6条第2項に規定する要保護者に準ずる程度に困窮している者で政令で定めるもの

（国の補助）
第25条　国は，地方公共団体が前条の規定により同条第1号に掲げる者に対して援助を行う場合には，予算の範囲内において，その援助に要する経費の一部を補助することができる。

2　前項の規定により国が補助を行う場合の補助の基準については，政令で定める。

第3章　学校安全

（学校安全に関する学校の設置者の責務）
第26条　学校の設置者は，児童生徒等の安全の確保を図るため，その設置する学校において，事故，加害行為，災害等（以下この条及び第29条第3項において「事故等」という。）により児童生徒等に生ずる危険を防止し，及び事故等により児童生徒等に危険又は危害が現に生じた場合（同条第1項及び第2項において「危険等発生時」という。）において適切に対処することができるよう，当該学校の施設及び設備並びに管理運営体制の整備充実その他の必要な措置を講ずるよう努めるものとする。

（学校安全計画の策定等）
第27条　学校においては，児童生徒等の安全の確保を図るため，当該学校の施設及び設備の安全点検，児童生徒等に対する通学を含めた学校生活その他の日常生活における安全に関する指導，職員の研修その他学校における安全に関する事項について計画を策定し，これを実施しなければならない。

（学校環境の安全の確保）
第28条　校長は，当該学校の施設又は設備について，児童生徒等の安全の確保を図る上で支障となる事項があると認めた場合には，遅滞なく，その改善を図るために必要な措置を講じ，又は当該措置を講ずることができないときは，当該学校の設置者に対し，その旨を申し出るものとする。

（危険等発生時対処要領の作成等）
第29条　学校においては，児童生徒等の安全の確保を図るため，当該学校の実情に応じて，危険等発生時において当該学校の職員がとるべき措置の具体的内容及び手順を定めた対処要領（次項において「危険等発生時対処要領」という。）を作成するものとする。

2　校長は，危険等発生時対処要領の職員に対する周知，訓練の実施その他の危険等発生時において職員が適切に対処するために必要な措置を講ずるものとする。

3　学校においては，事故等により児童生徒等に危害が生じた場合において，当該児童生徒等及び当該事故等により心理的外傷その他の心身の健康に対する影響を受けた児童生徒等その他の関係者の心身の健康を回復させるため，これらの者に対して必要な支援を行うものとする。この場合においては，第10条の規定を準用する。

（地域の関係機関等との連携）
第30条　学校においては，児童生徒等の安全の確保を図るため，児童生徒等の保護者との連携を図るとともに，当該学校が所在する地域の実情に応じて，当該地域を管轄する警察署その他の関係機関，地域の安全を確保するための活動を行う団体その他の関係団体，当該地域の住民その他の関係者との連携を図るよう努めるものとする。

第4章　雑　則

（学校の設置者の事務の委任）
第31条　学校の設置者は，他の法律に特別の定めがある場合のほか，この法律に基づき処理すべき事務を校長に委任することができる。

（専修学校の保健管理等）
第32条　専修学校には，保健管理に関する専門的事項に関し，技術及び指導を行う医師を置くように努めなければならない。

2　専修学校には，健康診断，健康相談，保健指導，救急処置等を行うため，保健室を設けるように努めなければならない。

3　第3条から第6条まで，第8条から第10条まで，第13条から第21条まで及び第26条から前条までの規定は，専修学校に準用する。

編者略歴

吉田　瑩一郎（よしだ　えいいちろう）

　昭和4年青森県生まれ。旧制青森中学校を経て青森師範卒。公立学校教員，同県教委指導主事等，公立小学校長・中学校長。昭和42年9月から平成元年8月まで文部省体育局学校保健課教科調査官，体育局体育官等。その間，三たび（昭和43～45年，52・53年，平成元年）学習指導要領改訂に従事。小学校安全指導の手びき（昭和47年），小学校保健指導の手びき（昭和48年），中学校安全指導の手引（昭和50年），小学校歯の保健指導の手引（昭和53年）などの作成に当たる。

　平成元年9月，日本体育大学非常勤講師（保健科教育法　昭51）から同大学教授，平成2年同大学院教授（保健科教育法特論・演習），平成12年4月同大学院博士後期課程特任教授（保健教育学特論・演習），平成14年4月同大学名誉教授。

　主な著書に，『保健科教育法』（教育出版，昭和57年），『現代学校保健全集』（全18巻，共編著，ぎょうせい），『学校保健大事典』（共編著，ぎょうせい），『中学校安全教育双書新しい安全教育』（教育出版）などがある。

保 健 科 教 育 の 基 礎

2010年6月24日　初版第1刷発行

編　者　吉田瑩一郎

発行者　小林　一光

発行所　教育出版株式会社

〒101-0051　東京都千代田区神田神保町 2-10
電話 (03) 3238-6965　振替 00190-1-107340

©E. Yoshida　2010
Printed in Japan
落丁・乱丁本はお取替いたします

印刷　藤原印刷
製本　上島製本

ISBN978-4-316-80268-8　C3037